Kulturelle Entdeckungen
Neues Bauen in Hessen

Impressum

Kulturelle Entdeckungen
Neues Bauen in Hessen

© 2019
Sparkassen-Kulturstiftung
Hessen-Thüringen (Herausgeber)

Projektleitung:
Matthias Haupt (verantwortlich)
Marietta Lüders

Redaktion:
Dr. Wolfgang Fritzsche, Kultur-Büro AHB, Gustavsburg
Mitarbeit (FSJ Kultur):
Raphael Schäfer (2018–2019)
Flora Schöntaube (2017–2018)

Satz und Layout:
Müller-Stoiber & Reuss, Darmstadt

Druck und Bindung:
AC Medienhaus, Wiesbaden

Vertrieb:
Verlag Schnell & Steiner GmbH,
Leibnizstraße 13, 93055 Regensburg
www.schnell-und-steiner.de

ISBN 978-3-7954-3402-1

Zu beziehen über
die Sparkassen-Kulturstiftung Hessen-Thüringen
und über den Buchhandel.

Inhalt

Vorwort

Am 21. April 1919 öffnete das Staatliche Bauhaus in Weimar als erste reformierte Kunstschule nach dem Ersten Weltkrieg seine Pforten und begann mit der Umsetzung seines neuartigen Programms. Mit der Gründung entstand eine der frühesten, bedeutendsten und erfolgreichsten Hochschulen für Kunst und Design. Gedanklich knüpfte das Bauhaus an die Lebensreformbewegungen der Jahrhundertwende an. Im Zentrum der Überlegungen stand nicht die Vergangenheit, sondern die Zukunft, in der die Verbindung von Handwerk und Kunst zu vorbildlichen Gegenständen, Bauten und Räumen zu einer künftig humaneren Gesellschaft führen sollte. Diese Idee einer Synthese, mit dem Ziel eines gemeinsam zu errichtenden „Baues" auf Grundlage des Handwerks, war das eigentlich Neue am Bauhaus. Als Direktor wurde der Berliner Architekt Walter Gropius berufen, der bereits zuvor mit seinen antiakademischen Vorschlägen ein neues, zeitgemäßes Programm zu entwickeln versucht hatte. Die am Bauhaus entstandene Architektur als Bestandteil des – so der damals gängige Begriff – Neuen Bauens ist aufs engste verflochten mit diesen Erneuerungsbestrebungen.

Das Neue Bauen, das sich seit dem Ersten Weltkrieg deutlich vom Historismus absetzte, wurde nach der Gründung des Bauhauses und durch die Werkbundausstellung „Die Wohnung" von 1927 in Stuttgart als architektonisches Phänomen bekannt. Für die angestrebte Zweckmäßigkeit sollten die Formen theoretisch aus den Funktionen entwickelt werden, um Konstruktionen in Stahlguss, Eisenskelettbau, Beton mit vorgefertigten Elementen, Klinkermauerwerk, Glasrasterflächen und Fensterbändern zu fertigen. Der von Louis Sullivans geprägte Gestaltungsgrundsatz „form follows function" als auch Ludwig Mies van der Rohes Devise „less is more" revolutionierten die Vorstellungen von der freien und angewandten Kunst, der Gestaltung, der Architektur und Pädagogik. Ziel war es, durch Rationalisierung und Typisierung, den Einsatz neuer Werkstoffe und Materialien sowie durch sachlich schlichte Innenausstattung eine völlig neue Form des Bauens zu entwickeln. Dabei spielten Licht, Luft und Sonne eine zentrale Bedeutung.

Die Architektur sollte nicht nur harmonisch rational, sondern auch gesellschaftlich reformierend wirken. In den großen Städten der 1920er Jahre entstanden zahlreiche Bauwerke, die die Wandlung des Lebensgefühls nach dem Ersten Weltkrieg widerspiegeln. So zählen neben Industrieanlagen, Krankenhäusern, Kirchen, Sportstätten und Wohnhäusern vor allem programmatische große Wohnsiedlungen zu den Leistungen des Neuen Bauens.

Als erstes städtebauliches Reformprogramm in Hessen wurde „Das Neue Frankfurt" als soziales Projekt des Frankfurter Siedlungsdezernenten Ernst May (1925-1930) entwickelt. Der große Bedarf an Wohnraum führte dazu, die funktionalen und gestalterischen Anforderungen mit den sozialen Problemen zu verknüpfen.

Die Begriffskombination Neues Bauen wurde nach dem Zweiten Weltkrieg erneut für den modernen Wiederaufbau benützt. So umfasst der Betrachtungshorizont der vorliegenden Publikation die Zeit von 1919 – der Gründung des Staatlichen Bauhauses – bis Ende der 1960er Jahre.

Für die Sparkassen-Kulturstiftung Hessen-Thüringen ist das 100jährige Jubiläum des Bauhauses in Weimar Motivation, der Architektur des Neuen Bauens in Hessen, einen Band ihrer Reihe „Kulturelle Entdeckungen" zu widmen. Er ist ein Beitrag der hessischen Sparkassen zu diesem Jubiläum. Zu den hier vorgestellten Objekten gehören Siedlungen, Öffentliche Gebäude, Sakral- und Profanbauten und solche aus dem Bereich Industrie und Technik. Sie sollen die Entwicklungslinien und Zeitströmungen der Architektur des 20. Jahrhunderts in ganz Hessen aufzeigen, die in der Tradition des Neuen Bauens, der Neuen Sachlichkeit und des Siedlungsbaus stehen. Die Auswahl kann keinen Anspruch auf Vollständigkeit beanspruchen. Sie soll vielmehr einen Querschnitt der Architektur in Hessen aufzeigen, der den Innovationswillen des Neuen Bauens zum Ausdruck brachte.

Neben den bekannten hessischen Wirkstätten des Neuen Bauens wie Frankfurt am Main, Kassel, Darmstadt und Offenbach, welche durch Reformprogramme – sowohl nach dem Ersten als auch nach dem Zweiten Weltkrieg – viel Aufmerksamkeit erhielten, liegt der Fokus auf den Orten und Objekten, die mit dieser Architektur eher selten in Verbindung gebracht werden.

Als Juwel der Klassischen Moderne gilt das in Schlüchtern stehende Wohnhaus Wolf, das 1930 nach den Plänen des renommierten Berliner Architekten Bruno Ahrends errichtet wurde. Hier ist die Formensprache des Bauhauses besonders gut ablesbar. Auch die in Künzell-Dirlos bei Fulda liegende Siedlung Loheland wird vorgestellt, die als erste anthroposophische Frauensiedlung in den 1920er Jahren ausgeführt wurde. Sie gilt als ein Projekt der Frauenemanzipation und bildet zugleich den Reformansatz der 1920er Jahre ab. Zudem ist der durch das Bauhaus inspirierte Sep Ruf vertreten, der eine Vielzahl öffentlicher und privater Gebäude schuf und nicht zuletzt mit dem in den 1960er Jahren entworfenen Kaufhausgebäude das Stadtbild der Barockstadt Fulda prägt.

Abschließend ist allen Autorinnen und Autoren zu danken, die mit ihrem Wissen und den Texten über die lokalen Gegebenheiten diesen Gesamtüberblick der Architektur des Neuen Bauens in Hessen erst ermöglicht haben. Mein Dank richtet sich auch an den zuständigen Redakteur, Dr. Wolfgang Fritzsche, sowie an alle Personen, die für die Konzeption und Umsetzung zuständig waren. Aus der engen Zusammenarbeit mit dem Landesamt für Denkmalpflege Hessen, den Unteren Denkmalschutzbehörden und einzelnen Museen und Archiven sowie privaten und den öffentlichen Eigentümern von Liegenschaften erwuchsen wertvolle Hinweise, ohne die der Überblick unvollständig geblieben wäre. Herzlich bedanken möchte ich mich außerdem bei allen Personen und Institutionen für die freundliche Unterstützung beim Zusammentragen der Bilder. Unser Dank gilt auch der Bauhaus-Universität Weimar namentlich dem Prof. Dr. Hans-Rudolf Meier.

Bereits im Jahr 1999 leistete die Sparkassen-Finanzgruppe Hessen-Thüringen einen wesentlichen Beitrag zum Kulturstadtjahr Weimar '99. Damals wurde die denkmalpflegerische Sanierung des als Versuchshaus des Bauhauses realisierten Gebäudes „Haus am Horn" ermöglicht. Zählte diese Maßnahme doch zum größten Einzelengagement der Sparkassen-Kulturstiftung Hessen-Thüringen. Beim 100jährigen Gründungsjubiläum des Bauhauses, das 2019 unter dem Motto „100 jahre bauhaus" gefeiert wird, ist die gesamte Sparkassen-Finanzgruppe als Hauptförderer engagiert.

Ich hoffe, dass Sie als Leserinnen und Leser das Jubiläumsjahr zum Anlass nehmen, sich mit der Architektur des Bauhauses und stellvertretend des Neuen Bauens in Hessen für die Gegenwart und Zukunft etwas eingehender zu beschäftigen. Auch heute noch ist das Bauhaus ein Mythos, wenngleich ein umstrittener, der für die Rationalisierung und Modernisierung der Lebenswelt steht, für die Moderne schlechthin. Darüber hinaus ist das Bauhaus weltweit zu einem feststehenden Begriff geworden, dessen Wirkungsgeschichte noch lange nicht zu Ende ist.

Ich wünsche allen Architekturinteressierten, dass dieser Band dazu anregt, die Vielfalt und Vielzahl der modernen Bauten in Hessen seit 1919 zu entdecken.

Gerhard Grandke
Vorsitzender des Vorstandes der
Sparkassen-Kulturstiftung
Hessen-Thüringen

Grußwort

Liebe Leserin,
lieber Leser,

das Neue Bauen, das sich nach dem Ersten Weltkrieg herausbildete, ist ein vielschichtiges Phänomen. Es erschöpft sich nicht in der damals neuartigen Architektur, sondern steht für eine gesamtgesellschaftliche Reformbewegung, die die Suche nach neuer Form mit der Suche nach neuen Lebenswelten verband. Wenn man heute vom „Bauhaus-Stil" spricht, wird man diesem Phänomen nicht gerecht. Denn die berühmte Kunstschule war nur eines der Zentren dieses Aufbruchs, der die gesamte Weimarer Republik erfasste und sich an vielen Orten des Landes auf unterschiedlichste Art und Weise ausdrückte.

Auch und gerade in Hessen sind wichtige Schauplätze des Neuen Bauens beheimatet. Mitte der 1920er Jahre avancierte Frankfurt am Main – das damals allerdings noch zu Preußen gehörte – gar zu einem Zentrum der Avantgarde. Unter der programmatischen Chiffre Das Neue Frankfurt begann die Stadt eine allumfassende Erneuerung, die weltweit Schlagzeilen machte. Wenn in jenen Jahren des epochalen Wandels das Bauhaus die Akademie der Moderne gewesen ist, dann war das Neue Frankfurt die Baustelle.

Kern der umfassenden Stadterneuerung war ein großangelegtes, soziales Bauprogramm, das der liberale Oberbürgermeister Ludwig Landmann in enger Zusammenarbeit mit seinem Stadtbaurat Ernst May auf den Weg brachte. Es bereicherte die Stadt in nur fünf Jahren um 15.000 Wohnungen und eine Vielzahl bemerkenswerter Beispiele moderner Architektur. Die meisten haben den Krieg unbeschadet überdauert und prägen die Stadt bis heute.

Doch das Neue Frankfurt erschöpfte sich nicht in Architektur. Seine Vertreterinnen und Vertreter leisteten Pionierarbeit auf verschiedensten Gebieten. Ob Produkt- und Grafikdesign, Musik und Darstellende Kunst, Literatur, Radio oder bildende Kunst – die tiefgreifende Reformbewegung durchdrang alle Lebensbereiche der damaligen Stadtgesellschaft. Und sie strahlte weit darüber hinaus: kreative Menschen aus ganz Europa begeisterten sich für die Großstadtkultur und machten Frankfurt zu ihrem Lebensmittelpunkt, um aktiv daran teilzuhaben.

Wir als Stadt Frankfurt möchten das Bauhausjahr 2019 nutzen, um auf dieses einzigartige Kulturerbe aufmerksam zu machen, das unsere Stadt mit dem Neuen Bauen verknüpft. Dabei ist es uns besonders wichtig, die Vielseitigkeit des Neuen Frankfurt zu vermitteln. Drei städtische Museen widmen dem Themenkomplex eigene Sonderausstellungen, die von der Kulturstiftung des Bundes im Rahmen von Bauhaus 100 und dem Land Hessen gefördert werden. Das Deutsche Architekturmuseum stellt bei seiner Ausstellung „Neuer Mensch, Neue Wohnung. Die Architektur des Neuen Frankfurt 1925-1933" die Bauten und Planungen in den Mittelpunkt, die den Ruhm der Großstadtutopie begründeten. Das Museum Angewandte Kunst beleuchtet mit der Schau „Moderne am Main 1919–1933" die vielfältigen Formen moderner Gestaltung im Neuen Frankfurt. Das Historische Museum Frankfurt schließlich hat sich mit seinem Stadtlabor in die Wohnsiedlungen des Neuen Frankfurt begeben und fragt nach der Aneignung durch die heutigen Bewohnerinnen und Bewohner.

Ich lade Sie herzlich ein, dem Neuen Frankfurt im Bauhausjahr 2019 einen Besuch abzustatten. Neben den genannten Ausstellungen verspricht ein umfangreiches Veranstaltungsprogramm vertiefende Informationen zur vielseitigen, modernen Vergangenheit unserer Stadt. Den idealen Reisebegleiter halten Sie bereits in Händen – ich wünsche Ihnen eine anregende Lektüre.

Dr. Ina Hartwig
Kulturdezernentin der Stadt Frankfurt am Main

Editorial

Auch im 100. Jahr seit der Gründung des Staatlichen Bauhauses in Weimar ist der öffentliche Diskurs über moderne Architektur in Deutschland ambivalent: In Frankfurt am Main wird die „Neue Altstadt" eröffnet, die als sichtbares Resultat anhaltender Kritik am Planen und Bauen der Moderne deutlich macht, wie sehr der Rückgriff auf vormoderne Bauformen inzwischen zum zeitgenössischen Baugeschehen gehört. Andererseits ist mit der Debatte über den Wohnungsbau ein zentrales Postulat der Architektur der Moderne – gute Wohnungen für alle – in den Fokus gesellschaftlicher und architektonischer Aufgaben zurückgekehrt. Außerdem folgt noch heute „modernes" Bauen formal oft den Prinzipien der Avantgarde der 1920er-Jahre – und gehört damit eigentlich auch schon zum Bauen in historischen Formen. Ein Rückblick auf die als Klassische Moderne bezeichnete Architektur ist damit nicht nur von geschichtlichem Interesse. Dass auch dieses groß ist, wird nicht zuletzt daran deutlich, dass zur Zeit gleich an allen drei einstigen Wirkungsstätten des Bauhauses entsprechende Museen im Bau sind. Das Bauhaus ist zum Synonym für modernes Bauen und Design geworden – im Positiven wie im Negativen. Es fasziniert, begeistert oder ärgert uns bis heute, weil es eine der Hauptwurzeln ganz wesentlicher Entwicklungen des 20. Jahrhunderts war, die bis heute unsere gestaltete Umwelt prägen.

Blicken wir zurück auf die Gründung des Staatlichen Bauhauses durch Walter Gropius im Jahre 1919: Die Gründung erfolgte nach den Verwerfungen des Ersten Weltkriegs gleichzeitig und am gleichen Ort, an dem die Nationalversammlung die Verfassung der ersten deutschen Demokratie ausgearbeitet hat, in Weimar. Noch vor dem Krieg hatte dort der Großherzog den belgischen Jugendstil-Künstler Henry van der Velde engagiert, um die Kunsthandwerkerausbildung zu reformieren. Ähnliche Bestrebungen, den Historismus im Zeichen der Lebensreform durch eine neue Einheit von Kunst und Handwerk zu überwinden, gab es um und nach der Jahrhundertwende auch andernorts, nicht zuletzt in Darmstadt, wo der Hessen-Darmstädtische Großherzog unter dem Motto „Mein Hessenland blühe, und in ihm die Kunst" die Künstlerkolonie Mathildenhöhe ins Leben gerufen hatte. Wichtig für die Reform von Architektur und Design war auch die Gründung des heute in Darmstadt beheimateten Werkbundes, zu dessen Gründungsmitgliedern die in diesem Band vertretenen Peter Behrens und Heinrich Tessenow gehörten, aber auch Theodor Fischer, aus dessen Schule Erich Mendelsohn, Ernst May, Bruno Taut und Martin Elsaesser hervorgingen. Was danach für das Bauhaus, den Funktionalismus, das Neue Bauen galt und im Begriff der Neuen Sachlichkeit enthalten ist, fußt auf dem Grundprinzip des Werkbunds: Die dem Material angemessene gute Form als Grundlage guten Lebens.

Gropius, der von van de Velde zum Direktor vorgeschlagen worden war, nahm mit dem Bauhaus begrifflich Bezug auf die mittelalterlichen Bauhütten, in der er alle Künste unter dem Dach der Architektur vereint sah. Es gelang ihm, mit Paul Klee, Wassily Kandinsky, Oskar Schlemmer und anderen bedeutende Künstler als Lehrer ans Bauhaus zu berufen, das anfänglich mit Johannes Itten auch der Esoterik Raum gab. Ab 1923 rückte dann aber die industrielle Fertigung stärker ins Zentrum des Interesses. 1925 wurde das Bauhaus aus dem zunehmend reaktionäreren Thüringen vertrieben und siedelte nach Dessau über, einer damals mit den Junkers-Werken bedeutenden Industriestadt. In Weimar führte der in diesem Buch auch vertretene Otto Bartning die Schule noch fünf Jahre im modernen Sinne weiter, bis dann durch den einst zu den Werkbundgründern gehörenden Paul Schultze-Naumburg die radikale Abkehr im Zeichen nationalsozialistischer Kulturpolitik erfolgte.

Die deutsche Gesellschaft war nach den Umbrüchen in Folge des Ersten Weltkriegs zutiefst gespalten. Das galt auch für die vor dem Krieg in der Reformbewegung noch vereinte Architektenschaft. Die sich radikalisierende Avantgarde sagte sich von allen Traditionen los, die sie für die Katastrophe des Krieges mitverantwortlich machte. Ihr trat ein Zusammenschluss konservativer Architekten entgegen, die sich an traditionelleren Bauformen orientierten. Aber auch sie nutzten die Möglichkeiten der neuen Bautechniken, so dass man heute weniger von Gegenmoderne als von der anderen Moderne spricht; sie ist im Buch vertreten mit Werken wichtiger Exponenten wie Paul Bonatz und Wilhelm Kreis. Von den Bauhäuslern sind bedeutende Werke von Ernst Neufert und Marcel Breuer in diesem Band zu finden.

Das Bauhaus war nur eines der Zentren der Klassischen Moderne. Daneben gab es andere wirkungsvolle Moderne-Exponenten wie Le Corbusier, die genannten Theodor Fischer-Schüler oder die holländische Gruppe De Stijl. Dass das Bauhaus quasi zum Synonym für die ganze Bewegung geworden ist, hängt damit zusammen, dass es schon Gropius verstanden hat, seine Institution glänzend darzustellen, aber auch damit, dass mit ihm und anderen wichtigen Bauhaus-Exponenten wie Ludwig Mies van der Rohe oder Breuer bedeutende Persönlichkeiten in die USA emigrierten und von dort aus weltweite Wirkung entfalteten. Andere, wie Ernst May und der zweite Bauhausdirektor Hannes Meyer, emigrierten in die Sowjetunion, um an deren Industrialisierung und Urbanisierung mitzuwirken. Noch heute ist oft von einem Bauhaus-Stil die Rede, obwohl die Bauhäusler genau das nicht wollten: der ganzen Abfolge von Stilen im 19. Jahrhundert einfach einen weiteren, neuen Stil hinzufügen. Und doch hat sich aus den funktionalistischen Prinzipien von damals ein Formenkanon herausgebildet, den man als Stil bezeichnen könnte.

Die zentralen Postulate des Neuen Bauens spiegeln den gesellschaftlichen Wandel und die neuen Anforderungen an das Wohnen in der Industriegesellschaft wider. Es galt der rasch gewachsenen Bevölkerung, die nun meist in den Städten lebte, gesundes Wohnen zu ermöglichen: Licht, Luft und Sonne sowie Hygiene waren die zentralen Postulate. Dafür sollte – gemäß den Bedürfnissen der schnelllebigen Moderne – schnell, günstig und leicht gebaut werden, was die nun dominierenden neuen Materialien Beton, Stahl und Glas ermöglichten. Rationalisierungsbemühungen führten zu Normierungen im Bauwesen, ein Feld, das noch immer mit dem Namen Neufert verbunden ist, in dem sich aber auch May und andere intensiv betätigt haben. Vorfertigung und Normen gehören zu den Errungenschaften der Klassischen Moderne, die das Bauen bis heute wesentlich prägen. Was das Bauhaus und die anderen Protagonisten der architektonischen Avantgarde beschäftigte, hat damit flächendeckend in Stadt und Land Wirkung entfaltet – Grund genug, sich zur Hundertjahrfeier intensiver mit diesem baulichen Erbe zu beschäftigen.

Prof. Dr. Hans-Rudolf Meier
Bauhaus-Universität Weimar

Verzeichnis der Städte und Orte

Zeichenerklärung

 Lage

 Träger

Zugänglichkeit

Infos

Bad Arolsen

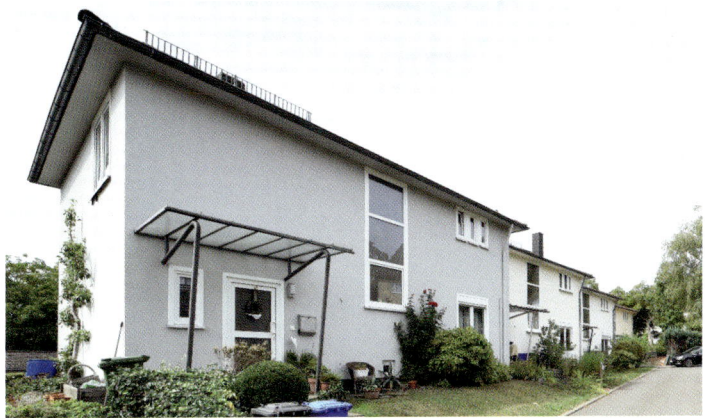

Gestaffelte Reihenhäuser der Siedlung in der Pommernstraße.

Bad Arolsen
Belgische Siedlung

Die Bundesrepublik Deutschland baute im Rahmen der Reparationen für die Belgische Garnison 1952 innerhalb von nur 100 Tagen eine Wohnsiedlung nach Plänen des Architekturbüros Paul und Theo Bode aus Kassel im ehemaligen Park des Neuen Palais südlich der Stadt. Die aufgelockerte Siedlung mit gestaffelten Reihenhäusern auf leicht terrassiertem Gelände ist durch zwei Querstraßen erschlossen, die eine ursprüngliche Allee kreuzen. Dazwischen sind drei bis fünf Häuser umfassende Reihen entlang von diagonal verlaufenden Stichstraßen angeordnet. Die verputzten, zweigeschossigen Typenbauten unter flachen Walmdächern sind am Versprung zur jeweils nächsten Wohneinheit erschlossen und mit filigranen Vordächern auf gebogenen Stahlstützen versehen. In der Mitte zeichnet sich durch ein vertikales Fensterband die Lage der Treppenhäuser ab. Gartenseitig wird durch Rücksprünge in der Fassade ein geschützter Platz für Veranden und Loggien frei, deren Eckpfeiler gleichzeitig die Dächer abstützen. Durch die gestaffelte Bauweise sowie die in Rücksprüngen der Fassaden integrierten Freiflächen entsteht eine Abgrenzung zum Nachbar-

haus ohne Absteckung von Einzelparzellen. Erst mit der Privatisierung nach 1994 wurden einzelne Vorgärten durch Zäune abgetrennt und die Gestaltung mit Laubbäumen und Buschgruppen als Rahmung der offenen Freiflächen verunklärt. An den Wohnbauten waren keine Stellflächen für Fahrzeuge vorgesehen, stattdessen aber zentral angeordnete Stellplätze und Garagenbauten.

Neben einem medizinischen Haus im Nordosten gab es auf einer großen Parzelle inmitten der Siedlung Ladengeschäft, Schule sowie Spielplatz, von denen nur noch die inzwischen erweiterte, von Walter Grüning aus Kassel geplante Schule erhalten blieb. Sie besteht aus drei gestaffelt angeordneten, eingeschossigen Pavillonbauten für je zwei Klassen mit vorgelagerten Freiluftklassen und ist nach Osten mit einem zweigeschossigen Bauteil abgeschlossen, dessen Eingangsfassade sich in einer sechsachsigen Fensterfront öffnet.

📍 Flandernweg 2–20, Pommernstraße 2–22, Professor-Klapp-Straße 26 und 28 (Kommandantenhäuser), 30–36, Stettiner Weg 2–8, Brabanter Weg 2–18, Zoldern Straße 1–43, 4 (Schule)

🏛 privat

👤 von außen frei zugänglich

Bad Hersfeld

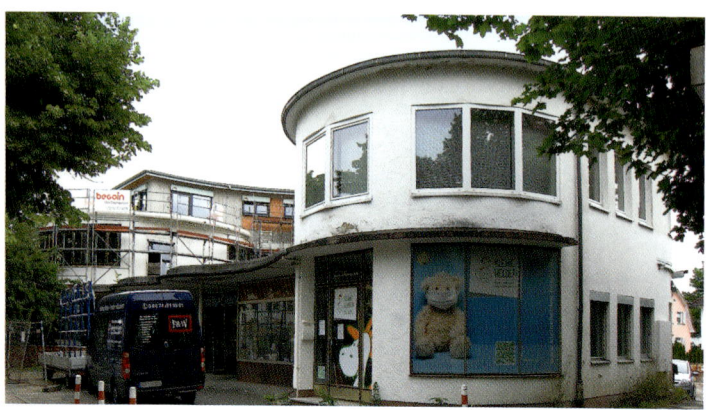

Bad Hersfeld
Café Bolender

Unmittelbar an der südlichen Zufahrt zum Kurbereich liegt das ehemalige Café Bolender.

Mit elegantem Schwung verbindet das wellen-förmige Dach der Ladenpassage die beiden ovalen Pavillons.

Nachdem der Saal des alten Cafés 1952 abgebrannt war, beauftragte der Besitzer Johannes Bolender den Hamburger Architekten H. M. Hübner mit dem Wiederaufbau, der 1956 in Betrieb genommen wurde. Hübners Entwurf zeigt eine originelle, für die 1950er Jahre typische Architektur, bei der zwei ovale Flachbauten über einem eingeschossigen, langgestreckten Trakt mit wellenförmig konstruiertem Flachdach miteinander korrespondieren. Im Verbindungsbau sind vier Läden mit zeittypisch ausgebildeten Schaufenstern untergebracht. Der kleinere, zweige-schossige Pavillon war als Postamt für das Kurviertel konzipiert, der größere, rückwärtig mit einem dreigeschossigen Anbau versehene, für Fremdenzimmer und das Café mit Freiterrasse auf dem Flachdach der Ladenpassage. Hübner verwendete eine Stahlskelettbauweise, welche die großzügige Verglasung der Gasträume ermöglichte. Das Café öffnet sich zur Straße in durchgehenden Fensterbändern. In charakteristischer Weise sind die Fenster mit dunklen Metallrahmen versehen und verfügen über eine einfache, goldfarben abgesetzte Profilierung. Im Caféhaus-Pavillon führt eine zeittypisch gestaltete Freitreppe in elegantem Schwung zur oberen Ebene. Das Oval des Postamts belichten Fenstergruppen, was der stärkeren Untergliederung in mehrere Räume aufgrund der Nutzung geschuldet ist. Auf der Rückseite, wo Lager, Versorgungsräume und Garagen untergebracht sind, rhythmisieren Raster aus Glasbausteinen die Putzfassade. Bei der jüngsten Sanierung des Gebäudekomplexes im Jahr 2018 fanden die Besonderheiten des Gebäudes wie die metallenen Fenster, originale Türen und Treppen sowie die Gliederung durch Glasbausteine besondere Beachtung.

Hübner entwickelte für den Caféhaus-Komplex eine zeitgemäße Architektur, die durch ihre Großform mit den beiden ovalen Gebäuden und der verbindenden wellenförmigen Ladenpassage sowie den Einsatz moderner Baustoffe, der Metallfenster und Glasbausteine, Bad Hersfeld um eine originelle Architektur der Nachkriegsjahre bereichert.

📍 Hügelstraße 5

🏛 privat

🔑 von außen frei zugänglich

Bad Hersfeld

Geschäftshaus der Hersfelder Zeitung

Am Rande der Bad Hersfelder Altstadt wurde in der zweiten Hälfte des 19. Jahrhunderts das dreigeschossige Gebäude als Lager der Tuchfabrik Georg Braun errichtet. 1914 erfolgte aufgrund der Umnutzung durch die Hoehlsche Druckerei, die für die Hersfelder Zeitung druckte, ein durchgreifender Umbau, dessen Planung das Architekturbüro Ziems und van Norden übernahm. 1929 ließ der Berliner Architekt Paul Zucker das Gebäude im Stil des Neuen Bauens umgestalten. Dabei verwandelte er das Geschäftsgebäude von einem unscheinbaren Zweckbau zum seinerzeit modernsten Gebäude der Stadt.

Dafür stockte er es um ein Geschoss auf, versah es mit einem sehr flachen Walmdach und öffnete das Erdgeschoss mit großzügigen Schaufenstern. Der Schwerpunkt lag dabei in der Betonung der Horizontalen und der Versachlichung der Fassade. So wurden im ersten Obergeschoss ganz im Sinne des Neuen Bauens breite Fensterbänder für eine optimale Belichtung und Öffnung des Raumes eingezogen, im zweiten Obergeschoss ersetzen rechteckige Fenster die vormals korbbogigen. Sie korrespondieren mit der Fensteranordnung des aufgestockten Geschosses.

Eine starke horizontale Akzentuierung des glatt verputzten Baukörpers gelang Paul Zucker ferner durch unterschiedlich weit vorspringende, sorgfältig bearbeitete und profilierte Gesimse, die lediglich auf der Schauseite und deren Gebäudekanten ausgebildet sind. Diese horizontale Gliederung unterstützen die ursprünglich mit liegendem Scheibenformat ausgebildeten Fenster beider Untergeschosse. Trotz der Anpassung der Schaufenster und Fenster an die sich wandelnden Ansprüche entspricht die Fassadengestaltung bis heute der Grunddisposition der Planung Paul Zuckers. Ein zentral gelegener Zugang mit zwei hintereinander liegenden Doppelschwingtüren aus den 1950er Jahren sowie das Treppenhaus mit filigranem Metallstabgeländer der Umbauphase Zuckers erschließen das Gebäude. Bis 1992 war in dem Gebäude die Hersfelder Zeitung beheimatet, heute wird es als Ladenfläche für verschiedene Gewerbe und als privater Wohnraum genutzt.

📍 Klausstraße 31

🏛 privat

🔒 von außen frei zugänglich

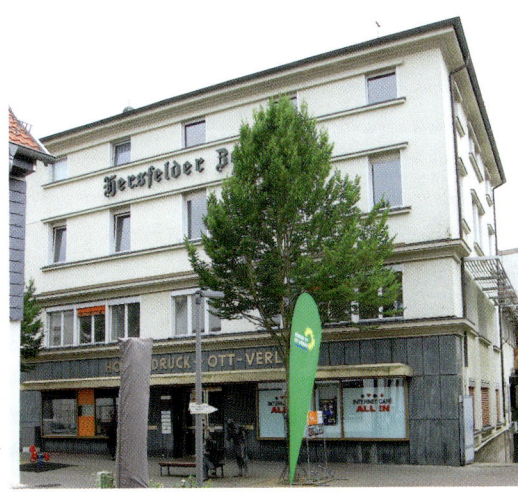

Mit dem Umbau durch Paul Zucker in Formen des Neuen Bauens veränderte sich das Verlagshaus in das modernste Gebäude der Stadt.

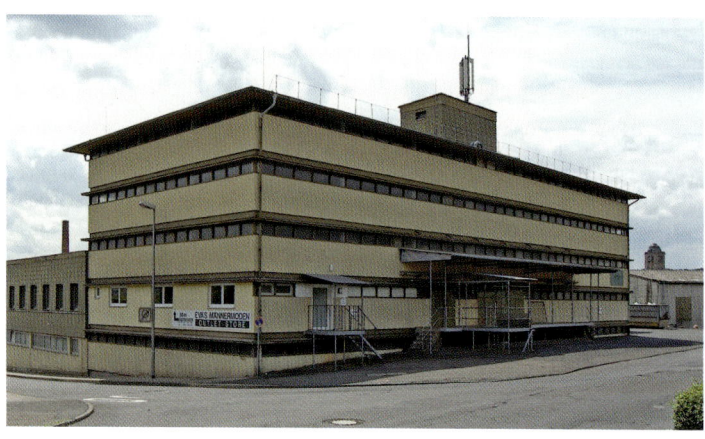

Bad Hersfeld
Lagerhaus Wever

In seinen Proportionen und mit den schmalen Fensterbändern zitiert das Lagerhaus Wever die Charakteristika des Neuen Bauens.

Der Textilhersteller Ad. Wever GmbH & Co. KG existierte in Bad Hersfeld von 1868 bis 2006. Seitdem wird der Gebäudekomplex von anderen Firmen als Büro- und Lagergebäude genutzt. Nachdem die Weberei zunächst einige Jahre in angemieteten Räumlichkeiten untergebracht war, ließ Adolph Wever 1872 in verkehrsgünstiger Lage nahe des Bahnhofs sein erstes eigenes Webereigebäude errichten. 1884 und 1893 folgten weitere bauliche Vergrößerungen der Produktionsgebäude. Mit Übernahme des Betriebes durch den Sohn Wilhelm Wever vergrößerte sich der Betrieb zu einem überaus erfolgreichen Unternehmen im Bereich Weberei und Färberei. Nach dem Zweiten Weltkrieg setzte die Firma auf Möbel- und Dekostoffe. In dieser Phase wurde 1957 das neue Lagerhaus nach Plänen der Architekten Herbert Franke und Hanns Baumgartinger errichtet, die zwei Jahre zuvor in Kassel den Wettbewerb für den Neubau des Nordsternhauses in der Friedrich-Ebert-Straße gewonnen und damit einen Merkpunkt in der Bauhausnachfolgearchitektur gesetzt hatten. In seiner sachlich schlichten Formgebung und der Verbindung von Funktionalität und Architektur steht die Lagerhalle ebenfalls ganz in der Bauhausnachfolge. Der Bau erhebt sich auf längsrechteckigem Grundriss als regelmäßig gegliederter Flachdachbau mit schmalen umlaufenden Fensterbändern. Zur Friedrich-Ebert-Straße hin öffnet eine zentrale Laderampe mit breitem Vordach den funktionalen Bau, nach Süden hin schließen sich Produktionsräume der Weberei und Färberei an. Die starke horizontale Akzentuierung der Fassade gelingt durch das Wechselspiel zwischen dunkel gehaltenen, schmalen Fensterbändern mit leicht hervor ragendem Schutzdach und den hellen, glatt geputzten Wandflächen. Ein weit auskragendes Flachdach unterstützt dessen kubische Erscheinung.

Das Lagerhaus der Firma Wever stellt sich als sachliches zweckbetontes Gebäude der Bauhausnachfolge dar, welches seine Wirkung aus der starken horizontalen Akzentuierung und dem Wechsel von Hell und Dunkel bezieht.

📍 Friedrich-Ebert-Straße 178

🏛 privat

🕴 von außen frei zugänglich

Bad Homburg v. d. Höhe

Ehemalige Bundesschuldenverwaltung

Die ehemalige Bundesschulden- und spätere Bundeswertpapierverwaltung mit Pavillon und Tresor wurde 1953 nach einem Entwurf des Marburger Architekten Walter Freiwald errichtet. Sie stellt mit ihrer im Wesentlichen erhaltenen Gesamterscheinung ein typisches Beispiel der Nachkriegsmoderne in Deutschland dar. Der viergeschossige, hell verklinkerte Skelettbau mit außenliegenden Sonnenschutzjalousien, Dachpavillon, Flachdach und im Winkel abstehendem Vorbau zeigt bis heute die Formensprache der Entstehungszeit.

Die Hauptfassade ist von einer Rastergliederung um die Fensteröffnungen geprägt. Die bauzeitliche Raum- und Grundrissstruktur als Büro- und Verwaltungsgebäude mit Mittelgangerschließung und kopfseitigem Treppenhaus konnte weitestgehend erhalten werden. Der eckige Bundesadler, der als Metallkonstruktion im Türsturz über dem Eingang thront, erzählt von der ursprünglichen Nutzung als Bundeswertpapierverwaltung. Auch im Inneren des Gebäudes finden sich viele Details, die an die Entstehungsgeschichte des Hauses erinnern. Als besonders beeindruckend gilt dabei die große Wendeltreppe. Die Holz- und Glastrennwände in den Büros wurden überarbeitet und das Treppenhaus wieder erlebbar gemacht. Als typischer Vertreter der Nachkriegsmoderne besitzt das Gebäude zudem als Einzeldenkmal große überregionale Bedeutung für eine in Anlehnung an die Neue Sachlichkeit gestaltete Architekturästhetik der 1950er Jahre.

Die Nutzung als Bundeswertpapierverwaltung endete mit dem Auszug der Behörde 2010. Im Jahre 2011 wurde der Tresor samt Garagenhalle und Übergang zum Hauptgebäude abgerissen. 2007 erwarb die Stadt das Gebäude und ließ es samt Pavillon von 2012 bis 2015 sanieren.

Das ursprüngliche Erscheinungsbild mitsamt der Raumstruktur und den wesentlichen Gestaltungsmerkmalen der Erbauungszeit prägen bis heute das Bad Homburger Stadtbild.

📍 Bahnhofstraße 16–18

🏛 Magistrat
der Stadt Bad Homburg v. d. Höhe

🕐 Mo, Mi, Fr 8–12, Mi 14–7 Uhr

ℹ https://www.bad-homburg.de
Tel. 06172 100-0

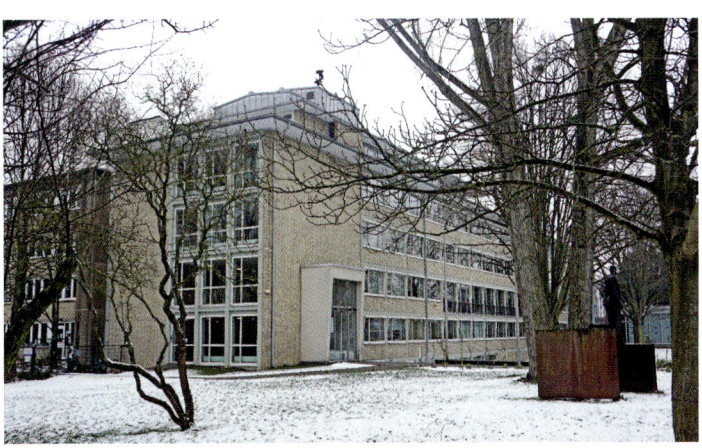

Nordwestansicht des Technischen Rathauses nach der Sanierung, 2018.

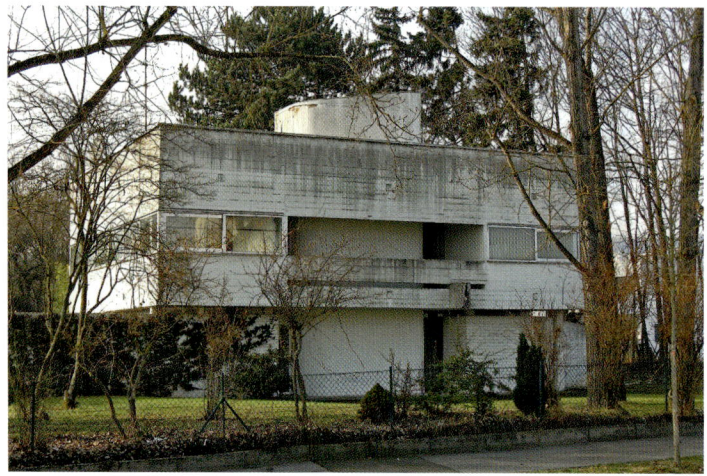

Scheinbar schwebend erhebt sich der dominante Kubus des Obergeschosses.

Bad Nauheim

Einfamilienhaus

Zum Zeitpunkt der Errichtung auf dem höchsten Punkt einer Hügelkuppe war die Umgebung dieses Einfamilienhauses noch vollkommen unbebaut. Der freistehende Bau wurde um 1960 von dem Bad Nauheimer Architekten Johannes Peter Hölzinger geplant und ausgeführt. Hölzinger unterhielt ein eigenständiges Büro in Bad Nauheim und arbeitete zwischen 1965 und 1982 in einer „Planungsgemeinschaft für neue Formen der Umwelt" mit dem Zero-Künstler Hermann Goepfert zusammen. Zwischen 1991 und 2002 war er Professor an der Akademie der Bildenden Künste in Nürnberg.

Das Wohnhaus zeigt deutlich unterschiedliche Aspekte aus dem Werk Le Corbusiers auf. So verweist der Kubus des Obergeschosses mit den umlaufenden Fensterbändern, vergleichbar mit Bauten der Weißenhofsiedlung in Stuttgart, auf dessen frühe Schaffensphase der 1920er Jahre. Die Materialsichtigkeit und die ausgeprägte Plastizität einzelner Bauelemente ist unübersehbar beeinflusst vom Spätwerk Le Corbusiers der 1950er Jahre wie der leicht dezentral das gesamte Gebäude durchdringende,

schiffsschornstein-ähnliche Zylinder des Treppenaufganges, die scheinbare Loslösung des gesamten Obergeschosses, die sich mittig zur Straßenseite in Schlitzen hin öffnende Fassade oder ein nach Norden aus dem nahezu quadratischen Gebäudegrundriss herausragendes, einem Schiffsheck ähnliches Element. Unabhängig von der Rezeption eines Vorbildes ist die spezifische Ausprägung eines Wohnhauses gelungen, in dem sich Hölzingers Ideen des skulpturalen Denkens, des Aufschneidens von geometrischen Grundformen und der souveräne Umgang mit Licht finden lassen. Mit diesem Einfamilienhaus konnte Hölzinger einen Entwurf verwirklichen, der neben der Rezeption der Entwurfsprinzipien Corbusiers die besonderen Verhältnisse des Bauplatzes einbezieht. Der ursprünglich unverbauten Umgebung entsprechend, ist das Gebäude auf freie Sicht von und nach allen Seiten angelegt. Besonders deutlich erschließt sich diese Gebäudekonzeption in den Ansichten über Eck.

 Hügelstraße 5

🏛 privat

🔑 von außen frei zugänglich

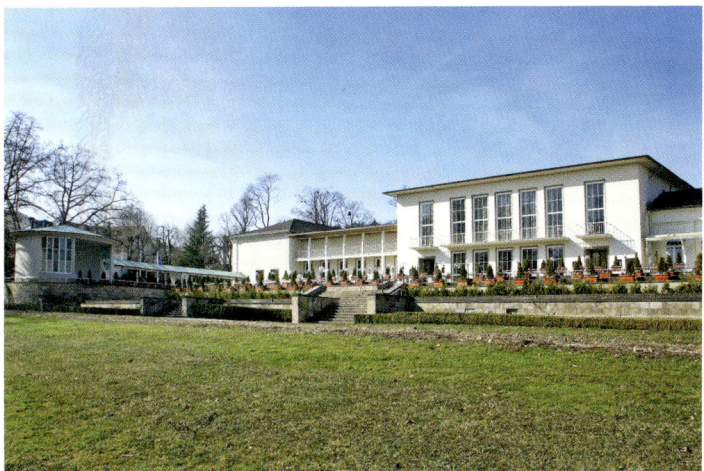

Das Kurhaus von Osten.

Bad Nauheim

Kurhaus

Mit dem Ausbau des Kurbetriebs in Nauheim wurde im nördlichen Teil des nach Plänen von Heinrich Siesmayer 1857/58 angelegten Kurparks in den Jahren zwischen 1862 und 1864 auch ein Kurhaus im Stil der italienisch inspirierten Neorenaissance errichtet. Finanziert wurde das prachtvolle Gebäude aus den Einnahmen der Spielbank. Das zum Johannisberg ansteigende Gelände erforderte für den Bau der Anlage starke Substruktionen und Terrassen, die noch heute dem breit gelagerten Bau einen optimalen Platz, erhöht über den zur Usa abfallenden Parkanlagen, sichern. Obwohl Bad Nauheim im Zweiten Weltkrieg kaum Schaden genommen hat, wurden am 20. Juli 1944 der zweigeschossige Mittelteil mit Mezzaningeschoss und der eingeschossige Südflügel des Kurhauses von Bomben zerstört. In den 1950er Jahren wurden die beiden fehlenden Flügel des Kurhauses in der klaren Formensprache der Zeit wieder errichtet. Die Kubatur der Neubauten wurde denen des zerstörten Gebäude angepasst. Statt des reich dekorierten, gestaffelten Mittelbaus mit Rundbogen-

fenstern und Mezzaningeschoss wurde ein zweigeschossiger Bau mit überhöhtem Obergeschoss und rechteckigen, schlanken, hohen Sprossenfenstern unter einem flach geneigten, weit überkragenden Walmdach errichtet. Der eingeschossige Südflügel erhielt ein Obergeschoss mit einer durchlaufenden langen Loggia und leichtem Metallgeländer. Der geschlossen wirkende Eckbau wurde in seiner Form dem erhaltenen nördlichen Eckbau angepasst. Ein überdachter Laubengang mit einem runden, offenen Pavillon schließt das Kurhaus zur Parkstraße hin ab. Trotz seiner Schlichtheit vermittelt der elegant gestreckte Bau in seiner filigranen Leichtigkeit den Optimismus der Aufbauzeit der Fünfziger Jahre und ist ein beliebtes Ziel für die Besucher der Kurstadt.

📍 Elvis-Presley-Platz 1

🏛 Dolce Hotels & Resorts Bad Nauheim

🛡 von außen frei zugänglich

ℹ Tel. 06032 303-0

  info@dolcebadnauheim.com

Bad Nauheim

Synagoge

Nachdem die Synagoge aus dem 19. Jahrhundert für Gemeinde und jüdische Kurgäste zu klein geworden war, ermöglichte das Darlehen eines Münchener Kurgastes den Neubau in der Karlstraße. Er wurde in der Zeit von 1927-1929 errichtet. Die Gestaltung übernahm der Frankfurter Architekt Richard Kaufmann im Stil der Neuen Sachlichkeit, wobei er mit den Rundbogenfenstern Motive traditioneller Synagogenarchitektur aufnahm.

Das auf abschüssigem Gelände zwischen Wohnhäusern frei stehende Gebäude erhielt einen T-förmigen Grundriss. Die zur Karlstraße gelegene, weiß verputzte Haupteingangsfront ist in schlichter Sachlichkeit gehalten. Ein Pultdach schließt sie ab. Neben dem durch die Natursteineinfassung monumental betonten dreiteiligen Eingangsportal akzentuieren drei Rundbogenfenster – das mittlere über zwei Geschosse – die Mitte des Gebäudes. Zwei Davidsterne aus Messing rechts und links des Eingangs verweisen auf die Funktion als Synagoge. Das Untergeschoss beherbergt die Mikwe.

An diesen Eingangsbau schließt sich der mit einem Satteldach bedeckte Hauptbau an. Er nimmt den zweigeschossigen, ebenfalls in schlichter Sachlichkeit gestalteten Betsaal mit dreiseiti-

ger Frauenempore auf. In dem von der Friedensstraße begehbaren zweiten Erdgeschoss waren die Wintersynagoge und eine Wohnung untergebracht. Heute ist dort neben dem Gemeindesaal, der auch als Restaurant genutzt wird, und einer Küche die Rabbinerwohnung zu finden. Abgestufte Stützpfeiler dominieren die anderen Fassaden, wobei die Ostseite mit Schlitz- und Rundbogenfenstern und einer Fensterrosette seltsam gegliedert erscheint.

Während des Novemberpogroms 1938 zerstörten Nationalsozialisten die Innenausstattung. Den vom Mob gelegten Brand löschten beherzte Bürger, sodass die 1939 zwangsweise an die Stadt verkaufte Synagoge die NS-Zeit trotz Zweckentfremdung im Kern unversehrt überstand. Im von der US-Armee befreiten Bad Nauheim hielten am 27. April 1945, also noch vor der Kapitulation des Deutschen Reiches, in der auf Kosten der Kommune wiederhergestellten Synagoge vor allem GIs wieder Gottesdienst. Seitdem dient sie – inzwischen denkmalgerecht saniert – wieder ihrer ehemaligen Bestimmung.

📍 Karlstraße 34

🏛 Jüdische Gemeinde Bad Nauheim

🧍 von außen frei zugänglich,
Führungen möglich

ℹ in der Tagespresse
und unter www.jg-badnauheim.de

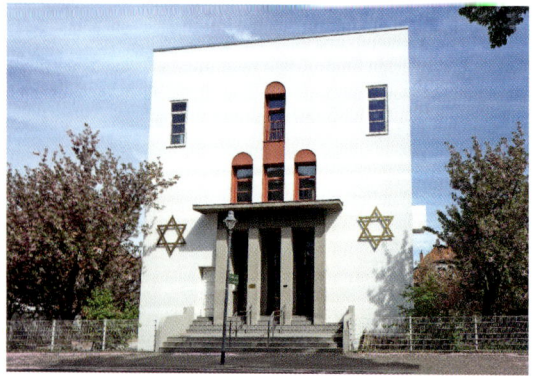

Im Kopfbau brachte Kaufmann den Vorraum zur Synagoge, darüber ein Sitzungszimmer und im zweiten Obergeschoss einen Vortragsraum unter.

Bad Orb

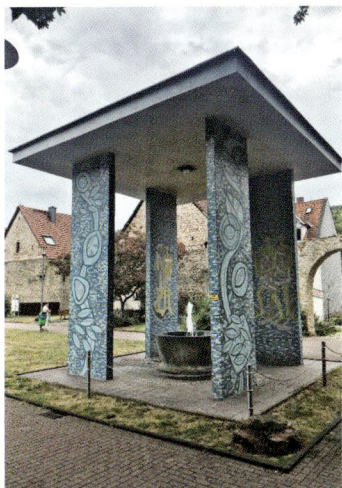

Sehnsucht nach dem Süden: Keramikmosaiken des Brunnentempels.

Bad Orb

Brunnentempel der Philippsquelle

Bad Orb besitzt keine stilistisch einheitliche Kurarchitektur. Schon im späten 18. und frühen 19. Jahrhundert entstanden die Gradierbauten, die später als Inhalatorien genutzt wurden. Die erste Badeanstalt errichtete der Apotheker Franz Leopold Koch 1837 neben seiner 1811/1812 errichteten Apotheke in der Hauptstraße.

Architektonisch bedeutsam waren die in den 1920er Jahren errichteten expressionistischen Bauten des Architekten Rudolf Breuer. Die alten Bauten wurden verändert und modernisiert, es entstanden aber auch Neubauten wie die von dem Frankfurter Architekten Bruno Rücker entworfene Konzerthalle. Rücker war es auch, der die 1958 bis 1960 ausgeführten Brunnentempel der 1729 gebohrten Philippsquelle und Ludwigsquelle entworfen hatte. Beide Brunnentempel sind – ähnlich wie die Konzerthallte – kubische Bauten, wobei der Tempel der Phillippsquelle, bedingt schon durch die Lage auf einer parkartig gestalteten Grünfläche vor der mittelalterlichen Stadtmauer, aufwändiger gestaltet wurde, als der in der Innenstadt

gelegene Brunnentempel der Ludwigsquelle. Bei beiden Bauten wird das antike Motiv eines Rundtempels in eine glatte und kubische Form übertragen, wobei die Funktionalität eine genauso große Rolle spielt wie die ganz den 1950er Jahren verpflichtete Dekoration, die wiederum motivisch mit Anklängen an die Antike spielt. Im Zentrum des Baus steht ein großes Kalksteinbecken, in dem das Quellwasser sprudelt. Die Wandsegmente sind komplett mit farbigen Keramikmosaiken geschmückt. Die Funktion des Brunnentempels gibt Motiv und Farbe vor. Die Außenseiten der in frischem Blau gestalteten Stützen zeigen jeweils von oben nach unten gestaltete Wasserläufe, Wasserpflanzen und Fische. Beherrscht werden die Wandsegmente im Inneren von antikisch geprägten Figuren, die ihren Ursprung in der Bäderwelt haben. Die formale und farbliche Gestaltung der Mosaike ist eng mit der Motivgestaltung der Nachkriegszeit verbunden, die eine Sehnsucht nach dem Süden und Italien impliziert. Die ursprünglich geschlossene kubische Wirkung dieses Brunnentempels ist heute nicht mehr vorhanden, da die Verglasung entfernt wurde.

📍 Quellenring

🏛 Stadt Orb, Kurverwaltung

👤 frei zugänglich

ℹ www.bad-orb.info

Bad Orb

Konzerthalle

„Hätte man in diese herrliche Landschaft einen massiven Steinbau gesetzt", er hätte es als barbarisch empfunden, äußerte sich der Architekt Bruno Rücker über die Bauaufgabe des Gesellschaftshauses, der heutigen Konzerthalle in der Kurstadt Bad Orb. Rücker entwarf als einen von 55 Wettbewerbsbeiträgen einen Saalbau, der durch die Transparenz der gläsernen Außenfassaden gewissermaßen durchsichtig in die Landschaft aufgelöst ist. Obwohl der erste und zweite Preis an etablierte Büros der Region gingen, so an Otto Apel, der gerade den Frankfurter Opern- und Theaterbau gestaltet hatte, erhielt Rückers Konzept den Zuschlag. Man kann in dem 1958 eröffneten „schwebenden gläsernen Konzertsaal" die Umsetzung einer Idee sehen, die auch Mies van der Rohe in seinem spektakulären – wenn auch nicht umgesetzten – Entwurf für das Mannheimer Nationaltheater entwickelt hatte.

Der gut 900 Besucher fassende Saal selbst ist umgeben von einer umlaufenden Wand, die sich als eigentliche Saalwand und wesentliches Tragwerk in den Sockel fortsetzt. Die Fassaden des Saalgeschosses sind als Vorhangfassade komplett in Glas ausgeführt und erhalten durch die im Original gelben, jetzt mintfarbenen Lamellenheizkörper die Wirkung einer durchbrochenen Galerie. Durch den längs um vier Meter, quer um sechs Meter auskragenden Umgang gewinnt das Gebäude einen besonderen Aspekt von Leichtigkeit.

Nahezu alle wesentlichen Gestaltungselemente der Erbauungszeit sind erhalten und wurden behutsam renoviert, zuerst der Konzert- und Theatersaal, der mit hunderten von Glühbirnen in festliche Atmosphäre versetzt werden kann oder die Wandelhalle, der heutige Gartensaal im Untergeschoss, der gleichzeitig als kleiner Konzertsaal besonders für die Kurkonzerte dient. Seine flache Bühne fasste auch das zur Entstehungszeit gut 30-köpfige Kurorchester. Der durch schlanke kapitelllose Säulen getragene Saal wirkt durch die Glaswände und unter anderem die Integration eines filigran wirkenden Brunnens mit zeittypischer Pinguinskulptur heiter und elegant.

📍 Horststraße 1

🏛 Kurverwaltung Bad Orb/
Tourismusinformation
Tel. 06052 83-0
www.bad-orb.info/Gesundheit-Kur/
Kurpark/Konzerthalle

🎫 Konzert- und Theatersaal
während Veranstaltungen

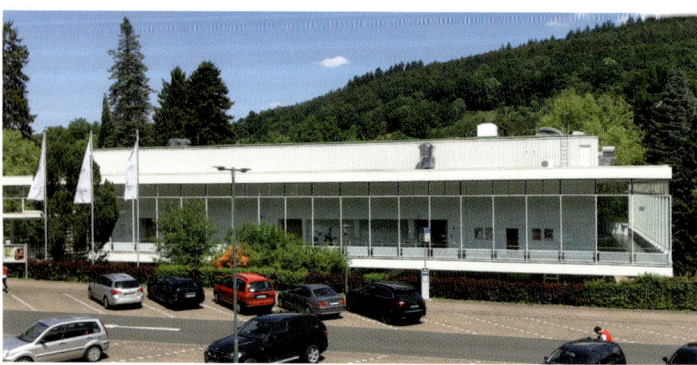

Transparente Moderne eingebettet in den englischen Landschaftspark am Spessartrand.

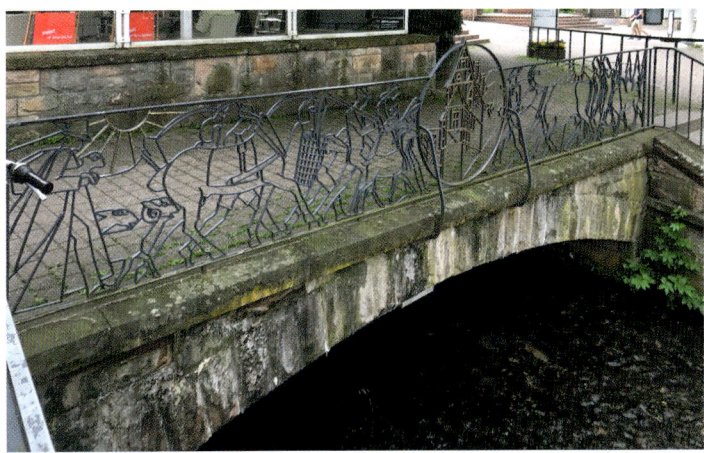

Bad Orbs „Kleinstes Haus" im Medaillon des Brückengeländers.

Bad Orb

Quellenring

Entlang des Quellenrings fließt die Orb in einem im Laufe des 20. Jahrhunderts gestalteten Flussbett bis zum Brunnentempel der Philippsquelle. Hier gibt es zahlreiche Sandsteinbrücken, jeweils in Form eines Segmentbogens, die die Ufer miteinander verbinden und 1954 errichtet wurden.

Bemerkenswert sind die künstlerisch gestalteten, schmiedeeisernen, gitterartigen Geländer aus dem Jahr 1955, die sich in ihren Motiven mit der Stadt Bad Orb und ihrem Selbstverständnis beschäftigen. Der in Bad Orb lebende Maler und Bildhauer Dan Hauenstein und der aus Essen stammende und ebenfalls in Bad Orb lebende Maler Magnus Manz legten die Entwürfe vor. Mit einem zentralen, höher gestalteten Medaillon und ihrer Zier sprechen sie ganz die Formensprache der 1950er Jahre. Die Ausführung übernahm der Bad Orber Kunstschmied Heinrich Desch.

Das Gitter zur Kurparkstraße stellt die Stadt Bad Orb selbst vor und zeigt im zentralen Medaillon das sogenannte „Kleinste Haus". Das ist ein barocker Fachwerkbau, der in der Kirchgasse auf einem Grundstück in Form eines spitz-winkligen Dreiecks steht, so dass die vordere Giebelseite des Hauses nur 158 Zentimeter breit ist.

Die beiden Gitter der folgenden Brücke beschäftigen sich mit der religiösen Situation im Spessart. Beide beziehen sich aufeinander und zeigen die Vierzehn Nothelfer, die im Fränkischen Raum besonders verehrt werden.

Die beiden folgenden Gitter greifen das Thema Kur in Bad Orb auf. Im Medaillon sind große Darstellungen eines Sprudels zu sehen, ein Paar mit Hund beim Flanieren sowie Gäste beim Tennis und Reiten. Die andere Seite beschäftigt sich mit dem gesellschaftlichen Leben und zeigt Gäste im Café und beim Tanztee. Das letzte Gitter widmet sich dem Spessart als Raum und Landschaft und zeigt im Medaillon einen Hirsch und den durch stilisierte Tannenbäume dargestellten Wald. Gleichzeitig war dieses Geländer ein Hinweis auf das Hotel Goldener Hirsch, das sich in unmittelbarer Nähe befand.

 Quellenring

 Stadt Bad Orb

www.bad-orb.info

23

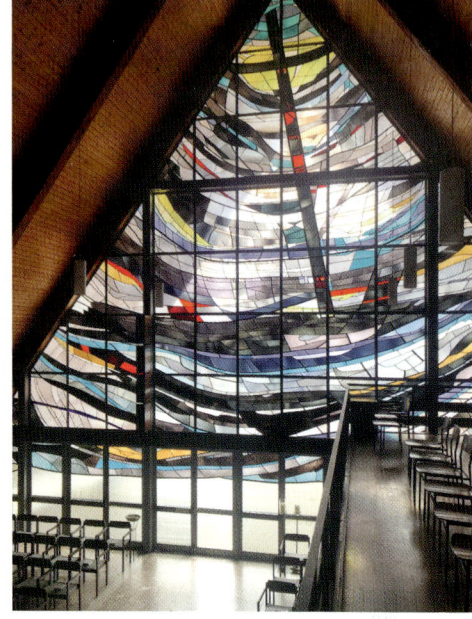

Innenseite der Eingangswand, die von August Peukert raumhoch als Glasfenster gestaltet wurde.

Bad Orb

Trauerhalle

Der Bad Orber Friedhof befindet sich offiziell seit der zweiten Hälfte des 18. Jahrhunderts auf einem steil ansteigenden Gelände westlich des heutigen Burgrings. Als Bestattungen noch auf dem Kirchhof der Martinskirche stattfanden, wurde dieses Gelände als „Bangert" bezeichnet. Diese, vor allem in Südwestdeutschland häufig vorkommende Bezeichnung weist auf die ursprüngliche Nutzung als Baumgarten hin. Erste Bestattungen fanden hier schon zu Anfang des 17. Jahrhunderts statt. Das Areal wurde zuerst 1816 und 1885 und abermals 1959 erweitert. Die Trauerhalle im oberen Teil des Geländes entstand allerdings erst in den Jahren von 1967 bis 1969 auf einem künstlichen Plateau und bekrönt somit gewissermaßen den Friedhof.

Es waren die Bad Orber Architekten Emil Weißbecker und Walter Dieringer, die den Entwurf lieferten. Das ebenfalls dort beheimatete Architekturbüro Paul Dehmer sorgte für die Ausführung des Baus. Es handelt sich dabei um eine hohe Satteldachkonstruktion über großem, als Terrasse ausgeführten Sockelgeschoss, die zur Talseite auf Betonsparren ruht. Damit bildet die gesamte Dachkonstruktion die Trauerhalle. Die Betonsparren, die die Terrasse abdecken, verstärken noch diesen Eindruck. Bemerkenswert an diesem Bau ist der südliche Giebel, der gleichzeitig die Eingangssituation zur Trauerhalle bildet. Hier ist die ganze Wand in einer Stahlkonstruktion ausgeführt, die als Träger für ein insgesamt 67 Quadratmeter großes Glasgemälde dient, das August Peukert entworfen hat und das von der Glaserfirma H. B. Gossel aus Urberach hergestellt wurde. Das Grundmotiv ist die Sonne. Die als Lichtquelle für den Innenraum der Trauerhalle gestaltete Glaswand lässt in ihrer Abstraktion beim Betrachter aber zahlreiche Assoziationen aufkommen. Auch der Innenraum wird durch die von Peukert eher bildhaft-expressiv gestaltete Auferstehung Christi als farbenprächtiges Mosaik beherrscht.

 Molkenbergstraße 2 / Burgring

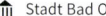 Stadt Bad Orb

Friedhof frei zugänglich; Trauerhalle nur bei Trauerfeiern zugänglich

Tel. 06052 86-234

Bad Schwalbach

Bad Schwalbach

Ehemaliges Staatliches Kurhotel, heute Hotel Eden Parc

In unmittelbarer Nachbarschaft des Kur- und Stahlbadehauses, der zentralen Stätte der ehemals bedeutenden Kurstadt Langenschwalbach, öffnet sich das ehemalige Staatliche Kurhotel in städtebaulich prägnanter Lage langgestreckt in den historischen Kurpark.

Mit seinem Entwurf setzte sich der Architekt und Hochschullehrer Wilhelm Kreis 1929 in einem Ideenwettbewerb gegen andere namhafte Architekten durch. Was sich bei seinem Bahnhofsgebäude in Meißen bereits andeutet, liegt hier erstmals in ausgeprägter Form vor: eine sichtbare Rangordnung bei der Gestaltung der einzelnen Baukörper – vom hohen, monumentalen und den Eingangsbereich aufnehmenden Kopfbau nebst flankierendem Anbau bis zu einem niedrigeren Bereich, entsprechend dem Talverlauf gerundet und durch große Glasflächen sowie funktionale Balkonbrüstungen stark aufgelockert. Der Entwurf wurzelt in den Prinzipien der Bauhaus-Gestaltung. Das Gebäude ist jedoch nicht auf eine stilistische Reproduktion beschränkt, sondern wurde im Stil der Neuen Sachlichkeit der 1920er Jahre weiterentwickelt. Entsprechend groß war die Aufmerksamkeit in den Architekturzeitschriften. Stilistisch ist das Kurhotel eng verwandt mit dem Hotel auf dem Monte Verità in der Schweiz, gebaut 1929 von Kreis' Schüler Emil Fahrenkamp. Kreis war Gründungsmitglied des Deutschen Werkbundes, der eine neue Sachlichkeit und Schlichtheit der architektonischen Formen forderte und sich gegen den aus seiner Sicht willkürlichen und rückwärtsgewandten Bauschmuck des gründerzeitlichen Historismus wandte. Entsprechend großen Wert legte er auf eine konsequente Material-, Form- und Werkgerechtigkeit. Beim ehemaligen Kurhotel ist diese Haltung etwa mit Blick auf die Fassadengestaltung konsequent durchgearbeitet: Weiße, ungefasste Putzflächen stehen neben scharrierten oder gestockten Basaltsplittvorsatz-Flächen und gegossenen, steinmetzmäßig bearbeiteten Betonelementen. Die Empfangs- und Gesellschaftsräume waren in konservativ-edler, gleichzeitig zurückhaltend sachlicher Art gestaltet. Die historische Innenraumgestaltung ist heute jedoch nur noch teilweise ablesbar.

📍 Am Alleesaal 2

🏛 ADC GmbH, Mannheim

👤 im Rahmen des Hotel- und Gastronomiebetriebs

ℹ Tel. 06124 7238-0
www.eden-parc-hotel.de

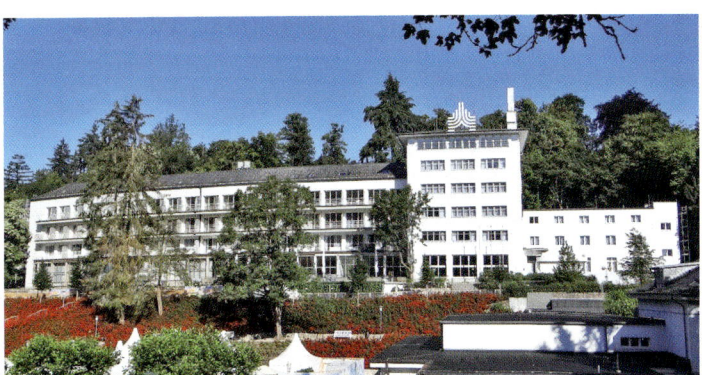

Blick von Südosten auf die dem Kurpark zugewandte Langseite des Hotels.

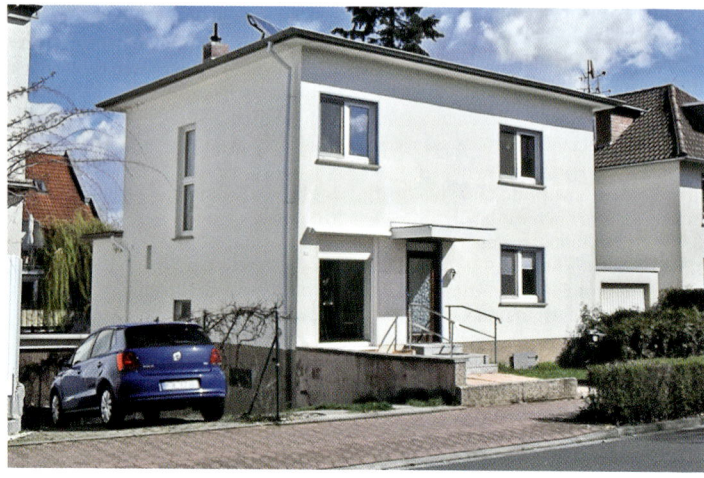

Der Eingang und das linke Fenster des Hauses Beck wurden umgestaltet.

Bad Soden
Wohnhaus Beck

Im Jahr 1930 nahm Carl-Hermann Rud-loff, zu diesem Zeitpunkt noch Chefarchi-tekt der Aktienbaugesellschaft für kleine Wohnungen und unter Stadtbaurat Ernst May in Frankfurt tätig, den Privatauftrag von Ober-Postinspektor Robert Beck an und entwarf für dessen Familie ein Einfa-milienhaus. Die Besonderheit dieses Auf-trags lag in der Bebauung des steilen Hanggrundstücks, welches einen schö-nen Taunusblick zu bieten hatte. Rudloff verarbeitete diese Vorgaben zu einem Gebäude, in dessen Keller er eine Garage unterbrachte, die aufgrund der Hangla-ge ein freiliegendes Tor zum Garten hatte. Da diese Öffnung aber genau an der von der Straße abgewandten Haus-seite lag, entschied sich der Architekt, das Garagentor übereck zu führen und einen geräumigen Autovorplatz anzule-gen. So konnte der Wagen bequem in die Garage rangiert werden. Den Vorplatz umsäumte eine Hecke und trennte ihn so vom angrenzenden Sitzplatz. Dieser liegt vor der westlichen, zum Taunus ausgerichteten Seite des Hauses. Hier führte eine Treppe zu einem weiteren Sitzplatz vor der Küche im Erdgeschoss.

Ganz unter dem Motto des Neuen Bau-ens: „Licht, Luft und Sonne" gestaltet, erhielt es zusätzlich zu den beiden Freiluftsitzplätzen noch eine Glasve-randa, die nur durch Fenstertüren vom Wohnzimmer abgetrennt war. Neben der Küche und dem Wohnzimmer wurden zwei weitere Zimmer im Erdgeschoss untergebracht. Im Obergeschoss lagen die Schlafzimmer und das Bad. Die Grundform des modernen Flachdach-hauses ist ein schlichter, weißer Quader, dessen Fassaden schmucklos sind und lediglich durch die feinen, dunklen Fen-sterrahmen eine strenge, aber ausgewo-gene Gliederung erhielten.

Rudloff plante eine kleine Serie von diesem Haus und entwickelte einen Bebauungsplan für die Nordseite der Hasselstraße. Neben dem Haus Beck sollten noch vier weitere Häuser dieses Typs errichtet werden. Seine Entwürfe präsentierte er 1932 in der Ausstellung „Billige Häuser zu festen Preisen" in Frankfurt.

 Hasselstraße 19

 privat

 von außen frei zugänglich

Bad Vilbel

Bad Vilbel

Katholische Pfarrkirche Verklärung Christi

Auf dem südlich von Bad Vilbel gelegenen Hochplateau entstand nach dem Zweiten Weltkrieg eine nach der ostpreußischen Stadt Heilsberg benannte Siedlung für heimatvertriebene Ostflüchtlinge. Neben einer neuen evangelischen Gemeinde wurde 1957 für die rund 2000 zugezogenen Katholiken eine neue Pfarrei gegründet, für die auch eine Kirche benötigt wurde. Unmittelbar an der Frankfurter Straße erhielt die junge Gemeinde einen markant oberhalb der Straße gelegenen Bauplatz. Nach Plänen des Frankfurter Architekten Carl Rummel wurde am 12. Juni 1960 mit dem Bau der neuen Kirche begonnen, die 1962 eingeweiht werden konnte. Von der Gemeinde war ein „festliches Gotteshaus" gewünscht, das inhaltlich zum Patrozinium „Verklärung Christi" passte. Ganz im Stil der modernen Kirchenarchitektur entstand in Hanglage ein Ensemble aus einem lang gestreckten, im Westen halbrund abgeschlossenem Kirchenbau mit leicht eingezogener, schlanker Apsis, einem integrierten Gemeindesaal und einem Campanile, der weit in die Senke der Wetterau hineinwirkt. Das auf vorgelegten Betonstützen ruhende, freitragende Flachdach steigt elegant geschwungen nach Osten an. Die schlicht weiß verputzte Wandschale hinter den Stützen trägt ein bis ans Dach reichendes, umlaufendes Fensterband in leuchtenden Farben, das die Künstlerin Agnes Mann aus Poppenhausen zum Thema „Verklärung Christi" gestaltet hat. Die Ausstattung des durch das Fensterband festlich beleuchteten Innenraums schufen die Künstler Kurt Zöller aus Miltenberg und Albert Wider aus Wiedenau/Schweiz. Der beeindruckende Kirchenbau in Bad Vilbel stellt, ebenso wie die katholische Kirche Maria Königin in Gelnhausen Meerholz, ein hervorragendes Beispiel des in der Tradition der Zwanziger Jahre entstandenen und nach dem Zweiten Weltkrieg weiterentwickelten modernen Kirchenbaus dar.

📍 Frankfurter Straße 208

🔔 während der Gottesdiente und auf Nachfrage beim Pfarrbüro

ℹ️ Kath. Pfarramt
Tel. 06101 850-78, 06101 582-404
pfarramt@verklaerung-christi.net
www.verklaerung-christi.net

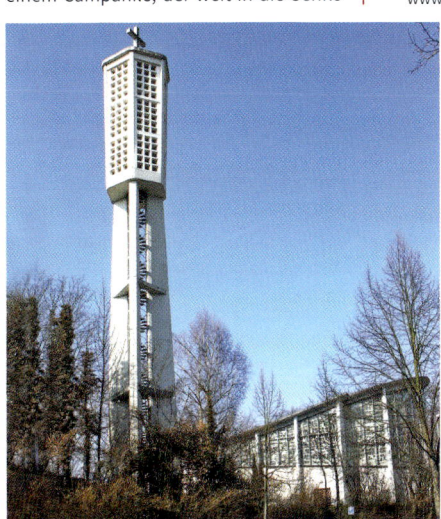

Ostseite der Katholischen Pfarrkirche Verklärung Christi.

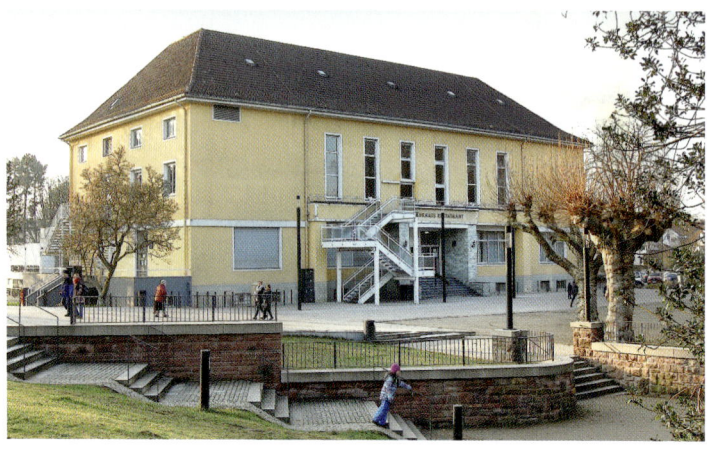

Am nördlichen Niddaufer erhebt sich das Kurhaus als Solitärbau vor einem Park.

Bad Vilbel

Kurhaus

Das Bad Vilbeler Kurhaus wurde in den Jahren 1927/28 auf Initiative einer Gruppe Vilbeler Bürger, die dem örtlichen Arbeiterverein nahestanden, als Volkshaus errichtet. Ziel war es, eine allen Bevölkerungsgruppen offen stehende Begegnungsstätte zu schaffen. Aus einem Wettbewerb siegreich hervorgegangen waren die Frankfurter Architekten Beppler und Müller. Nach ihrem Entwurf wurde das Volkshaus als längsrechteckiges Gebäude auf der rechten Niddaseite errichtet. Der unterkellerte Bau erhebt sich über zwei Geschosse, wobei das Obergeschoss teilweise abermals in zwei Ebenen untergliedert ist. Im Erdgeschoss befanden sich kleine Säle sowie ein Restaurant, im Obergeschoss der große Fest- und Turnsaal. Das Walmdach ist auf der Rückseite etwas eingezogen, so dass der Eindruck einer dreiflügeligen Anlage entsteht. Er wird an der Frontseite durch den Kontrast des reich belichteten mittleren Saalabschnitts mit vertikalen Fensterbändern zu den geschlossenen Seitentrakten fortgeführt. Unterhalb des Saals vermitteln dem Eingangsbereich vorgelagerte Stützen den Eindruck eines Portikus. Die gewählte Bauweise dieses stimmigen, wenn auch als konventionell-konservativ einzustufenden Erscheinungsbildes, liegt vermutlich in dem hohen Selbsthilfe-Anteil beim Bau begründet und bezieht dennoch in seiner Fassadengestaltung Elemente der klassischen Moderne mit ein.

Nach dem Konkurs, bedingt durch die allgemeine Wirtschaftskrise Ende der 1920er Jahre, übernahm die Stadt Bad Vilbel das Gebäude als öffentliche Einrichtung. Um die Einnahmesituation zu verbessern, wurden Heilbäder angeboten, für die ein eigener Anbau errichtet wurde. 1933 in Kurhaus umbenannt, blieb die Funktion als Bürgerhaus mit angegliedertem Badebetrieb nach dem Zweiten Weltkrieg erhalten, was eine Fülle von Umbauten nach sich zog. Das ursprüngliche Erscheinungsbild des alten Volkshauses zu seiner Schauseite blieb dabei weitgehend unverändert erhalten.

📍 Niddastraße 1

🏛 Magistrat der Stadt Bad Vilbel

👤 im Rahmen von Veranstaltungen

ℹ Tel. 06101 602-230

Bad Wildungen

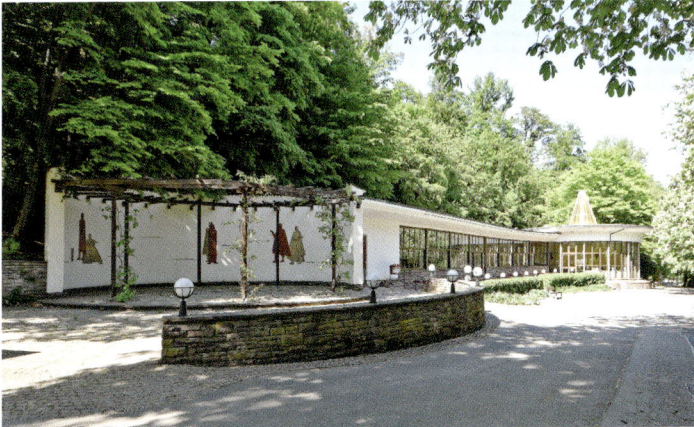

Bad Wildungen

Kurcafé

Terrassenplatz mit Pergola, anschließende geschlossene Terrasse und Brunnenraum mit Lichtkegel als Abschluss.

Nach dem bereits 1949 erfolgten Abriss des alten Kurcafés an der Fackelallee nordöstlich der Wandelhalle plante Regierungsbaurat Heinz Rappold 1952 dort einen neuen Platz als gesellschaftliches Zentrum für die Kurgäste mit Kurcafé im Norden, Konzertmuschel mit geschwungener Pergola im Süden und der bestehenden Wandelhalle als Abschluss im Westen. Das Café besteht aus einem zum Kurpark nahezu vollständig verglasten konkaven, eingeschossigen Flachdachbau als geschlossener Terrassenraum über einem Sockel aus Wesersandstein mit vorgelagerter, tiefer liegender, teilweise durch das vorgezogene Dach überdeckter und von Beeten gerahmter Terrasse. An ihn schließen rückwärtig Küche und Nebenräume an und er endet zu beiden Seiten in Rondellen. Das westliche, um eine Stufe erhöhte ovaloide Rondell besteht aus einer gebogenen Wandscheibe und ringförmiger Pergola über sechs Holzstützen. Die Rückwand zeigt drei stilisierte Paare als Sgraffito mit Mosaiksteinen. Am östlichen Ende befindet sich in Verlängerung der geschwungenen Rückwand des Zwischenbaus das zweite, ebenfalls durch ein Beet eingefasste Rondell, das nach Südwesten vollständig verglast ist

und oberhalb des weit vorkragenden Flachdaches einen abgeflachten Kegel aus Stahlrahmen mit Ornamentglas zur Belichtung erhielt. Die Leichtigkeit der Dachkonstruktion wird durch eine mit sichtbaren Rohrmatten verkleidete Decke, die ursprünglich ebenso den Terrassenraum abschloss, unterstrichen. Der Innenraum ist von einem zentralen Brunnen aus Betonschale mit Mosaik und Messingdüse bestimmt und erinnert mit seinem aus Sandsteinen aufgemauerten Beet entlang der Rückwand an eine Orangerie. Der gesamte Bau mit seinen massiven Wandscheiben im Wechsel mit großen, ursprünglich weißen Stahlrahmenfenstern und filigranen Holzkonstruktionen zeigt deutlich die Formensprache der 1950er Jahre, deren Leichtigkeit sich bewusst von der monumental massigen Architektur der benachbarten Wandelhalle abheben sollte.

📍 Im Kurpark nahe der Wandelhalle

🏛 Staatsbad Bad Wildungen/ Bad Reinhardsquelle, Eigenbetrieb der Stadt Bad Wildungen

🕐 So ab 10 Uhr

Bad Wildungen

Tennis-Clubhaus

Westlich des Badehotels liegt das 1953/54 nach Plänen von Heinz Rappold errichtete Tennis-Clubhaus mit Milchbar, deren runder, ursprünglicher Freisitz zum Kurpark nach Süden, über einem hohen, konkav geschwungen Sockel auskragt. Er trägt über einer zentralen Säule ein Dach und war ursprünglich nach Südwesten von einem filigranen Geländer aus Flacheisen zwischen weit gestellten Stahlrohrsäulen abgeschlossen. Erst später entstand der heute geschlossene Raum, als die Öffnung großflächig verglast und die Brüstung mit einer schlichten Verbretterung versehen wurde. Auch wenn die grazile Leichtigkeit des ursprünglichen Entwurfes durch den Umbau eingeschränkt wurde, blieb doch der Charakter eines schwebenden Raumes erhalten. Im Gegensatz dazu steht die kurze, weiß getünchte Ziegelwand im Osten, die in einem Schwung zum Schankraum mit offener Theke als Zentrum der Kommunikation, den Umkleiden sowie einem Raum für die Turnierleitung überleitet. Diese Wand ist durch die stilisierten Figuren eines Golfspielers und einer Tennisspielerin als Verweis auf Tennisplätze und Minigolfanlage verziert. Vom Hauptbau durch einen Durchgang getrennt sind Geräteraum und Toilettenräume untergebracht. Sowohl die Milchbar als auch die beiden pavillonartigen Bauten und die Terrasse im Westen sind von einem im Süden gerundeten Flugdach überspannt. Zur Terrasse hin sind die Wände der Umkleiden und sonstigen Nebenräume in Leichtbauweise als Holzrahmenbau mit Stabschalung ausgeführt und greifen damit eine einfache Konstruktionsform auf, die zuvor nur für untergeordnete oder temporäre Bauten verwendet wurde. Das Gebäude ist klar nach seiner Funktion gegliedert und nimmt mit den verwendeten modernen Materialien und Bauformen Bezug auf seine Umgebung. Nach außen durch die hohe Ziegelwand geschlossen, öffnet es sich zu den Tennisplätzen über eine große Terrasse und der Freizeitcharakter wird durch die hölzernen Wände hervorgehoben. Zum Park eröffnet die Bar einen Panoramablick ins Grüne.

📍 Herzog-Georg-Weg

🏛 Staatsbad Bad Wildungen/
Bad Reinhardsquelle,
Eigenbetrieb der Stadt Bad Wildungen

👤 für Tennis-/Minigolf-Spieler
täglich ab 11.30, Mi ab 15 Uhr

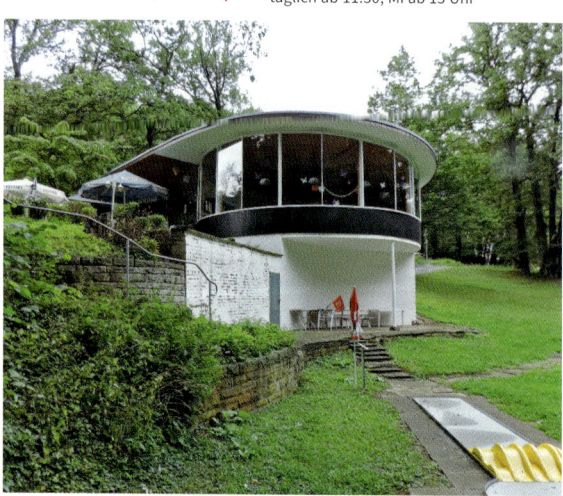

Ehemalige Milchbar des Tennisclubhauses.

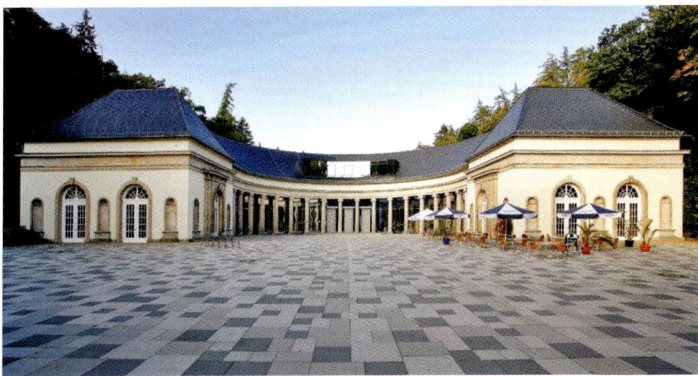

Die Wandelhalle mit dorischer Säulenarkade.

Bad Wildungen

Wandelhalle

Die Wandelhalle ist der bauliche, kulturelle und gesellschaftliche Mittelpunkt des Kurbetriebs. Im ihrem Quellendom werden die wichtigsten Heilwässer Bad Wildungens ausgeschenkt.

Schon im 14. Jahrhundert wusste man um die heilende Wirkung des sogenannten Sauerbrunnens. Aber erst in der zweiten Hälfte des 19. Jahrhunderts, als der Kurbetrieb zum bestimmenden Wirtschaftszweig der Stadt wurde, war es notwendig, repräsentative Bauten an den Quellen zu besitzen.

1888 wurde über dem Sauerbrunnen, den man nun „Georg-Viktor-Quelle" nannte, eine gusseiserne Wandelhalle erbaut, die für den Saisonbetrieb von Mai bis Oktober genügte. Als sich der Kurbetrieb immer stärker entwickelte, wurde eine ganzjährig beheizbare Wandelhalle erforderlich.

1929 entstand der ältere Teil des heute noch bestehenden Gebäudes. Architekt war der Darmstädter Professor Paul Meissner, der einen neoklassizistischen Steinbau mit markanter dorischer Säulenarkade errichtete. Das Gebäude diente nun vor allem der Abgabe der Trinkkur, die damals noch das wesentliche Fundament des Kurbetriebs bildete.

1960 wurde der rückwärtige Wandelgangbereich durch eine damals wie heute moderne Stahl/Glas-Pavillon-architektur mit einem Theatersaal ersetzt. Architekt war der Regierungsbaurat Heinz Rappold, der auch benachbarte Bauten, wie Kurpark-Café oder Musikpavillon, gestaltete und so ein stimmiges Ensemble schuf.

Die Wandelhalle war nun wieder eindeutig therapeutischer, kultureller und gesellschaftlicher Mittelpunkt des Kurbetriebs und blieb dies bis zum Neubau eines Kurhauses im Jahre 1987. In den folgenden Jahren setzte ein Verfallsprozess ein, der erst durch die Übernahme des vorher Hessischen Staatsbades durch die Stadt Bad Wildungen unterbrochen wurde.

Von 2004 bis 2009 wurde durch das Bad Wildunger Architekturbüro Gehring und Partner eine grundlegende Sanierung durchgeführt. Die Wandelhalle nimmt seitdem das Quellenmuseum, Ausstellungs- und Tagungsräume sowie Gastronomie auf und ist wieder lebendiger Mittelpunkt des Kurgeschehens geworden.

📍 An der Georg-Viktor-Quelle 3
zentral im Kurpark

🏛 Stadt Bad Wildungen

🕯 täglich 10–18 Uhr, Führungen jeden
1. und 3. Mittwoch im Monat

ℹ Tel. 05621 967-960
quellenmuseum@badwildungen.net

Birstein-Obersotzbach

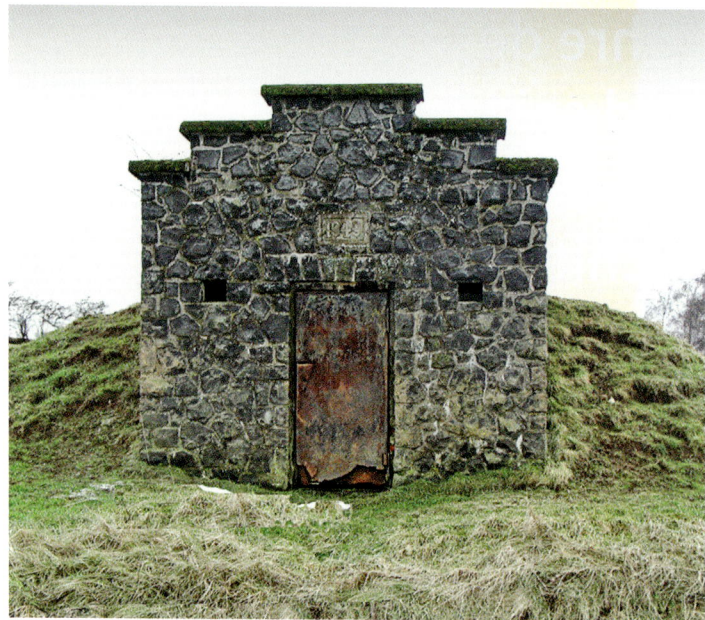

Eingangsfront des Brunnenhauses.

Birstein-Obersotzbach

Brunnenhaus

Die zahllosen Wasserhochbehälter und Brunnenhäuser in den Mittelgebirgsregionen des Main-Kinzig-Kreises, die seit der zweiten Hälfte des 19. Jahrhunderts entweder für die lokale oder für die Frankfurter Wasserversorgung errichtet wurden, überraschen immer wieder durch ihren architektonischen Formenreichtum. Sämtliche Stilrichtungen des Hausbaus bis hin zu Anleihen an antike Grabformen dienten als Vorlagen für diese Kleinarchitekturen, die meist unauffällig in der freien Landschaft stehen. Von den Gebäuden selbst ist nur die Eingangsfront zu sehen. Der eigentliche Bau ist zusammen mit seinen technischen Anlagen im Inneren unter einem gewaltigen Hügel aus Erde zur Isolierung des gespeicherten Wassers versteckt. Dieser technisch notwendigen Form, mit ihrer Ähnlichkeit von Tumulusgräbern,

ist wohl auch der häufige Rückgriff auf antike Grabfronten zu verdanken. Das kleine Brunnenhaus in Birstein-Obersotzbach aus dem Jahr 1949 wurde in Basalt, dem natürlichen Gestein der Region, für die Wasserversorgung des Dorfes errichtet. Es zitiert mit seinem Stufengiebel und den markanten Abdeckplatten die Formen des modernen Bauens aus den 1920er Jahren in starker Anlehnung an den Expressionismus, der in den ländlichen Regionen weiter verbreitet war, als die nüchternen Formen des Bauhauses. Über der eisernen Zugangstür datiert eine Platte das Baujahr des kleinen Gebäudes.

  ♀ östlich außerhalb des Ortes

  ♟ von außen frei zugänglich

  ℹ Ein Fußweg führt südlich entlang des Hofes Forsthausstraße 12 nach Osten. Nach wenigen Minuten liegt der Wasserhochbehälter auf der rechten Seite

Lehre des Bauhauses und sein Einfluss auf die internationale Architektur

Das Fagus-Werk von Walter Gropius und Adolf Meyer (1911).

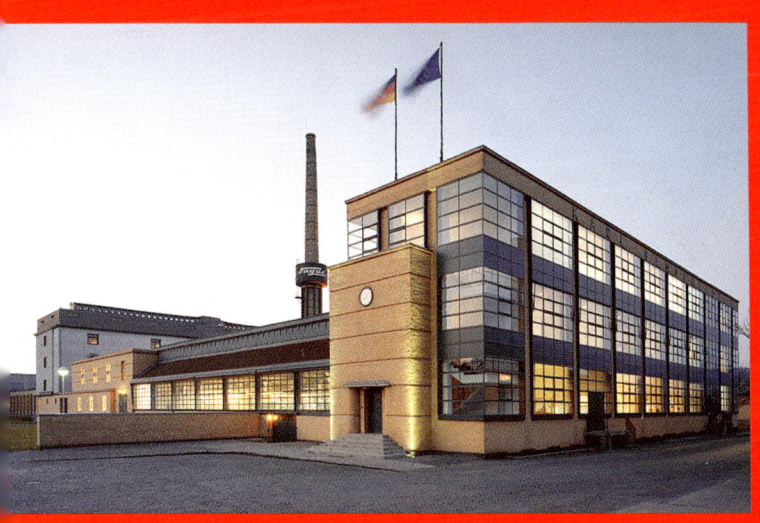

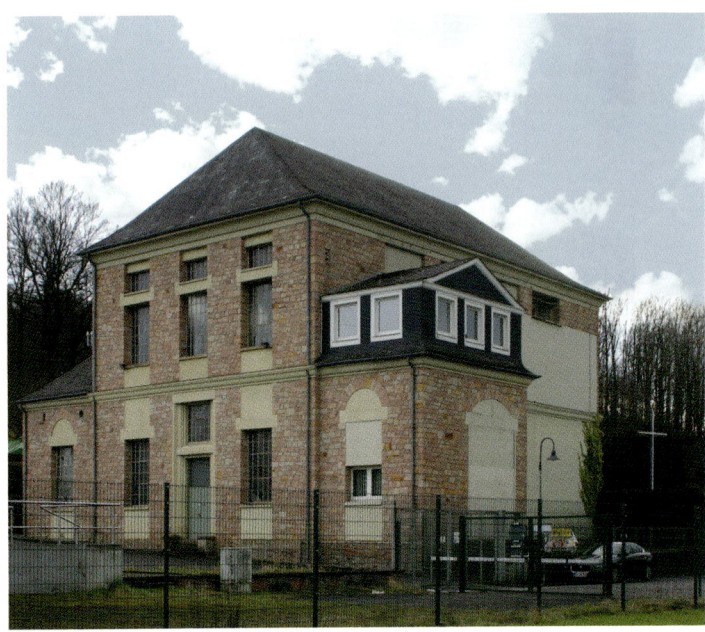

Das Bauhaus gilt weltweit als das Synonym für Modernes Bauen und Design. Dabei war diese Entwicklung durchaus kein singulär deutsches Phänomen, sondern ihre Ursprünge lagen schon weit vor der Bauhausgründung in Weimar 1919.

In der zweiten Hälfte des 19. Jahrhunderts, als Reaktion auf den weltweit wuchernden „Historismus", einen Stilklektizismus mit billigen, industriell hergestellten Plagiaten adeliger und bürgerlicher Wohnkultur aus allen Jahrhunderten, entwickelten sich zuerst in Schottland und Amerika und dann in ganz Europa Reformbewegungen, die alle Lebensbereiche der Bevölkerung verändern sollten. Die oft in ungesunden, eng bebauten Stadtquartieren mit äußerlich aufwändig dekorierten, aber billigen und engen Mietwohnungen lebende Bevölkerung sollte wieder einen Bezug zur Natur sowie zum gesunden Leben bekommen. Überall entstanden an den Rändern der Industriestädte Gartenstädte als soziale und architektonische Experimentierfelder.

Speziell die neuen Bauten der Technik und Industrie, die bisher mit historisierenden Architekturformen ihre Zweckbestimmung verbergen sollten, wurden zum Wegbereiter des modernen Bauens. Peter Behrens schrieb 1907 dazu: „Es gilt, Verzicht auf die Kopie handwerklicher Arbeit, historischer Stilformen und anderer Materialien zu leisten."[1] Und an anderer Stelle: „Gerade bei der Elektrotechnik handelt es sich nicht darum, die Formen durch verzierende Zutaten äußerlich zu verschleiern, sondern weil ihr ein vollkommen neues Wesen innewohnt, die Formen zu finden, die ihren neuen Charakter treffen."[2]

Als Vater der modernen Architektur ist der Amerikaner Louis Henry Sullivan anzusehen, der mit seinen Büro- und Kaufhäusern in Skelettbauweise seit

[1,2] *Zitiert nach: Andrea Thiem, War das Bauhaus wirklich alles?*
In: https://www.designmadeingermany.de/magazin/2/war-das-bauhaus-wirklich-alles

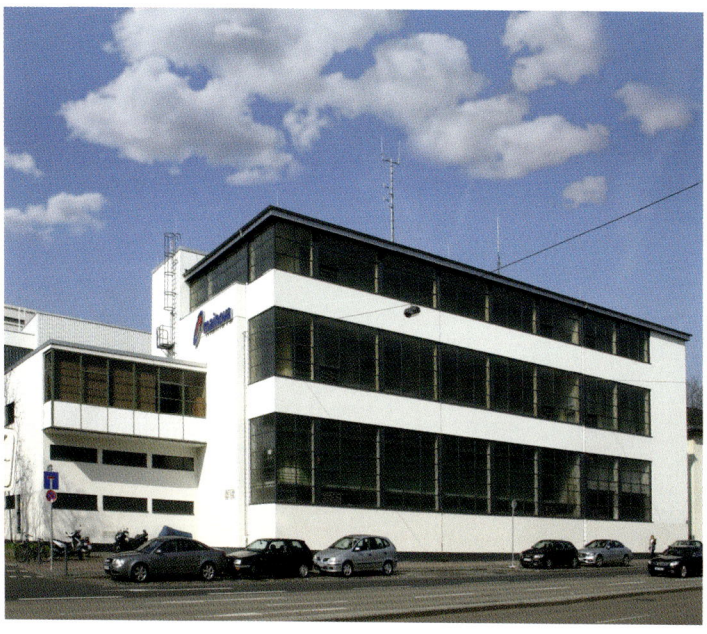

Technikbauten im Vergleich: Das Umspannwerk Biebergemünd – Wirtheim in traditionellem Heimatstil von 1926 (linke Seite) und das Umspannwerk Frankfurt Nordend von Max Cetto im Bauhausstil von 1930 (oben).

1890 einen neuen Architekturtypus entwickelte. Von ihm stammt der Satz: „form follows function", der zu einer rein funktionalen Architektur ohne Dekor führen sollte.

Der erste Architekt im deutschsprachigen Bereich, der diese Idee radikal umsetzte, war der Wiener Adolf Loos, der mit seinen modernen Bauten das kaiserliche Wien schockierte. Walter Gropius, Mies van der Rohe oder Le Corbusier, die alle im Büro Behrens arbeiteten, beschäftigten sich ebenfalls schon vor 1910 mit dem Thema. Gropius baute gemeinsam mit Adolf Meyer 1910 sein erstes richtungsweisendes Industriegebäude, die Faguswerke in Alfeld an der Leine. Diese Inkunabel des modernen Bauens zählt heute zum UNESCO Weltkulturerbe.

Die politischen Ereignisse, wie der Erste Weltkrieg und die Russische Revolution, läuteten parallel dazu das Ende der alten Welt mit ihrer vorherrschenden Adels- und Bürgerkultur ein. Die neuen Demokratien benötigten eine neue, demokratische Kultur. Die fortschreitende Technisierung des gesamten Lebens wurde zur Triebfeder dieser Bewegung. Die technischen Errungenschaften, wie zum Beispiel Stahlbeton, boten neue Möglichkeiten, wie freitragende Konstruktionen mit großen Spannweiten und den Einbau großer Glasflächen, mit denen die Räume heller und offener wurden. Der Experimentierfreude wurden kaum Grenzen gesetzt.

1919 wurde Gropius Nachfolger von Henry van de Velde als Direktor der Großherzoglich-Sächsischen Hochschule für Bildende Kunst in Weimar und benannte sie um in: „Staatliches Bauhaus in Weimar". Er übernahm weitgehend die reformpädagogischen Aus-

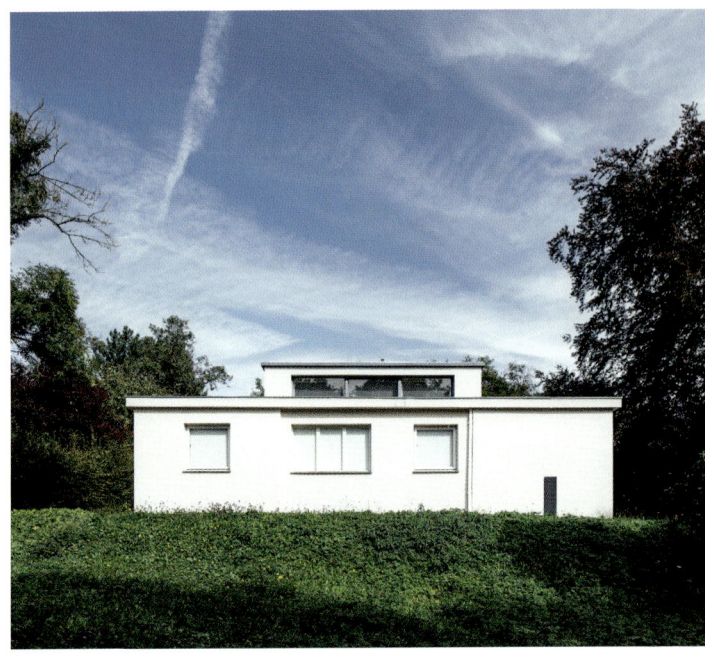

Haus am Horn: Für die Bauhausausstellung 1923 als Musterhaus errichtet. 1999 von der Sparkassen-Finanzgruppe denkmalpflegerisch saniert.

bildungsprinzipien van de Veldes und präzisierte sie im März 1919 in seinem kurzen Bauhaus-Manifest: „Das Endziel aller bildnerischen Tätigkeit ist der Bau! Ihn zu schmücken war einst die vornehmste Aufgabe der bildenden Künste, sie waren unablösliche Bestandteile der großen Baukunst. Heute stehen sie in selbstgenügsamer Eigenheit, aus der sie erst wieder erlöst werden können durch bewusstes Mit- und Ineinanderwirken aller Werkleute untereinander (…) Architekten, Bildhauer, Maler, wir alle müssen zum Handwerk zurück! Es gibt keinen Wesensunterschied zwischen dem Künstler und dem Handwerker. Der Künstler ist eine Steigerung des Handwerkers."[3] Mit diesem Manifest war auch die Ausbildung am Bauhaus klar umrissen. Es hob die Trennung zwischen

handwerklicher und künstlerischer Ausbildung auf. Jeder Student musste neben seiner künstlerischen Ausbildung ein Handwerk erlernen, das in die Architektur einfließen konnte. Gropius wollte aber nicht das traditionelle Handwerk weiterbeleben, wie es seit Morris in der Reformbewegung propagiert wurde, sondern er sah es als Aufgabe des Bauhauses, gutes Industriedesign zu entwickeln, das der modernen Zeit entsprach. Es mussten Produkte entworfen werden, die neben einem perfekt durchdachten funktionalen Design auch preiswert maschinell hergestellt werden konnten. Gropius gewann international bekannte Künstler wie Theo van Doesberg, Mitbegründer der holländische „De Stijl-Bewegung", Johannes Itten, Lyonel Feininger, Wassily Kandinsky, Oskar Schlemmer und Laszlo Moholy-Nagy als Lehrer am Bauhaus. Sein Ziel, die künstlerisch handwerkliche Ausbildung der

[3] Abdruck in: Fiedler/Feierabend, Bauhaus, S.180/181.

Studenten in die Architektur einfließen zu lassen, sollte Gropius aber bis 1926 nicht erreichen. Mit seinem Architekturbüro konnte er zwar das erste Bauhausgebäude nach Plänen von Georg Muche in Weimar, Am Horn 61, als Musterhaus für die erste große Bauhaus-Ausstellung 1923 errichten, aber auch nach dem politisch bedingten Umzug des als links geltenden Bauhauses nach Dessau im Jahr 1925 konnte er keine Architekturklasse als Experimentierfeld einrichten.

Erst sein Nachfolger Hannes Meyer konnte Architektur als Lehrfach anbieten. Meyer befreite auch die künstlerische Ausbildung am Bauhaus von ihrem elitären Charakter, deren Designobjekte nur für die höheren Gesellschaftsgruppen erschwinglich waren und orientierte sich an den Bedürfnissen der breiten Volksschichten. Mit dem Umzug nach Dessau und der finanziellen Förderung durch den Flugzeugbauer Hugo Junkers entstand eine enge Verbindung zur Industrie, die jetzt die Entwürfe industriell ausführen konnte und damit zur Serienreife brachte. Die berühmten Stahlrohrmöbel und andere Designprodukte konnten nun in großer Zahl hergestellt werden und verbreiteten den Ruf des Bauhauses in der ganzen Welt. Werbewirksam erschienen die Buchreihe „Bauhausbücher" und die vierteljährliche Zeitschrift „bauhaus". Studenten aus 29 Ländern studierten an dieser Universität mit dem einmaligen, ganzheitlichen Konzept.

Dem zunehmenden politischen Druck durch die Nationalsozialisten konnte das Bauhaus nach 1932 nicht mehr standhalten und wurde von der schon seit 1931 NSDAP regierten Stadt Dessau geschlossen. Mies van der Rohe, der letzte Leiter, versuchte in Berlin die Ideen und Lehren privat weiter zu führen, musste aber 1933 nach Repressalien durch die Nationalsozialisten ebenfalls aufgeben. Die zahlreichen Studenten und Lehrer verteilten sich in der ganzen Welt und verbreiteten dort die Ideen. Viele jüdische Mitglieder emigrierten nach Israel und errichteten in Tel Aviv die „weiße Stadt", die weltweit größte Ansammlung aus etwa 4.000 Häusern im Bauhausstil, die heute zum UNESCO Weltkulturerbe zählt. Andere Architekten

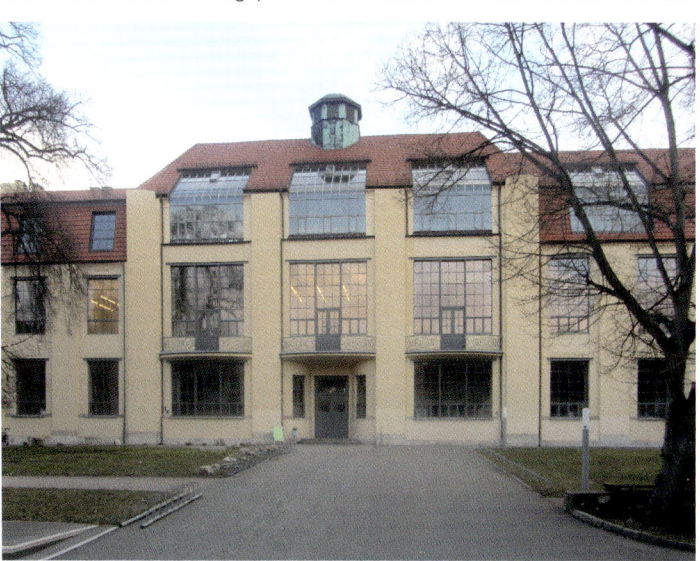

Das Bauhausgebäude in Weimar nach einem Entwurf von Henry van de Velde 1911-13.

wie Walter Gropius oder Mies van der Rohe wanderten in die USA aus und entwickelten am Black Mountain College die Bauhausideen weiter. Laszlo Moholy-Nagy gründete in Chicago 1937 das „New Bauhaus", heute das IIT Institute of Design. Ernst May arbeitete in der UdSSR und später in Afrika. Der ehemals im Frankfurter Stadtplanungsamt beschäftigte Max Cetto emigrierte von Frankfurt über die USA nach Mexiko, wurde dort zum Begründer des Modernen Bauens und errang damit Weltruhm.

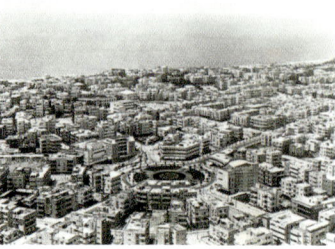

Tel Aviv „die Weiße Stadt", Dizengoff-Platz, 1935.

Nach dem Zweiten Weltkrieg konnten die Ideen des Bauhauses in der jungen Bundesrepublik wieder weiter entwickelt werden, indem die typische Architektur der Fünfziger und Sechziger Jahre weitgehend darauf zurückgriff. Heute gilt das Bauhaus als die wichtigste kulturelle Entwicklung des 20. Jahrhunderts und der bedeutendste Kulturexport Deutschlands, der unsere Umwelt am nachhaltigsten verändert hat.

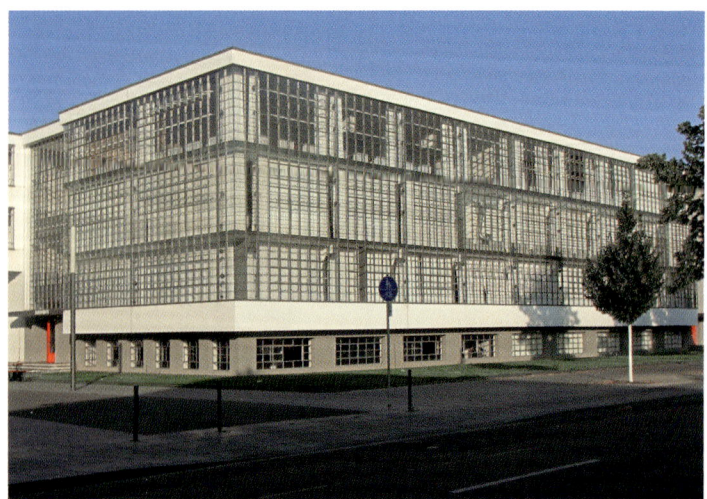

Das Bauhausgebäude in Dessau nach einem Entwurf von Walter Gropius 1926.

Bischofsheim

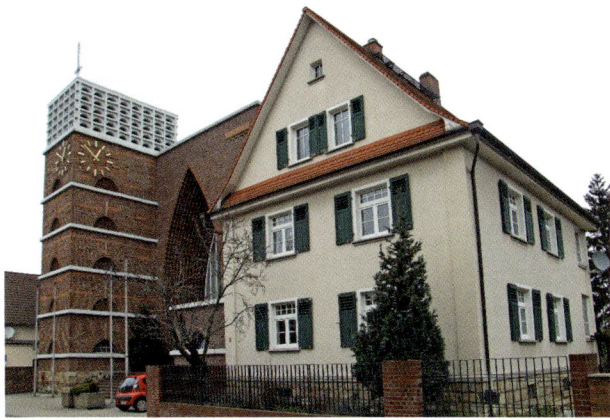

Die Christkönigkirche kontrastiert zum seitlich gelegenen Pfarrhaus.

Bischofsheim
Christkönigkirche

Die Christkönigkirche gilt als Beginn einer neuen Kirchenbauweise in der katholischen Kirche. Sie vereint Elemente des Expressionismus mit denen des Modernen Bauens.

Erbaut 1926 nach Plänen von Dominikus Böhm aus Köln steht sie etwas von der Straße zurück versetzt. Das höher gelegene, eingezogene, spitzbogige Portal mit durchfenstertem Bogenfeld ist über eine breite zehnstufige Freitreppe zu erreichen. Die Fassade ist im Wesentlichen ungegliedert, der seitlich angebaute Turm dagegen durch helle waagerechte Betonbänder gegliedert. Die das Kirchenschiff überragende Laterne wiederum ist in kassettiertem Beton ausgeführt.

Dominikus Böhm gilt als Erneuerer der katholischen Kirchenbaukunst in Deutschland in den 1920er Jahren. Er versuchte bei der Christkönigkirche zum ersten Mal exemplarisch Altar und Gemeinderaum architektonisch zu verbinden und damit Geistlichkeit und Gemeinde symbolisch einander anzunähern. Er ließ Wände und Gewölbe ineinander übergehen und hob damit die Trennung zwischen Altarraum und Gemeinde auf. Der Effekt wurde zusätzlich durch die ungewöhnliche Licht-führung der hohen Seitenlichtfenster und das sieben Meter hohe Portalfenster verstärkt.

Die Christkönigkirche ist zugleich der älteste Rohbetonbau Deutschlands. Sie ist einschiffig konzipiert, Schiff und Chor sind 34 Meter lang und 17 Meter breit, die Höhe beträgt elf Meter. Die Wölbungen ließ Böhm aus Leichtbeton in Parabelform gießen, das Mauerwerk besteht aus einfachen, rot gebrannten Klinkern, darunter zahlreiche Fehlbrände. Böhm ließ die Fassade nicht glatt mauern, sondern durch teilweise eingebaute Rollschichten und größere Steinformate unterbrechen. Auch farblich stark unterschiedliche Steine, als Schichten oder Flecken vermauert, lockern die streng geometrische Form der Fassade auf und verleihen ihr scheinbar Patina.

Von der Innenausstattung ist das Kruzifix über dem schlichten Altarblock beeindruckend: Aus getriebenem Messing von Hans Wissel gefertigt, zeigt es den stark abstrahierten Corpus Christi, dessen Gesamteindruck ihn als Sieger über Leiden und Tod erscheinen lässt.

 Hochheimer Straße 3

i Pfarrbüro Hochheimer Straße 3
Tel. 06144 7429
Mo, Mi 9–11, Di 15–18 Uhr

Borken

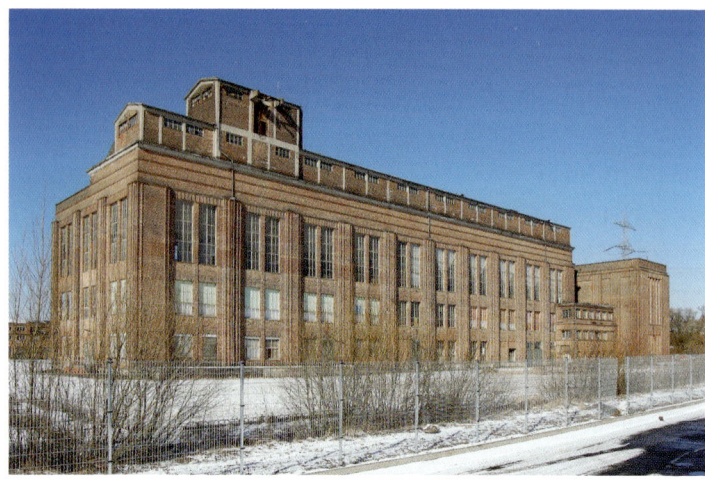

Borken

Ehemaliges Großkraftwerk Main-Weser

Der charakteristische Wechsel von Fensterachsen und abgestuften Wandflächen rhythmisiert das Kesselhaus.

Mit dem Bau des 1924 in Betrieb genommenen Kraftwerks war die AEG beauftragt, die Planung lag beim Berliner Architekturbüro Klingenberg und Issel. Werner Issel hatte bereits die Kraftwerke Hergersmühle bei Eberswalde, Pirna, Fortuna I sowie Altona entworfen. Gemeinsam mit Walter Klingenberg errichtete er das Kraftwerk Golpa, eines in Hannover und Frankfurt. 1922 begannen die Arbeiten mit den Gebäuden der ersten Ausbaustufe in Borken. Die Grunddisposition des Kraftwerkes mit der Anordnung der Gebäude zueinander lässt die Prinzipien Klingenbergs erkennen: Für Stromabgabe und Brennstoffzufuhr wurden direkte Wege gewählt, wobei die topographischen Gegebenheiten Beachtung fanden. Alle Gebäude entstanden in Ziegelsichtmauerwerk. Die teilweise sehr großen Wandflächen sind, der Kolossalordnung entsprechend, ähnlich stark vertikal gegliedert. Ein Element, das sich in zeittypischer Ornamentik an allen Bauten wiederholt und so der gesamten Anlage ein einheitliches Aussehen verleiht. Großer Wert wurde auf die weithin sichtbare Großform gelegt, durch die das als Solitär auf freiem Feld befindliche Kraftwerk die Umgebung bestimmt. Nach dessen Stilllegung 1991 wurden Gebäude abgerissen und umgenutzt. Aus der ersten Bauphase blieben das Maschinenhaus mit Anbauten, Schalthaus 5,60 und 100 Kilovolt, Pumpenhaus ebenso erhalten wie das Kesselhaus der zweiten Bauphase. Das 1923 errichtete Maschinenhaus bestimmt als schlanker Riegelbau die Nordansicht des Kraftwerks. Das südlich anschließende Kesselhaus wurde 1929 in Anlehnung an die Gestaltung des Maschinenhauses errichtet. Prägend für die Gesamtgestaltung der Kraftwerksbauten ist die in der Tradition des Industriebaus stehende Ziegelbauweise mit ihren Möglichkeiten der Profilausbildung und die vertikal betonten, pfeilerartig gereihten Wandgliederungen mit flachen Dachabschlüssen zur Erzielung eines kubischen Raumeindruckes, wie sie vor allem an Maschinen- und Kesselhaus verwirklicht sind.

📍 Zum Alten Kraftwerk 1

🏛 privat

🛡 teilweise öffentlich zugänglich

Breuberg-Sandbach

Breuberg-Sandbach

MEDIAN Klinik Odenwald

Der stattliche Klinikkomplex liegt in landschaftlich reizvoller Lage am Ende einer Talmulde nördlich von Sandbach. Vom Klinikgelände bietet sich ein besonders schöner Ausblick auf das Seitental der Mümling.

Ursprünglich wurde die Anlage 1899-1901 als Heilstätte für lungenkranke Männer von der hessischen Landesversicherungsanstalt errichtet. Hintergrund war die Einführung der gesetzlichen Rentenversicherung 1889. In Hessen nahmen 1890 die Landesversicherungsanstalten ihre Arbeit auf. Neben der Verwaltung der Altersrente war ein weiterer Schwerpunkt der Betrieb von Heilstätten, Sanatorien und Genesungsheimen. Die Ernst-Ludwig-Heilstätte, benannt nach dem letzten Großherzog von Hessen-Darmstadt, war 1901 die erste hessische Rehabilitationseinrichtung. Vorrangig stand hinter diesen Einrichtungen das Ziel, den Versicherten ein langes Erwerbsleben zu ermöglichen. Anspruch auf eine Altersrente hatten die Versicherten zu dieser Zeit erst mit Vollendung des 70. Lebensjahres. Aus dem ursprünglichen Bestand haben sich noch zwei historistische Villen erhalten, die einst dem Chefarzt und dem Verwalter als Wohnhaus dienten.

Das 52 Meter lange Hauptgebäude wurde im Jahr 1952 durch den Architekten Otto Erk aus Bad König komplett umgebaut und modernisiert. Insbesondere die seitlichen Erweiterungen geben dem Bau seine markante geschwungene Form. Das fliegende Dach unterstützt den dynamischen Ausdruck der Architektur. An der östlichen Seitenwand befindet sich ein Wandgemälde mit einer Asklepios-Darstellung als Symbol der Heilkunde. Diese Wandgestaltung ist typisch für die 1950er Jahre, denn der Bundestag legte 1950 fest, dass zwei Prozent der Bausumme für die künstlerische Gestaltung eines Gebäudes vorzusehen sind. Hier blieb die „Kunst am Bau" erhalten, andernorts ging sie häufig bei Modernisierungsmaßnahmen verloren.

Das Gebäude wird heute von der MEDIAN Klinik Odenwald als Rehabilitationsklinik für Psychosomatik und Abhängigkeitserkrankungen und als Akut-Klinik für Psychosomatische Medizin und Psychotherapie genutzt.

📍 Ernst-Ludwig-Straße

🏛 MEDIAN Unternehmensgruppe B.V. & Co. KG, Berlin

📍 von außen frei zugänglich

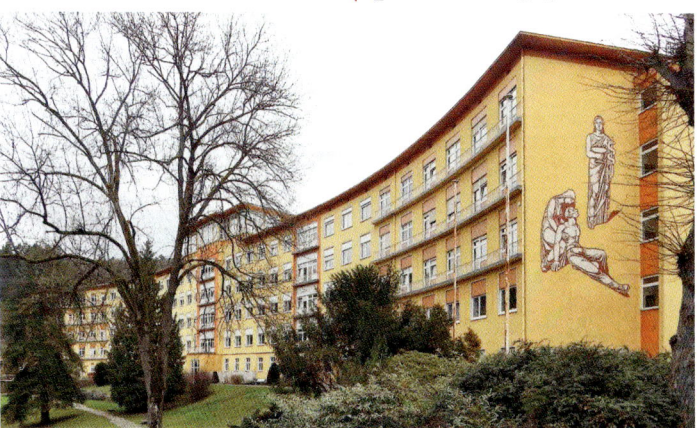

Die ehemalige Ernst-Ludwig-Heilstätte ist das größte Gebäude der 1950er Jahre im Odenwaldkreis.

Butzbach

Butzbach

Fabrikationsgebäude Schuhfabrik Rumpf

Verkehrstechnisch günstig am Bahnhof gelegen, ließ Jakob Rumpf 1897 seine Schuhfabrik errichten, die 1901 in Betrieb genommen wurde. Das florierende Geschäft mit der Lederherstellung und Verarbeitung ermöglichte es der Schuhfabrik, 1932 einen großen Anbau zu realisieren, der fortan das Hauptgebäude der Fabrikation darstellte. Von einem selbstbewussten Gestus getragen, erhebt sich der längsrechteckige Bau in fünf Geschossen und schließt mit einem Flachdach. Er ist mit seiner Längsseite zur neobarocken Villa des Firmeneigners ausgerichtet und umfasst mit dieser und rückwärtigen kleineren Gebäuden einen Hof. Auffallend ist seine zur Gebäudeausrichtung bezugnehmende Gestaltung der Fassade. Den breiten, nach Norden und Süden gewandten Gebäudeteil bestimmen horizontal ausgerichtete Fensterbänder, die von den aus der Fassade hervortretenden Erschließungstürmen mit Treppenhaus und Aufzug eingefasst werden. Dem straßenseitigen Treppenhausturm ist zum Innenhof ein rundum verglastes Belvedere aufgesetzt. In seiner reduzierten Materialität und Gestaltung folgt das Fabrikgebäude den Idealen der Neuen Sachlichkeit und unterstützt deutlich ablesbar die Funktionalität der Produktionsstätte unter Verwendung einer schlichten Stahlbetonkonstruktion. Die Ausbildung einer Rasterfassade mit regelmäßigen Fensterbändern ermöglicht einen maximalen Lichteinfall. Die Situierung der Gebäudeerschließung an dessen Rändern gestattet große Innenräume. Im Unterschied zu dieser horizontalen Gliederung konzentriert die schmale straßenseitige Front alle fünf Geschosse in vertikale, jeweils von einem Giebeldreieck abgeschlossene Nischen. Ein gänzlich anderer Gebäudeeindruck entsteht, der sich eher an älteren, der Repräsentation verpflichteten Fabrikgebäuden des Historismus orientiert. Gerade in der Kombination mit dem funktionalen, sachlichen Gebäudekubus entstand ein Fabrikgebäude am Übergang zwischen traditionellem Repräsentationsgedanken des Firmeneigners und der Aufgeschlossenheit dem Neuen Bauen gegenüber.

⚲ Ludwigstraße 1

🏛 privat

👤 von außen frei zugänglich

ℹ www.geschichtsverein.butzbach.de

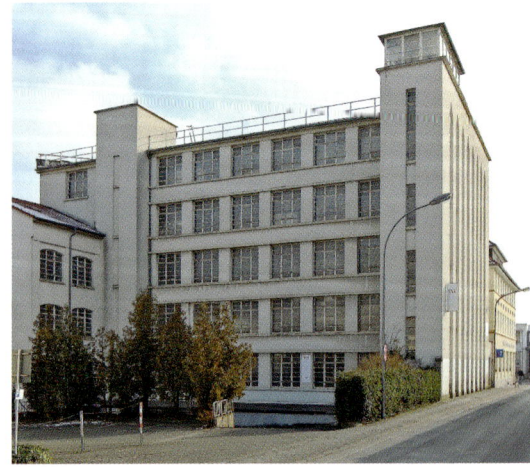

Die von Erschließungstürmen gerahmte Rasterfassade ist charakteristisch für das Erscheinungsbild der Schuhfabrik Rumpf.

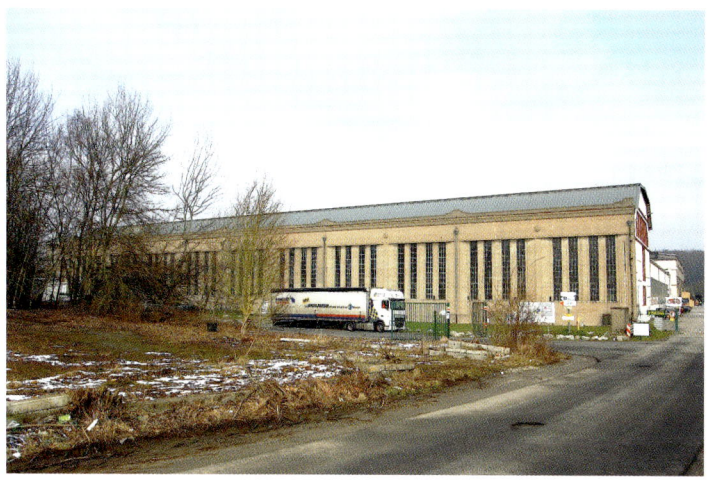

Butzbach

Werkshalle der Berlin-Anhaltischen Maschinenbau AG (BAMAG)/Meguin AG

Vor dem Ersten Weltkrieg errichtete die Berlin-Anhaltische Maschinenbau AG nördlich des Stadtkerns von Butzbach eine Werksniederlassung, die den Ruf der Stadt als bedeutenden Industriestandort der Wetterau festigte. 1921 wurde sie von der Saarländischen Meguin AG übernommen und ausgebaut. Prägend für die Anlage erhebt sich an deren Südwestseite eine voluminöse Werkshalle. Die am Gebäude angebrachten Initialen der Meguin AG verweisen auf eine Entstehungszeit in dieser Ausbauphase. Auf ihrer sichtbaren Längsseite ist der Stahlfachwerkkonstruktion eine selbsttragende Fassade aus Beton vorgeblendet. Ihre Gliederung in nahezu kolossaler Ordnung mit Pilastern, die von einem architravartigen Element überfangen werden, lassen den repräsentativen Gestus der Werkshalle erkennen. Jeweils vier Fensterbahnen sind in zehn Gruppen zusammengefasst und sorgen für eine großzügige Lichtdurchflutung der Werkshalle. Wasserfangkästen der Dachrinnen und kreisrunde

Rhythmisierende Fensterbänder prägen das Erscheinungsbild der monumentalen Halle.

Ornamente krönen im Wechsel die trennenden Mauerstücke, worüber sich das Kranzgesims zu einem abgesetzten Giebel aufschwingt. Zwei der Ornamente stellen mit den Buchstaben M, A und G den Bezug zum Namen der Firma Meguin AG her.

In ihrem Innern gibt die Stahlkonstruktion einer freien Halle Raum, die der Funktionalität als Werkshalle entgegen kommt. In Einteilung und Aufbau erinnert die Butzbacher Werkshalle an die Montagehalle für Großmaschinen in Berlin-Gesundbrunnen, die 1912 nach Plänen von Peter Behrens errichtet wurde. Neben der anspruchsvollen architektonischen Gliederung, die der sachlichen Fabrik-Architektur der ersten beiden Jahrzehnte des 20. Jahrhunderts verpflichtet ist, ist es die reine Größe, die der Halle unter den Industriebauten Hessens aus der Zeit um 1920 einen besonderen Rang zuweist.

📍 Wetzlarer Straße/Zum Oberwerk

🏛 WT Logistik KG

🛈 von außen frei zugänglich

Darmstadt

Darmstadt

Evangelische Matthäuskirche

Die äußerlich schlichte Kirche entstammt dem sogenannten Notkirchenprogramm, das der Architekt Otto Bartning nach dem Zweiten Weltkrieg entwickelt hatte. Mehr als ein Drittel der Sakralbauten war durch den Krieg nicht mehr nutzbar und auch den Flüchtlingen und Heimatvertriebenen sollten Kirchen zur Verfügung gestellt werden. Bartning konnte das „Hilfswerk der Evangelischen Kirchen in Deutschland" von seiner Konstruktionsidee eines Baukastensystems mit vorgefertigten Holzbindern und vor Ort nutzbaren Trümmermaterialien überzeugen. Bauteile und Ausstattung entstammten einem Katalog. Insgesamt wurden 48 Notkirchen in Deutschland geplant. Für den Bau war die tatkräftige Mitwirkung der Gemeinde notwendig, was bis heute zu einer hohen Wertschätzung der Bauten führt.

Am 4. September 1949 konnte der Grundstein zum Kirchenbau in der Heimstättensiedlung gelegt werden. Die Ausführung entsprach dem „Typ B" mit polygonal geschlossenem Altarraum. Bereits am 19. März 1950 fand die Einweihung statt. Das Gebäude enthielt in den ersten Jahren auch einen Kindergarten, einen Gemeindesaal und die Wohnung der Kindergarten- und Gemeindeschwester. 1953 entstand das Gemeindezentrum und 1959/60 der von Bartning entworfene Glockenturm.

Im Innern der Kirche sind die raumprägenden Holzleimbinder und die Ausmauerung mit den für Darmstadt typischen Trümmersteinen sichtbar. Auch die Ausstattung, wie Kirchenbänke und Holzkreuz, stammen aus dem Notkirchenprogramm. Die Walcker-Orgel wurde erst 1953 hinzugefügt. Die Motive aus dem Matthäuszyklus auf den unverputzten Wänden stammen vom Heidelberger Künstler Willi Sohl. Auch für die Herstellung der Eitemperafarben war die Mithilfe der Gemeinde gefordert: Auf einer Postkarte ist Willi Sohls Bitte um zehn Hühnereier dokumentiert.

Die Kirche und ihre Innenausstattung sind in ihrem originalen Erhaltungszustand ein einzigartiges Beispiel des innovativen Notkirchenkonzeptes. Zugleich ist sie ein Symbol gemeinschaftlichen Wirkens einer engagierten Kirchengemeinde.

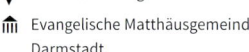

📍 Heimstättenweg 75

🏛 Evangelische Matthäusgemeinde Darmstadt

🕑 werktags 11–19 Uhr

ℹ Gemeindebüro, Tel. 06151 307-451

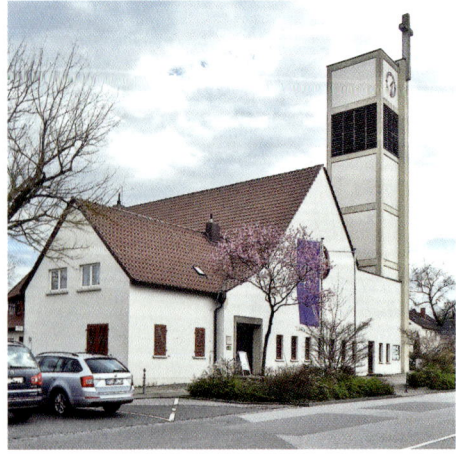

Die Notkirche mit dem 1959/60 erbauten Glockenturm.

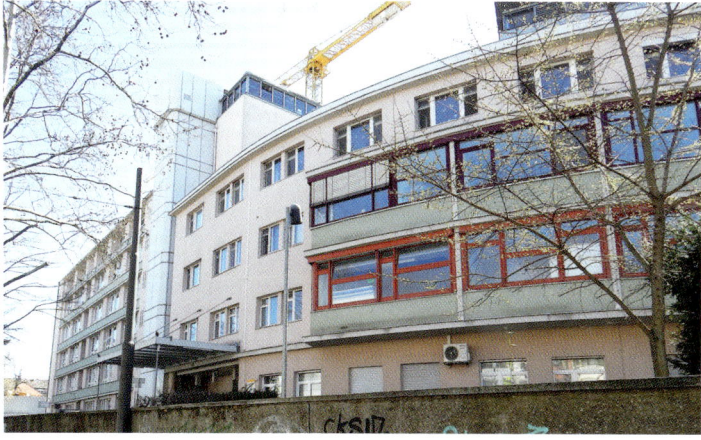

Darmstadt

Frauenklinik des Klinikums Darmstadt

Die Fassade der Frauenklinik entlang der Bismarckstraße.

Für das Gelände des Darmstädter Klinikums wurde ein Neubau geplant, der die bestehenden unterschiedlichen Gebäude architektonisch zusammenfassen sollte. Dieses Konzept konnte teilweise in dem 1952 bis 1954 errichteten Baukörper verwirklicht werden. Der Entwurf stammt von den Architekten Otto Bartning und Otto Dörzbach und gehört zu den 1951 vorgestellten „Darmstädter Meisterbauten". Otto Bartning war ein wegweisender Architekt des 20. Jahrhunderts, der insbesondere in den Bereichen Kirchen-, Wohn- und Sozialbau tätig war. Er entwickelte gemeinsam mit Walter Gropius die Idee des Bauhauses, war aber selbst an der Gründung nicht beteiligt.

Der Neubau der Frauenklinik wurde von ihm nicht als Repräsentationsbau sondern als Funktionsbau gestaltet. Der bogenförmige Operationstrakt schirmt das Klinikgelände zur stark befahrenen Bismarckstraße hin ab. Dieser Gebäudeteil wurde jedoch nur verkürzt ausgeführt. Der sechsgeschossige, stark gegliederte Bettentrakt öffnet sich mit großen Fenstern und Balkonen zum Innenhof. Im zurückgesetzten Attikageschoss waren die Schwesternzimmer untergebracht. An der Innenhoffassade

sind die unterschiedlichen Raumtiefen sichtbar – eine Neuerung in der Architektur der damaligen Zeit. Die feingliedrige Fassadenaufteilung bezieht die notwendigen Jalousien und Markisen in die Gestaltung ein. Im Foyer befindet sich ein Terrakotta-Mosaik-Relief des Heidelberger Künstlers Willi Sohl aus der Erbauungszeit.

Die Bedürfnisse der Patienten und des Klinikpersonals standen bei der Planung deutlich im Vordergrund. Wegweisend für die Erbauungszeit war die moderne und funktionelle Ausstattung der Frauenklinik, beispielsweise mit eigens entwickelten Krankenhausbetten oder abwaschbaren Tapeten nach Entwürfen des Künstlers Helmut Lander. Europaweit gelobt wurden der fortschrittliche Schallschutz und die großen nach Süden ausgerichteten Fenster, die Licht und Luft in die Zimmer brachten. Dadurch galt die Frauenklinik lange Jahre als fortschrittlichstes Klinikum Deutschlands.

📍 Grafenstraße 9

🏛 Klinikum Darmstadt GmbH

📌 täglich 6.30–21 Uhr frei zugänglich

ℹ Tel. 06151 107-0

Darmstadt

Georg-Büchner-Schule

Betritt man die Georg-Büchner-Schule, überrascht der lichte, rhythmisch durch Sonneneinstrahlung der Klassengärten gegliederte Haupterschließungsweg. Die angenehm proportionierte Struktur ohne erkennbare räumliche Hierarchien und ohne Pathos lässt etwas vom architektonischen Aufbruch der Nachkriegsmoderne ahnen.

Die „GBS" war der letzte der fünf realisierten Darmstädter „Meisterbauten". Hans Schwippert hatte 1951 für die Ausstellung „Mensch und Raum" gleich zwei Entwürfe für ein Grundstück an der Mornewegstraße vorgelegt. Den ersten, streng gegliederten, charakterisierte er als „Haus der Arbeit, des kameradschaftlichen Nebeneinanders", beim zweiten sollte das Element der Gemeinschaft stärker zum Ausdruck kommen, die Schule sei „ein gläsernes Haus des Zusammenseins, das sich nicht abschließt". Nach der Beauftragung 1956 zum Bau des Gymnasiums westlich des heutigen Baus legte Schwippert zwei weitere Planungen mit dem bereits erkennbaren Konzept eines Klassenteppichs vor. 1957 lieferte er nach weiteren Entwürfen die realisierten Pläne für das endgültige, wesentlich größere Grundstück östlich der Nieder-Ramstädter Straße.

Der eingeschossige Klassentrakt mit zugeordneten Gartenhöfen bildet eine streng geometrische Gitterstruktur mit erkennbaren Parallelen zur in der Schularchitektur wegweisenden 1952-1956 errichteten Munkegaard-Schule Arne Jacobsens.

Der Zugang liegt etwa in der Mitte der 85 Meter langen, durch schmale raumhohe Fensterelemente gegliederten Schaufassade des zweigeschossigen Gebäudes für Verwaltung und Fachräume zur Nieder-Ramstädter Straße.

Als städtebaulich und architektonisch unbefriedigend gestalteten sich nachträgliche ohne den Rat des Architekten vorgenommene An- und Umbauten, wie zusätzliche Klassenpavillons 1970-1976, der Fachraumtrakt 1970, die Überdachung von Innenhöfen 1981 und die neue Sporthalle 1983.

Dagegen planten opus Architekten Darmstadt 2011/12 die neue Mensa im Geiste Schwipperts mit 120 Sitzplätzen und Nebenräumen im Nordosten der Schule.

📍 Nieder-Ramstädter Straße 120

🏛 Land Hessen

🚶 von außen frei zugänglich, öffentliche Bereiche der Innenräume während der Schulzeiten zugänglich

ℹ www.gbs-darmstadt.de

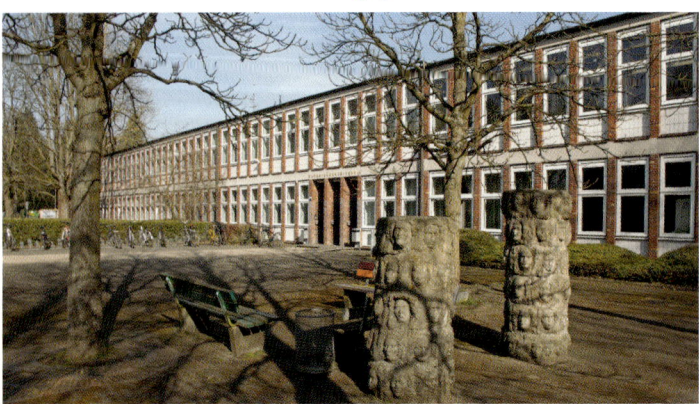

Hauptfassade mit Eingang von Westen, im Vordergrund von Abiturienten gestaltete Plastiken.

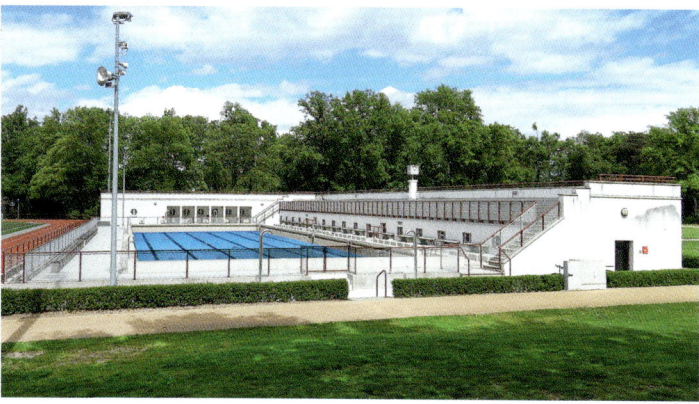

Darmstadt
Hochschulstadion und -schwimmbad der TU Darmstadt

Nach der Sanierung zeigen die kubischen Bauten des Hochschulbades wieder ihren typischen weißen Verputz.

Das Darmstädter Hochschulstadion auf der Lichtwiese war eine der ersten Hochschulwettkampfstätten Deutschlands. Der Baubeginn war 1921 und bereits 1922 wurden hier die Deutschen Hochschulmeisterschaften veranstaltet. Schon 1924 erfolgte die Erweiterung der Anlage und Planung eines Schwimmbeckens, das vier Jahre später eröffnet werden konnte. Architekt der Schwimmanlage war der Darmstädter Professor Karl Roth. Das 50 mal 15 Meter große Becken aus Beton war zeittypisch nicht gefliest, sondern lediglich gestrichen. Garderobenbau und Tribünenanlage sind in der kubisch schlichten Bauweise des Internationalen Stils L-förmig angeordnet. Zur Anlage gehörte auch ein Kinderbecken, das sogenannte Froschbecken, mit dem wasserspeienden Betonfrosch.

Darmstadt wurde 1930 nach Warschau, Rom und Paris für die IV. Weltmeisterschaft der Studenten ausgewählt und das Stadion hierfür nochmals um Wurf- und Sprunganlagen und das Marathontor erweitert. Die Tribünen boten Platz für 15.000 Zuschauer. In der Zeit des Nationalsozialismus wurde „Wehrsport" Pflicht für die Studenten und die Anlagen wurden zu diesem Zweck weiter ausgebaut, beispielsweise mit einem Kleinkaliber-Schießstand. Seit 1938 markiert ein Portal mit sechs Säulenpaaren und ionischen Kapitellen den Eingang zum Stadion. Die Säulen waren ursprünglich während der vierten Jugendstilausstellung 1914 auf der Mathildenhöhe Teil des „Löwentores". Im Juli 1941 fanden im Hochschulstadion die „Reichswettkämpfe Studentinnen im Kriege" statt. Nach dem Zweiten Weltkrieg beschlagnahmten die amerikanischen Besatzungstruppen das Stadion und tauften es in „Yankee Stadium" um. Erst 1955 wurde es wieder für die Studenten freigegeben. In den folgenden Jahrzehnten wurde eine Großsporthalle errichtet. Zuletzt wurden die Anlagen, unter anderem das Schwimmbad, von 2009-2011 umgestaltet und denkmalgerecht saniert. Das Stadion und insbesondere das Schwimmbad sind hervorragende Beispiele des Internationalen Stils der Zwanziger Jahre.

📍 Lichtwiesenweg 5

🏛 Technische Universität Darmstadt

📍 In der Freibadsaison geöffnet:
Mo, Do 12–20, Mi–Fr 9–19,
Sa, So + Feiertag 9–19 Uhr

Darmstadt

Kunsthalle

Klare Formen, spannende Kontraste zwischen offenen und geschlossenen Flächen und eine stark ausgeprägte Funktionalität machen die Kunsthalle zu einem herausragenden Beispiel der Architektur der Klassischen Moderne. 1956/57 nach Plänen von Prof. Theo Pabst errichtet, zählt die Kunsthalle deutschlandweit zu den ersten Ausstellungsgebäuden der Nachkriegszeit. Das Gebäude ist einbezogen in die Neugestaltung des Steubenplatzes mit den Resten des ehemaligen Rheintores und den beiden querstehenden Wohnhäusern, die diese Ost-West-Achse akzentuieren. Die Sandsteinsäulen der rekonstruierten Arkade gehörten zu einem klassizistischen Wächterhaus des Rheintores, das der Architekt Georg Moller Anfang des 19. Jahrhunderts errichten ließ. Um 1884 wurde das Wächterhaus zum Portikus einer Ausstellungshalle im Stil der Neorenaissance umfunktioniert. Das Gebäude wurde bei Bombenangriffen im Zweiten Weltkrieg weitgehend zerstört.

Der Kunstverein hatte 1954 einen Architekturwettbewerb ausgeschrieben, unter dessen fast 100 Teilnehmern der Entwurf von Theo Pabst den Zuschlag erhielt. Die klare Aufteilung des Konzeptes orientiert sich an den Vorstellungen des Bauhauses und des Internationalen Stils. Ausgeführt wurde das Gebäude mit einem großen Ausstellungssaal, der durch eine opake Glasdecke gleichmäßig belichtet wird, und einem kleinen Saal für Plastiken mit seitlicher Belichtung. An der Südseite zur Rheinstraße erstreckt sich eine raumhoch verglaste Vorhalle, deren Bodenbelag aus Natursteinbodenplatten im Außenbereich fortgeführt wird, wodurch Halle, Vorplatz und Portikus optisch verbunden werden. Eine Sonnenblende aus Lamellen sorgt, neben der Verschattung, außen und innen für interessante Lichteffekte. Die Farbgestaltung ist sehr zurückhaltend in weiß-grau gehalten. Einzig die Stahlstützen der Südfassade wurden mit blau-grauem Muschelkalk verkleidet. Ende der 1950er Jahre wurde dem Eingang ein gläserner Windfang vorgebaut. 1964 und 1985 wurde das Gebäude jeweils um Ausstellungsräume und Büros erweitert. Das offene Konzept der Anlage erhielt 1987 durch eine Umzäunung starke Einschränkungen.

📍 Steubenplatz 1

🏛 Kunstverein Darmstadt e.V.

🧍 Di, Mi, Fr 11–18, Do 11–21,
Sa, So und Feiertage 11–17 Uhr

ℹ Tel. 06151 891-184
www.kunsthalle-darmstadt.de

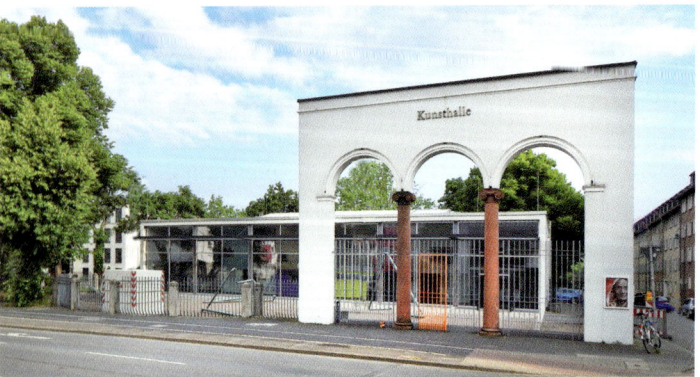

Die Kunsthalle ist ein wichtiges Beispiel der Nachkriegsmoderne.

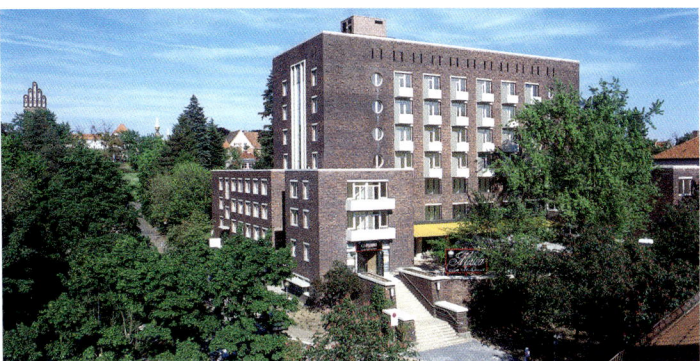

Darmstadt

Ledigenwohnheim

Die Freitreppe führt zum Restaurant, links die Erich-Ollenhauer-Promenade zur Mathildenhöhe.

Die Stadt Darmstadt beauftragte elf „Meisterarchitekten" Entwürfe öffentlicher Gebäude für die Ausstellung „Mensch und Raum", die vom 4. August bis 16. September 1951 auf der Darmstädter Künstlerkolonie stattfand, vorzulegen. Das Ledigenwohnheim von Ernst Neufert war eine der fünf realisierten „Darmstädter Meisterbauten" und ist damit wichtiges Zeugnis der Architekturdiskussion der Nachkriegszeit. Am 10. Mai 1955 war Baubeginn mit erweitertem Raumprogramm – nicht auf dem ursprünglich beplanten Grundstück, sondern an einem gegenüberliegenden Standort südlich des von Oberbaudirektor Peter Grund geplanten „Promendenweges" (heute Erich-Ollenauer-Promenade) am Fuße der Mathildenhöhe. Das im Volksmund „Bullenburg" titulierte Ledigenheim war ein neungeschossiges für Kriegsheimkehrer und Junggesellen gedachtes Mietshaus mit 131 Einzimmer-, acht Zweizimmer- und 15 Dreizimmer-Appartements sowie Restaurant und Ladengeschäft.

Die durch helle Betonbalkone streng gegliederte Klinkerfassade erinnert formal an das von Neufert 1926 als Bauleiter unter Walter Gropius errichtete Bauhaus in Dessau. In der räumlichen Organisation des Gebäudes finden sich Ideen aus der konsequent optimierenden „Bauentwurfslehre" Neuferts, beispielsweise

baut die Planung auf dem von ihm propagierten Quadratraster von 1,25 mal 1,25 Meter auf. Trotz ihrer minimierten Grundrisse beeindruckte die hohe Wohnqualität der Kleinwohnungen mit Klappbetten in kaschierenden Nischen, Einbauschränken, verhüllenden Vorhängen und den sinnreich konzipierten Balkonen. Raumsparend war auch die zu dieser Zeit ungewöhnliche Deckenheizung.

Als die Wohnungsgrundrisse den heutigen Ansprüchen an Wohnraum nicht mehr entsprachen, entschloss sich die bauverein AG 1996 zu einem modernisierenden Umbau des denkmalgeschützten Gebäudes. Ramona Buxbaum Architekten entwickelten dazu das Konzept, innerhalb des bestehenden Baukörpers durch Kombination der ehemaligen Ein-Zimmer-Raumeinheiten drei Atriumwohnungen, 13 Maisonette-Wohnungen und 47 Geschosswohnungen zu bilden. Aus denkmalpflegerischen Gründen wurden 19 Wohnungen im Originalzuschnitt erhalten.

📍 Pützerstraße 6

🏛 Bauverein AG, Siemensstraße 20

🚶 Von außen frei zugänglich, Restaurant Mo–Fr 12–15, 18–23, Sa 18–23 Uhr

ℹ http://architektur.bauvereinag.de/ Neufert-Meisterbau_Strasse

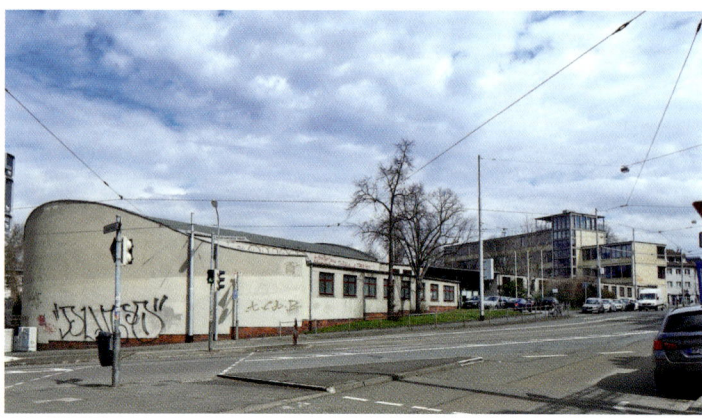

Darmstadt

Ludwig-Georgs-Gymnasium

Das Ludwig-Georgs-Gymnasium mit der Aula im Vordergrund.

Auch das Ludwig-Georgs-Gymnasium zählt zu den „Darmstädter Meisterbauten", die 1951 in einer Ausstellung präsentiert wurden. Es waren elf Entwürfe von namhaften Architekten aus dem In- und Ausland für kommunale Bauaufgaben. Von den Modellen wurden fünf Bauten zwischen 1953 bis 1955 realisiert, darunter das Gymnasium.

Der Entwurf stammt von dem Berliner Architekten Max Taut, der mit seinem Bruder Bruno Taut zu den wichtigsten Vertretern des Neuen Bauens in der Weimarer Republik zählte. Bei ihren Schulbauten favorisierten sie das Konzept der Freiluftschule, das seinen Ursprung in den reformpädagogischen Bewegungen zu Beginn des 20. Jahrhunderts hat. Licht, Luft und Sonne sollten den Kindern eine gesunde Entwicklung ermöglichen. Max Taut orientierte sich zudem am amerikanischen „Platoon-System", das die Schulstruktur in Fach- und Klassenräume unterteilt.

Die Planung wurde zweimal im Hinblick auf eine kostengünstigere Bauweise überarbeitet, was insbesondere zur Einschränkung des Freiluftkonzeptes führte. Der Gebäudekomplex besteht aus drei flachgedeckten, U-förmig angelegten Baukörpern in unterschiedlichen Höhen. Am höchsten Punkt des Gelän-des erstreckt sich das fünfgeschossige Hauptgebäude. Eine niedrigere Eingangshalle leitet zur Pausenhalle über. Der Pausenhof wird durch den zweigeschossigen Unterstufentrakt abgeschlossen. Hier war zur Umsetzung des Freiluftkonzeptes jedem Klassenraum eine offene Loggia zugeordnet. Die Fassaden der Hauptgebäude zeigen eine Stahlbeton-Rahmenkonstruktion, die durch verschiedene Fensterformate und Verkleidungen variiert wird. Eine weitere Besonderheit ist der vielfältige Einsatz von Glasbausteinen. Die Aula bildet den südwestlichen Abschluss des Schulkomplexes. Ihre geschwungene Stirnwand nimmt den Verlauf der Nieder-Ramstädter- und Kirchstraße auf. Insbesondere die belebten Straßen führten dazu, dass die Loggien bereits 1962/63 geschlossen wurden. Dennoch blieben große Teile der Innenausstattung und die zeittypische Kunst am Bau erhalten. Nach einer Renovierung 1998 zeigt sich die Schule in einem weitgehend originalgetreuen Zustand.

📍 Nieder-Ramstädter-Straße 2

🏛 Stadt Darmstadt

🎗 von außen frei zugänglich

Dieburg

Dieburg

Ehemalige Ingenieurakademie der Deutschen Bundespost

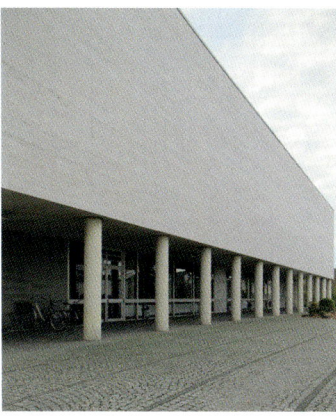

Im südhessischen Dieburg schuf ein Altmeister der Moderne, der Architekt Herbert Rimpl, bis 1971 ein Ensemble von zeitloser Eleganz: die Ingenieurakademie der Deutschen Bundespost. Das weitläufige Ensemble verband Aula, Verwaltungsriegel, mit „Glasgängen" vernetzte Lehrgebäude, Wohnheimhochhäuser und Sportanlage durch viel, vom Landschaftsarchitekten Hermann Mattern gestaltetes Grün. Herbert Rimpl stellte schon früh sein Talent für Großprojekte unter Beweis. In den 1930er Jahren hatte er sich als Werksarchitekt der (Ernst)-Heinkel-Flugzeugwerke etabliert. Es folgten Aufträge in der Industrie, der Doktoren- und Professorengrad und die Mitgliedschaft in Albert Speers Wiederaufbau-Stab. Nach 1945 entwarf Rimpl mit seinem Wiesbadener Büro öffentliche Bauten in strenger Rasterung, teils aufgelockert durch bewegte Schalenkonstruktionen, die sprichwörtlich gewordene „Rimplwelle". Sein Spätwerk umfasst drei behördennahe Bildungseinrichtungen. Dazu gehörten die Staatliche Ingenieurschule Gauß in Berlin, 1964 fertiggestellt, das Berufsbildungszentrum der Oberpostdirektion in Bremen, 1974 vollendet, und die Ingenieurakademie in Dieburg. Erst wollte die Post dieses Projekt mit der eigenen Bauverwaltung planen, doch dann entschied sie sich für Rimpls professionell durchorganisiertes Büro. Zwischen 1964 und 1971 verband dieser das große Bauvolumen durch konsequente Details zu einer Einheit. Sie reichten von Natursteinverkleidungen über die aufgeständerten Obergeschosse bis zu den transparenten Gängen. Heute gehört die 1971 zur Fachhochschule erhobene Ingenieurakademie zur Hochschule Darmstadt. Nur ein Teil der wohl ausbalancierten Anlage hat den um 2000 angebahnten Wechsel überlebt. So wurden zum Beispiel die Studentenwohntürme niedergelegt. Umso kost-

Im weitläufigen Ensemble wechseln hochgeschlossene mit sich zum Umfeld öffnenden Bauten.

barer sind heute auch die technischen Relikte der Post-Ära, wie der bestens isolierte „Schalltote Raum" für Tonexperimente. Fachleute schätzen das Ensemble wieder für seine Formenklarheit und Materialkonsequenz, als „Letztwerk" eines – bei allen geschichtlich-politischen Fragezeichen – baukünstlerischen Könners.

 Max-Planck-Straße 2

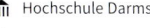 Hochschule Darmstadt (h_da)

Von außen frei zugänglich

Mediencampus der Hochschule Darmstadt, c/o Dekanat Fachbereich Media Max-Planck-Straße 2, 64807 Dieburg Tel. 06151 1639442 mediencampus@h-da.de www.mediencampus.h-da.de

Dillenburg-Niederscheld

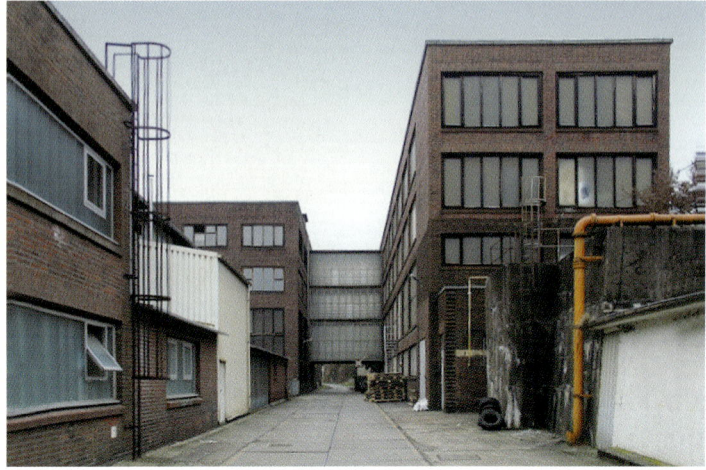

Dillenburg-Niederscheld

Adolfshütte

Adolfshütte mit dreigeschossiger, verglaster Brücke zwischen den 1950er Jahre-Bauten.

1839 ersteigerte der Geistliche Christian Frank das 1606 gegründete Hammerwerk und wandelte es zusammen mit seinem Bruder Georg in eine Hütte zur Produktion von Roheisen um. Mit Zustimmung des regierenden Herzogs Adolf von Nassau erhielt sie den Namen Adolfshütte. 1888 wurde die Hütte in einen eisenverarbeitenden Betrieb umgewandelt, der für seine „Oranier-Öfen", nach dem Ersten Weltkrieg auch für seine Herde, bekannt wurde. Unter Julius Frank erhielt der Betrieb 1906 den Namen „Frank'sche Eisenwerke".

In der Zeit des Nationalsozialismus wurde das Werk zum kriegswichtigen Betrieb, da hier unter anderem Teile der V1-Raketen hergestellt wurden. Durch Fliegerangriffe weitgehend zerstört, konnte das Werk unmittelbar nach Kriegsende wiederaufgebaut werden und war durch die Herstellung der Oranier-Ölöfen und -Herde sowie andere Metallwaren bis zum Konkurs im Jahr 1994 erfolgreich.

Die Verbindung zum Bauhaus entstand durch dessen Direktor Walter Gropius, der durch die 1923 erfolgte Heirat mit Ise/Ilse Frank mit der Unternehmerfamilie in Beziehung stand und

1925 einen der Oranier-Öfen entwarf. Durch die Nationalsozialisten in die Emigration gezwungen, vermittelte er 1934/35 seinen Mitarbeiter Wils (Willy Karl) Ebert an die Firma, der am Bauhaus unter anderem bei Ludwig Mies van der Rohe und Ludwig Hilbersheimer studiert hatte und vor allem nach dem Krieg zahlreiche Öfen, Herde und Möbel für die Eisenwerke entworfen hat. Als Werksarchitekt war Ebert auch verantwortlich für den Wiederaufbau nach 1945 und hat von Berlin aus, wo er maßgeblich für den Siedlungsbau tätig war, die heute noch bestehende Werksanlage konzipiert. Sie besteht im Wesentlichen aus ein- bis viergeschossigen Flachdachbauten in hochwertigem braunroten Ziegelmauerwerk und mit regelmäßig gesetzten Lochfenstern beziehungsweise senkrecht gegliederten Fensterbändern. Bemerkenswert sind auch die gut gestalteten Treppenhäuser, die von verglasten Laternenaufbauten auf den Flachdächern belichtet werden.

Scheldeau 1

privat

von außen frei zugänglich

Dornburg-Dorndorf

Dornburg-Dorndorf

Katholische Pfarrkirche Sankt Margareta

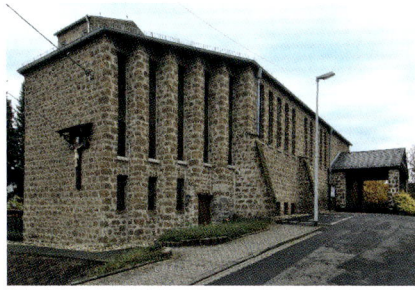

Einen wehrhaften Eindruck vermittelt die im Oktober 1932 geweihte Pfarrkirche Sankt Margareta. In den Neubau fließen außer der Südwand und dem Chor ihrer Vorgängerkirche von 1852, einer kleinen Rundbogenstilkirche, auch Reste einer Burganlage der Edelfreien von Dorndorf aus dem 10. Jahrhundert ein. Die Südfassade wird von einer schmalteiligen Fensterreihe von drei paarweise angeordneten Rundbogenfenstern leicht aufgelockert. Die schwach zu erkennenden Lisenen heben sich von der unverputzten, steinbelassenen Außenwand aus heimischem Tuffstein kaum ab. Der Chor, der an seiner südlichen und nördlichen Seite durch fünf schmale Fenster Licht empfängt, wirkt von außen mächtig und entfaltet seine architektonische Schönheit erst richtig im Innern.

Der Frankfurter Architekt Martin Weber, der seit 1914/15 mit Friedrich Pützer, Darmstadt, dem führenden Kirchenbaumeister der evangelischen Landeskirche Hessen, zusammenarbeitete, betrieb mit seinem Lehrer Dominikus Böhm von 1921 bis 1923 das „Atelier für Kirchenbaukunst" in Offenbach. Diese Nähe spiegelt sich in Webers Kircheninnerem wieder und verdeutlicht die Umsetzung der aufkommenden katholischen Liturgiebewegung, deren Gedanken Einzug in die neue Raumgestaltung fanden. Für Weber war der Altar Mittel- und Ausgangspunkt des Kirchenraumes, um den sich die Gemeinde versammelt. Daher stellte er den Altar stufenförmig erhöht auf und schließt einen mehrschiffigen Raum aus. Dieses Konzept verinnerlicht das Kircheninnere von Sankt Margareta. Mit der offenen Decke aus Holzgiebeln, den zwei Schwibbögen im Langhaus und den fünf Schwibbögen im Chor, die in verkürzter Abfolge den Chor optisch vertiefen, wird der Blick auf den erhöht stehenden Altar fokussiert. Eine schmalteilige Fensterreihe an der Nordseite im Kirchenraum sorgt für etwas Lichteinfall, die Hauptlichtquelle aber fällt durch die Zwischenräume der Schwibbögen im Chor direkt auf den Altar.

Weber gelang mit seinem bewahrenden und gleichzeitig neuschaffenden Konzept ein spätes Beispiel für seine qualitätvolle und sachliche Architektur.

 Heinrich-Berlenbach-Straße 10

 Katholische Kirchengemeinde Sankt Margareta

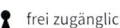 frei zugänglich

i Parkmöglichkeiten direkt an der Kirche

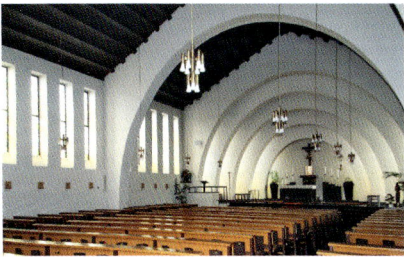

Die Katholische Pfarrkirche Sankt Margaretha vom vorgelagerten Parkplatz aus gesehen (oben). Innenraum mit Schwibbögen und offener Decke, Blick zum Chor (links).

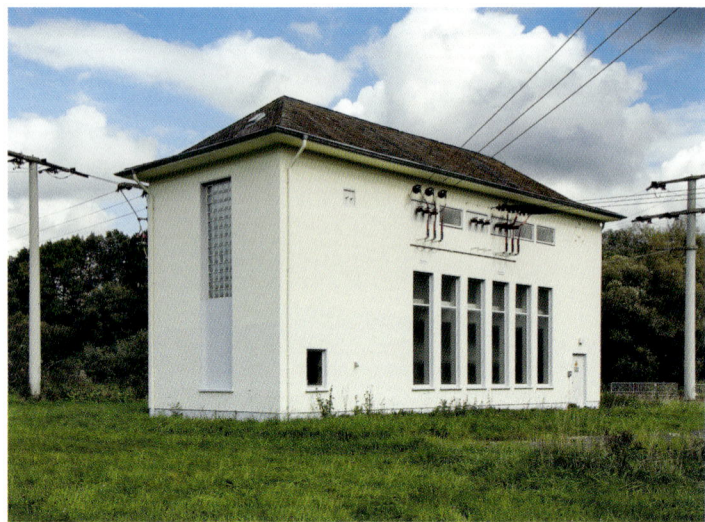

Qualitätvoll gestalteter Zweckbau: Die Schaltstation bei Dorchheim.

Elbtal

Schaltstation

Wenn man auf der B54 von Limburg kommend Richtung Rennerod fährt, sollte man bei dem Hinweisschild Frickhofen nach links in die Dorfstraße abbiegen. Dann gelangt man nach wenigen hundert Metern außerhalb der Ortslage in unmittelbarer Nähe der Elbbachbrücke zur Schaltstation. Das etwa 15 Meter lange, sechs Meter breite und sieben Meter hohe Gebäude ist als technisches Baudenkmal für den zu Beginn des 20. Jahrhunderts einsetzenden Fortschritt in der Elektrizitätsversorgung für den ländlichen Raum geschützt.

Die Schaltstation aus der ersten Hälfte der 1930er Jahre hat einen hausähnlichen Charakter. Sie erhebt sich über rechteckigem Grundriss und trägt ein leicht vorkragendes Walmdach. An den beiden Längsseiten besitzt sie jeweils sechs Fenster im Lamellenraster. An allen Seiten treten Kabelausgänge durch den oberen Wandbereich. Hier sind Schilder mit den Namen der Ortschaften angebracht, die von den jeweiligen Leitungssträngen beliefert wurden und noch immer werden: Dorchheim 1 und 2, Ellar und Frickhofen sowie Hadamar und Heuchelheim. Das architektonisch gestaltete Kleinod der Moderne ist geprägt durch den Sachlichkeitsstil der 1920er Jahre.

📍 Landstraße Dorchheim-Frickhofen (L 3046)

🏛 Süwag Energie AG

👤 Gelände frei zugänglich

Elz

Elz
Villa

Die Grundform der zweieinhalb-geschossigen Villa mit Walmdach des Limburger Ingenieurs und Architekten Paul Ludwig Meyer basiert auf einer klas-sizistisch-kubischen Form und wurde 1929/30 erbaut. Eine knapp ein Meter hohe, siebenstufige Steintreppe führt auf eine von zwei Fenstern flankierte, noch im Original erhaltene Eingangstür, deren Rahmung durch abweichende Verarbeitung der Steine aus der Klinker-fassade hervortritt. Dieser, dem Haus vorgebaute Eingang trägt den darüber-liegenden Balkon. Die im Erdgeschoss bis zu den Sohlbänken des Obergeschos-ses aus roten Klinkern gefertigte Fassade wird über den Fenstern durch expressio-nistische Details aufgelockert.

Die Villa wird von einer einfriedigen-den Bossenmauer, die teils mit Rohr-geländer unterbrochen wird, eingefasst. Im Innern des Gebäudes ist noch das repräsentative, bauzeitliche Treppen-haus unverändert erhalten. Es ist dabei als herausragendes Ausstattungsdetail mit Raumwirkung, geschickt in die Grundrissorganisation eingebunden. Die geschossübergreifende mehrläufige Treppe ist handwerklich hervorragend gearbeitet und mit entsprechendem Geländer und Handlauf ausgestattet.

📍 Freiherr-vom-Stein-Straße 1
Ecke Limburger-Straße

🏛 privat

🛈 von außen frei zugänglich

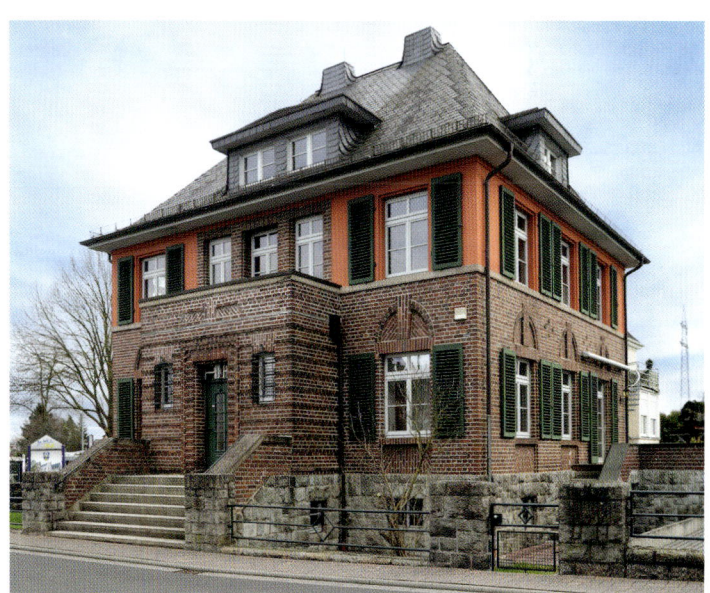

Die in exponierter Ecksituation zur Limburger Straße errichtete stattliche Villa.

Eppstein-Vockenhausen

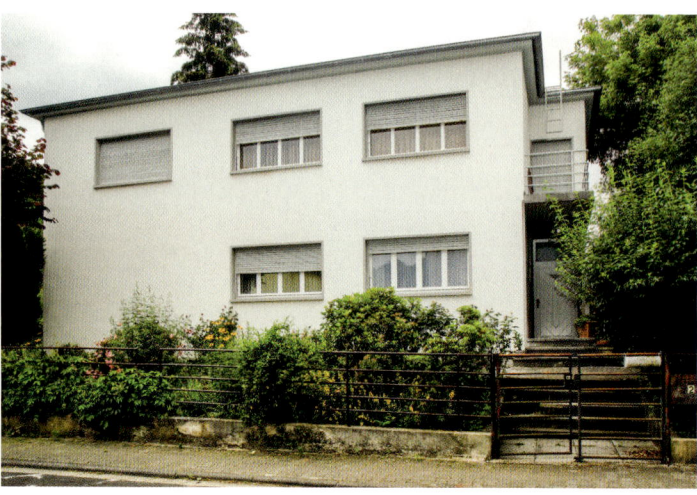

Eppstein-Vockenhausen

Wohnhaus

Bauherr des heute denkmalgeschützten Hauses war der Gerbereifachmann Waldemar Steingötter, der in der ehemaligen Schmelzmühle eine Lederfabrik hatte. In dieser Mühle, weitab vom städtischen Kunstbetrieb und doch bald ein Treffpunkt der Avantgarde, wohnten seit 1920 Robert Michel und seine Frau, die Künstlerin Ella Bergmann-Michel. Nach dem Kunststudium in Weimar und kurzer Berührung mit dem Bauhaus arbeitete Michel als freier Künstler. Seine konstruktivistisch-dadaistisch-surrealistischen Bilder und Collagen suchten Kunst und Technik zu vereinen. Für Auftraggeber in Frankfurt betätigte er sich als Werbegrafiker, Reklamegestalter, Typograf und Architekt. Zudem wirkte er beim Modernisierungsprojekt „Das neue Frankfurt" mit und trat mit Entwürfen zu Einfamilienhäusern in Erscheinung.

Robert Michel konzipierte das Wohnhaus mit seinem Mitarbeiter Karl Hofmeister und dem Bauherren und dessen Frau Herta 1934 und ließ es ein Jahr später entlang einer neuen Straße errichten. Dabei hob es sich mit seinem funktionalen Stil deutlich von den heimischen älteren Fachwerkhäusern und

Die Ostfassade des Hauses von der Straße aus.

neueren Ziegelstein- und Putzbauten ab. Der kubisch-gradlinige Bau trägt ein Flachdach, sein Eingangsbereich ist etwas zurückversetzt. Glatte Innentüren und Wandschränke fallen auf. Große horizontal liegende Fenster erhellen die Wohn- und Schlafräume. Zusammen mit kleineren Fenstern in Nebenräumen gliedern sie, mit hölzernen Jalousien ausgestattet, durch wechselnd symmetrische und asymmetrische Verteilung die hellen Wandflächen. Von ihnen heben sich die noch herkömmlichen Fensterumrahmungen aus hellgrauem Muschelkalk deutlich ab. Anders als vielfach beim Neuen Bauen zieht sich kein Fenster um eine Hauskante, wohl aber der Balkon vor dem Wohnzimmer. Unter ihm liegt die Garageneinfahrt im Keller, der nur teilweise hinter einer Aufschüttung liegt. Der Balkon hat ein relingartiges Geländer aus Stahlrohr, wie es auch als Einfriedigung des Grundstücks dient. Heute gehört das Haus einem Sohn des Bauherrn.

📍 Am Heiligenwald 2

🏛 privat

🔦 von außen frei sichtbar

Serielles Bauen zur Schaffung von günstigem Wohnraum

Die Siedlung Westhausen in Frankfurt, errichtet 1929–31 unter Stadtbaurat Ernst May .

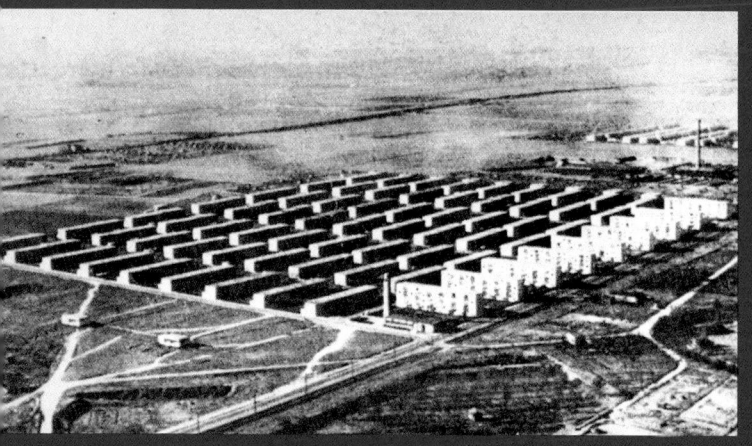

Das dringendste Problem, dem sich die Städte nach dem Ersten Weltkrieg gegenüber sahen, war die Versorgung der stetig wachsenden Bevölkerung mit Wohnraum. Das betraf nicht nur Deutschland, sondern auch die Nachbarländer. Nach dem ungeordneten Wachstum der Städte innerhalb der engen Altstadtquartiere mit ungesunden, schlecht belüfteten und dicht belegten Wohnungen, mussten neue Formen des Wohnungsbaus entwickelt werden, die dem inzwischen gestiegenen Bedürfnis nach Licht, Luft und Hygiene entsprachen, aber bezahlbar blieben. Das definierte Ziel war „die Wohnung am Existenzminimum".

Die Niederlande waren dabei in Europa Vorreiter, wo in Amsterdam aufgrund eines gewaltigen Wohnungsbauprogramms bereits seit 1905 großflächig neue Wohnsiedlungen mit modernen Standards für die ärmeren Bevölkerungsschichten nach den Plänen des Städtebauers Hendrikus Petrus Berlage und den Architektur-Plänen der Amsterdamer Schule, vor allem Michel de Klerk errichtet wurden. In Deutschland beschäftigte sich Walter Gropius bereits 1910 ebenfalls mit dem Thema, vor allem mit der Realisierung solcher Projekte. Im Zusammenhang mit dem Bau der als Siedlungs-Experiment geplanten Siedlung Dresden-Törten untersuchte er die Möglichkeiten, das Bauen durch Rationalisierungen zu beschleunigen und zu verbilligen. In Weimar konnte er aber im Rahmen der eher künstlerischen Ausbildung am Bauhaus keine Architekturklasse als Experimentierfeld einrichten. Man suchte zwar auch dort neue Wege im Hausbau und wirkte stil- und geschmacksprägend auf eine kleine Elite der gehobenen Bürgerschicht, aber das große Problem des Massenwohnungsbaus konnte man damit nicht lösen. Er schrieb 1927: „Die Zeit der Manifeste für das neue Bauen, die die geistigen Grundlagen klären helfen, ist vorbei. Es ist

höchste Zeit, in das Stadium nüchterner Rechnung und exakter Auswertung praktischer Erfahrung zu treten. (…) Bauen bedeutet Gestaltung von Lebensvorgängen. Die Mehrzahl der Individuen hat gleichartige Lebensbedürfnisse. Es ist daher logisch und im Sinne eines wirtschaftlichen Vorgehens, diese gleichgearteten Massenbedürfnisse einheitlich und gleichartig zu befriedigen. Es ist daher nicht gerechtfertigt, dass jedes Haus einen anderen Grundriss, eine andere Außenform, andere Baumaterialien und einen anderen „Stil" aufweist. Dieses bedeutet Verschwendung und falsche Betonung des Individuellen."[1]

Gropius stellte sich als Endziel vor, dass jeder Bauherr sein Haus nach eigenem Geschmack aus vorgefertigten Teilen zusammenstellen kann. Auf die grundlegenden Ideen des Neuen Bauens, „Licht, Luft, Öffnung" sollte keinesfalls verzichtet werden. Ernst May beschrieb die wesentlichen Voraussetzungen für diesen Wohnungsbau. „Die Wohnungserzeugung sollte so organisiert sein, wie die Produktion aller Massenartikel im Wirtschaftsleben organisiert ist, d.h. mustergültig durchgearbeitete Modelle (Typen) sollten serienweise, an möglichst wenigen Stellen konzentriert, fabriziert werden. (…) Das Ziel muss die einschließlich Einrichtung fabrikmäßig erzeugte, fertig lieferbare, in wenigen Tagen montierbare Wohnung bleiben."[2]

Während im Bauhaus noch theoretische Grundlagen für das serielle Bauen diskutiert wurden, begann die praktische Erprobung bereits 1925 in Frankfurt. Dort beinhaltete das große Wohnungsbauprogramm des Oberbürgermeisters Ludwig Landmann die Forderung nach einer weitgehenden Mechanisierung des Baubetriebs. Schon in der ersten Bauserie wurden Normtypen für den Innenausbau entwickelt. Der Rohbau wurde allerdings immer noch in dem damals üblichen Ziegel-

[1] Walter Gropius, „Systematische Vorarbeit für den rationellen Wohnungsbau", in Zeitschrift „Bauhaus" (Dessau), 1.Jhg., Nr.2, 1927. Zit. nach Wingler, S. 136-137. [2] Zitiert nach Mohr/Müller. S. 149.

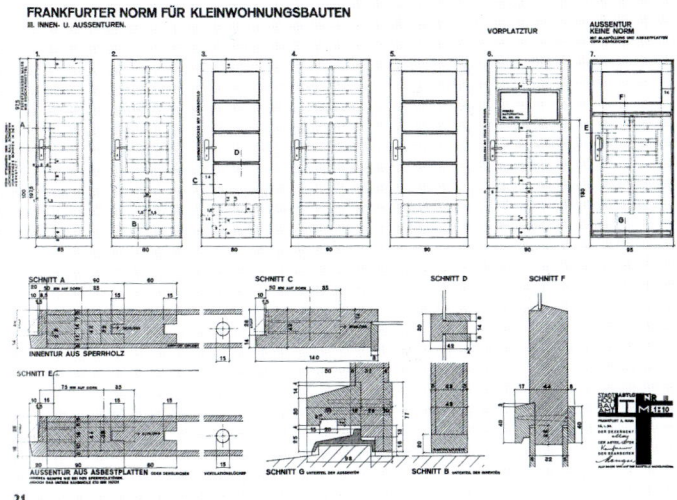

Frankfurter Norm für Kleinwohnungsbauten, Innen- und Außentüren.

mauerwerk errichtet. Erst 1926 wurden Ziegelmauern wegen ihrer teuren und langwierigen Herstellung von industriell vorgefertigten großformatigen Wandplatten nach amerikanischem Vorbild ersetzt.

In einer leerstehenden Maschinenhalle auf dem Messegelände in Frankfurt wurden Platten im Format von 3 Metern Länge, 1,10 Meter Breite und 0,20 Meter Stärke aus rheinischem Bimskies und Zement hergestellt, deren Isolierwert dem einer Ziegelmauer von 0,46 Meter Dicke entsprach. Die Montagefugen zwischen den Platten wurden mit derselben Masse ausgegossen.[3] Alle Fenster und Brüstungshöhen waren festgelegt. Eine Platte konnte in drei bis fünf Minuten hergestellt werden. Die Produktion schuf nebenbei zahlreiche Arbeitsplätze für ungelernte Arbeitslose. Der Aufbau einer Platte auf der Baustelle mit dem Kran erforderte etwa ein Stunde Zeit, der Bau einer Ziegelmauer derselben Größe

dagegen fünf Stunden. Der Vorteil lag aber nicht nur in den Kosten und der Arbeitszeit, sondern auch in der geringeren Menge Wasser, die mit den trockenen Wandplatten in den Rohbau eingebracht wurde, was die Bezugsfähigkeit der Häuser beschleunigte. Der Bau eines ganzen Musterhauses auf der Bauausstellung in Stuttgart benötigte inklusive Erdarbeiten und Inneneinrichtung sechs, die Montage einer Wohnung in Frankfurt Westhausen zwei Tage. Die Decken und Flachdächer wurden vorgefertigt, indem aus Eisenbeton Hohlbalken hergestellt wurden, wie sie bereits auch in Ziegelbauweise für Wirtschaftsgebäude üblich waren, die nebeneinander geschoben eine Decke bildeten. Darauf wurde ein Gipsestrich aufgetragen und das Linoleum als Fußbodenbelag verlegt. Der Dachaufbau erforderte eine Dichtung, die auf einen Betonestrich gegossen wurde.

Voraussetzung für diese Baugeschwindigkeit war natürlich die Normierung von Grundrisstypen für die verschiede-

[3] *Mohr/ Müller S. 96 und folgende.*

59

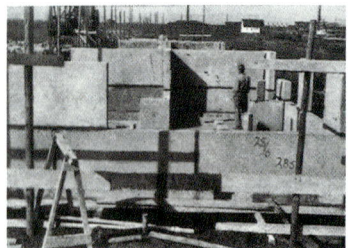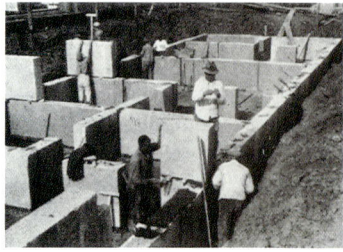

Errichtung des Rohbaus in der Siedlung Westhausen mit vorgefertigten Betonplatten.

nen Bewohnergruppen. Für vier Personen waren 40 Quadratmeter als Minimum gefordert, für eine sechsköpfige Familie 50 Quadratmeter. Der Hauptwohnraum sollte dabei 16 Quadratmeter haben, da dort Schlafplätze vorgesehen waren. Alle Räume mussten gut zu belüften sein, ein Balkon sollte die Möglichkeit bieten, sich in der frischen Luft aufzuhalten. Jede Wohnung sollte zudem über ein eigenes Bad mit Toilette und Dusche oder Sitzbadewanne verfügen. Die Küchen wurden als kleine gesonderte Räume geplant, um Essensgerüche in den anderen Räumen zu vermeiden. Diese Küchen wurden nach Arbeitsabläufen und ergometrischen Gesichtspunkten von der Wiener Architektin Margarete Schütte-Lihotzky geplant und fertig eingerichtet den Mietern übergeben. Sie sind bis heute als „Frankfurter Küchen" berühmt.

Die Einzelteile der Frankfurter Wohnungen sollten aber trotz preiswertester Herstellung qualitativ hohen Normen entsprechen, weshalb sie auch technisch bis ins kleinste Detail durchgeplant waren. Durch die Massenfabrikation konnte zum Beispiel der Preis für eine Kücheneinrichtung von 395,00 Reichsmark auf 238,50 Reichsmark gedrückt werden. Das Hochbauamt Frankfurt entwickelte in Zusammenarbeit mit der technischen Hochschule Darmstadt Normenblätter inklusive „Normenkostenanschlägen" nicht nur für Grundrisstypen, sondern auch für Fenster, Metallzargen, Türen, Beschläge, für Küchen, Flachdachkonstruktionen und sogar Kleingartenlauben. Diese Normierung und Mechanisierung war natürlich keine Frankfurter Spezialität, sondern wurde im ganzen Deutschen Reich und auch im Ausland praktiziert. Viele der damals neuen Erfindungen wie Wandplatten, Einbauküchen, genormte Türen und Fenster gehören für uns heute zum Alltag, das Bauhaus hat dabei zweifellos mit seinen Forschungen zu diesem Thema und seinem Design bis heute stilbildend auf den Wohnungsbau nicht nur in Deutschland gewirkt.

Die Frankfurter Küche in der Siedlung Römerstadt. Das Musterhaus der Ernst-May-Gesellschaft.

Eschwege

Eschwege

Katholische Pfarrkirche zu den Heiligen Aposteln

In Eschwege entstand ab den späten 1950er-Jahren die Siedlung Heuberg als Wohnraum für Vertriebene. Entsprechend dem damaligen städtebaulichen Ideal der gegliederten und aufgelockerten Stadt entwickelt sich die Anlage von einer zentralen Ringstraße mit abzweigenden Sackgassen um einen zentralen Grünbereich. Die Bebauung besteht aus Ein- und Mehrfamilienhäusern. Die Gemeinschaftseinrichtungen aus Versorgungszentrum, mehreren Schulen und zwei Kirchen wurden verteilt an die Ringstraße angegliedert. Besonders markant und städtebaulich wirkungsvoll erhebt sich die katholische Pfarrkirche mit ihrem hohen Glockenturm und dem steil nach Süden ansteigenden Dach an einer Kurve des Südrings auf dem Heuberg. 1963 wurde ein Architektenwettbewerb ausgeschrieben, bei dem der Kasseler Architekt Josef Bieling den Zuschlag erhielt. Nach seinen Plänen wurde der Kirchenbau zwischen 1965 und 1967 errichtet.

Ihre Gestalt wird einerseits durch die Komposition aus klaren, geometrischen Formen und andererseits durch einen Materialwechsel aus Beton, Glas und sichtbarem Ziegelmauerwerk geprägt.

Der Bau wird aus einem niedrigen querrechteckigen Gebäudeteil und dem diagonal dazu ausgeführten hoch aufsteigenden Baukörper über quadratischem Grundriss gebildet, der seinen Höhepunkt in dem in der Südecke angeordneten Chor findet. So entsteht nach Süden eine geschlossene Wirkung des Kirchenbaus, während die anderen Seiten durch markante Fenster gestaltet sind. Ost- und Westfassade zeigen aus Fertigteilen zusammengefügte gefaltete Beton-Glas-Gestaltungen und darüber großzügige Buntglasfenster, während an der nördlichen Eingangsfront die kleinteiligen Betonglasfenster des Erdgeschosses im Obergaden durch bleiverglaste, großflächige Verglasungen überhöht werden. Der Innenraum, ebenfalls von der zeitgenössischen Materialästhetik aus Beton, Klinker, Glas und Holz geprägt, zeigt in zwei überlebensgroßen Sichtbetonreliefs die zwölf Apostel. Sie wurden wie die übrige künstlerische Ausstattung von Bernhard Lippsmeier gestaltet.

📍 Schlehenweg 11

🏛 Kath. Pfarrgemeinde St. Elisabeth Eschwege

🧍 von außen frei zugänglich,
innen bei Gottesdiensten zugänglich

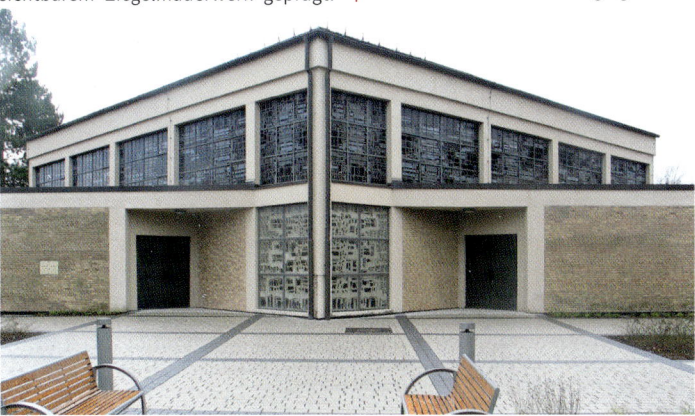

Eingangssituation der Pfarrkirche zu den Heiligen Aposteln.

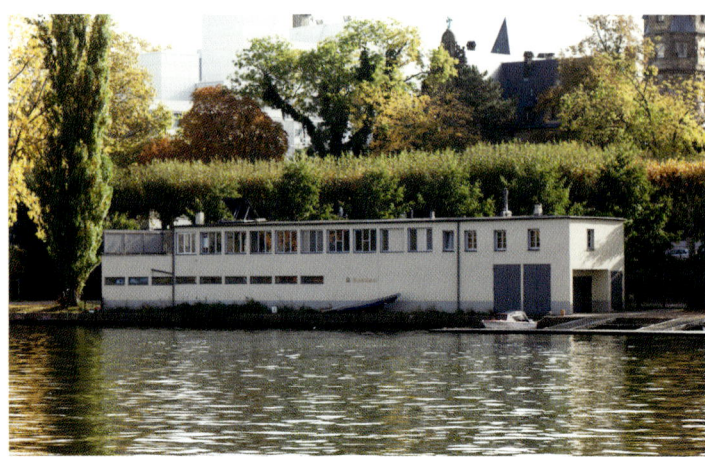

Nah am Wasser gebaut.

Frankfurt am Main

Bootshaus
der Goethe-Universität

Die Frankfurter Goethe-Universität wurde 1914 als erste deutsche Stiftungsuniversität in Deutschland gegründet. Hinzu kam 1925 das Institut für Leibesübungen, jetzt Institut für Sportwissenschaft, um „im Zusammenhang mit dem Lehrbetrieb sportliche Uebungen aller Art in reichem Maße" zu veranstalten. Bereits ein Jahr später ruderten die ersten Frankfurter Studierenden auf dem Main und erste Überlegungen zu einem eigenen Bootshaus für die Unterbringung der Boote entstanden. Die anfängliche Idee eines schwimmenden Bootshauses wich später der Überzeugung, dass ein Neubau an Land vorzuziehen sei. 1930 wurde zwischen Friedensbrücke und Holbeinsteg, unmittelbar am Sachsenhäuser Ufer, für rund 30.000 Reichsmark das Bootshaus der Goethe-Universität Frankfurt errichtet. Der schmale, zweigeschossige kubische Flachbau, der mit seiner funktionalen Architektursprache gänzlich auf dekorativen Schmuck und jegliches Ornament verzichtet, wird dem Neuen Frankfurt zugeordnet. Erst vor wenigen Jahren stellte sich überraschenderweise heraus, dass der verantwortliche Architekt der ehemalige Stadtbaudirektor Martin Elsaesser war, der vor allem durch den Bau der Frankfurter Großmarkthalle bekannt ist. Dem lang gestreckten Hauptraum des Erdgeschosses, in dem die Ruderboote nebst Zubehör untergebracht sind, schließt sich im Osten ein Raum an, der vermutlich Resultat eines späteren Anbaus ist, was bei genauerem Betrachten der letzten drei Fensterachsen zu erkennen ist. Das Obergeschoss ist über eine Treppe zu erreichen. Dort befinden sich die ehemalige Hausmeisterwohnung, getrennte Umkleideräume für Frauen und Männer und ein Gemeinschaftsraum. Eine begehbare Dachterrasse mit zweiseitigem Sichtschutz bildet im Osten den Abschluss des Gebäudes. Die exponierte Lage des Bootshauses hat jedoch alle Jahre wieder einen entscheidenden Nachteil: Bei Hochwasser ist das Gebäude zu Fuß nicht mehr zu erreichen und dem drückenden Wasser lässt man freien Lauf, indem man auf der West- und Ostseite des Gebäudes die Tore öffnet.

📍 Schaumainkai 70 (Tiefkai)

🏛 Goethe-Universität Frankfurt am Main

🛈 nach Absprache

Gartenhaus und Schrebergarten

Die Freiraumplanung gehörte von Beginn an zum Konzept des Neuen Frankfurt. Licht, Luft und Sonne sollten das Befinden der Menschen verbessern und die Erträge aus selbst bewirtschafteten Gärten den Speiseplan bereichern. Für die Gestaltung des Niddatales konnte Ernst May den Gartenarchitekten Leberecht Migge gewinnen – einen Verfechter der „Nahrungssiedlungen". Auch wenn seine Ideen nur teilweise realisiert wurden, so entstanden unter Gartenbaudirektor Max Bromme doch zahlreiche mustergültige Kleingartenkolonien in der Nähe der neuen Siedlungen oder im Zusammenhang mit den Volksparks. Um der unerwünschten „Wildwestromantik" Einhalt zu gebieten, erarbeitete die Stadt nicht nur vorbildliche Bepflanzungs- und Aufteilungspläne für das Grün, sondern produzierte selbst normierte Gartenbehausungen. Dabei ging es nicht nur um die „Verbilligung durch Typisierung", sondern auch um die „Betonung der Kollektivität" gegenüber der „Hervorhebung der einzelnen Individualität".

Die Architektin Margarete Schütte-Lihotzky konzipierte für die Kleingärten vier Typen von Gartenhütten und -lauben in unterschiedlichen Größen von 3,8 bis 9,5 Quadratmetern Größe. In der Kleingarten-Dauer-Anlage-Römerstadt betreut die ernst-may-gesellschaft seit 2014 eine fast original erhaltene Hütte vom kleinsten Typ II sowie den dazugehörigen Garten, der nach und nach entsprechend der ursprünglichen Pflanzpläne wiedererstehen soll.

Schütte-Lihotzky, bekannt als Planerin der ausgeklügelten Frankfurter Küche und somit als „Kleinraum-Spezialistin", brachte in der als Ständerkonstruktion mit Stulpschalung ausgeführten Gartenhütte Typ II auf einer Grundfläche von nur 1,6 mal 1,4 Metern eine Schlafbank, einen Sitzplatz mit Tisch, Fahrrad- und Gerätekammer sowie einen überdachten Freisitz unter. Sogar Platz für einen Herd war vorgesehen. Die Gartenhäuschen erhielten einen petrolfarbenen Anstrich. Die von der ernst-may-gesellschaft gepachtete Hütte ergänzte in den 1950er Jahren rückseitig ein Anbau für Geräte, wobei das Dach insgesamt leicht angehoben wurde.

⚲ Kleingartenkolonie Römerstadt, Im Burgfeld, Parzelle 16

🏛 ernst-may-gesellschaft

⚲ von außen frei zugänglich

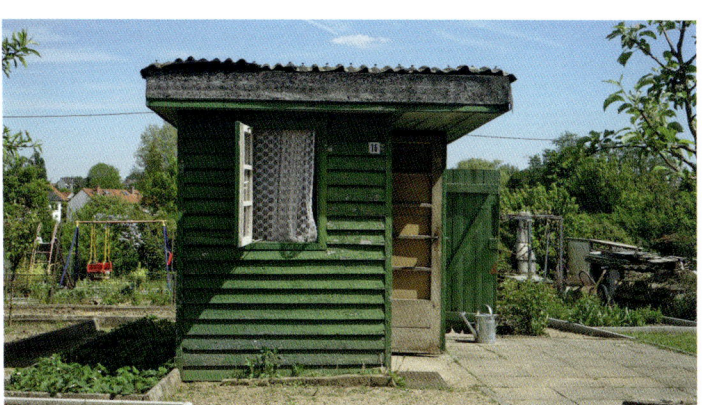

Zum Garteneingang präsentiert sich die von Margarete Schütte-Lihotzky entworfene Gartenhütte der ernst-may-gesellschaft bis auf das Dach noch fast originalgetreu.

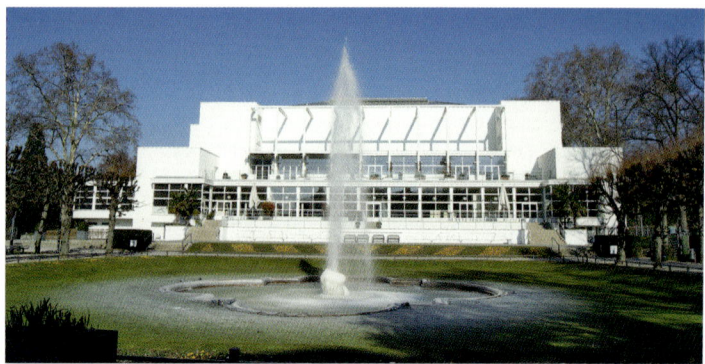

Frankfurt am Main

Gesellschaftshaus Palmengarten

Stützen des Rankgerüsts verlängern die vertikalen Fensterteilungen des Obergeschosses.

Bereits 1871 stellte die ungewöhnliche typologische Kombination aus Gewächshaus und repräsentativem Festgebäude eine Besonderheit dar. Im Stil des Historismus erbaut, folgte der Architekt Friedrich Kayser mit seinem Entwurf dem Vorbild großer Kopfbahnhöfe mit steinernem Empfangsbau und transparenter Halle. Neu war der Einsatz von Stahl-Glas-Konstruktionen, wie sie die Pariser Weltausstellung prägten. Ein reich ausgestatteter Festsaal mit umlaufender Galerie bildete den Mittelpunkt des Gesellschaftshauses und gewährte zugleich freie Aussicht in das sich anschließende Palmenhaus. Heute zählt es zu den wenigen erhaltenen Vertretern dieser Architekturgattung. Bis 1898 erfuhr der Ursprungsbau von Friedrich Kayser zahlreiche Umbauten.

Mit der Einsetzung Ernst Mays als Leiter des Hochbauamtes wurde der Plan verfolgt, den ursprünglich dem Bürgertum vorbehaltenen Palmengarten nebst Gesellschaftshaus nun auch der Frankfurter Arbeiterschicht zu öffnen. Der programmatische Auftakt hin zu einer Erholungsstätte für alle sollte für die komplette Umgestaltung des Gesellschaftshauses stehen. Letztendlich konnte nur der Umbau des Südflügels, auf der Basis der Entwürfe der Architekten Martin Elsaesser und Ernst May, realisiert werden. Anstelle der Neo-Renaissance-Fassade Kaysers schufen sie in den Jahren 1928/29 einen neuen Baukörper mit einem terrassierten Mittelbereich, der von zwei massiven, abgetreppten Risaliten flankiert wird. Er beherbergte ein Restaurant und Café, in dem die Gäste in lichtdurchfluteten Nischen und umringt von Pflanzen speisen konnten. An der Westseite entstand der halbrunde Hochzeitssaal mit seiner charakteristischen Rundverglasung. Die Dekoration des Festsaals selbst wurde dabei nicht wesentlich verändert.

Eine Besonderheit ist das noch heute in seinem ursprünglichen Erscheinungsbild erhaltene östliche Treppenhaus. Teile der Originalsubstanz wie die Treppenstufen aus schwarzem Terrazzo sind erhalten geblieben. Die Farbgebung der Wände und Decken wurde auf Basis der ursprünglichen Fassung des Putzes rekonstruiert.

📍 Bockenheim, Palmengartenstraße 11

🎫 von außen frei zugänglich

ℹ Palmengarten Tel. 069 21233939
www.palmengarten.de

Frankfurt am Main

Gewerkschaftshaus

Mitte der 1920er Jahre setzte sich der Berliner Architekt Max Taut in einem zweistufigen Wettbewerb mit seinem Entwurf für einen Neubau des Gewerkschaftshauses durch. Er hatte bereits 1922/23 das Gewerkschaftshaus in Berlin geplant und dort wohl erstmals den Stahlbetonrahmen bei einem Bürohaus unverkleidet als Gestaltungselement eingesetzt. In Frankfurt entwickelte er die dort gefundene Architektursprache gemeinsam mit Franz Hoffmann weiter und schuf mitten im Villenviertel ein „Wahrzeichen der Arbeiterschaft und der neuen Zeit".

Zwischen Mainufer und der damaligen Bürgerstraße verteilte Taut das Raumprogramm auf mehrere Baukörper, um die Bäume des vormaligen Villengartens zu erhalten. Entlang des Mains sollten ein Gewerkschaftshotel sowie Gastronomie entstehen, an der Bürgerstraße das Bürohaus, dazwischen der große Versammlungssaal. Wegen der Klage der Nachbarn konnte letztlich nur das Bürohaus realisiert werden.

Aus dem entlang der Bürgerstraße zu den Villen überleitenden Flachbau erhebt sich das neunstöckige Hochhaus, dessen Schmalseite zur Straße orientiert ist. Sein durchgehend über Eck verglastes Treppenhaus betont das Aufstrebende des Baues. Die Fensterreihen im Stützenraster der Büros, das auch beim Flachbau Anwendung fand, bilden das spannungsvolle horizontale Gegengewicht. Die Rastergröße entwickelte Taut aus dem

normierten Arbeitsplatz. Die Trennwände der Büros in Leichtbauweise können problemlos wechselnden Bedürfnissen angepasst werden. Ein Rillenmuster in den Betonoberflächen veredelt das Material. Die Fensterrahmen sind in Blau gehalten, die Fassade mit Natursteinplatten verkleidet. Dieser innovative, rein funktionale Stahlskelettbau, dem jede Monumentalität fehlt, galt vielen Architekturkritikern schon damals als ein Höhepunkt des Neuen Bauens.

Nur zwei Jahre nach der Einweihung beschlagnahmten die Nationalsozialisten 1933 das Gewerkschaftshaus. Während der NS-Zeit nutzte es die Deutsche Arbeitsfront. Den Krieg überstand das Gebäude bis auf zerborstene Gläser schadlos. Die Gewerkschaft erhielt es 1946 zurück.

⚲ Wilhelm-Leuschner-Straße 69

🏛 Deutscher Gewerkschaftsbund

🚹 von außen frei zugänglich

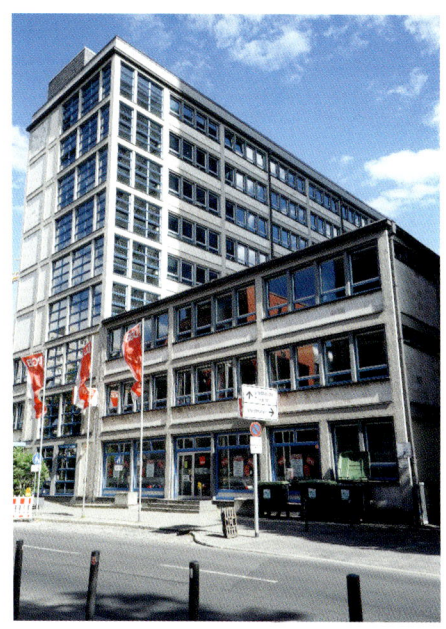

Das Gewerkschaftshaus war eines der ersten Hochhäuser in Frankfurt und eine Provokation im damaligen Villenviertel.

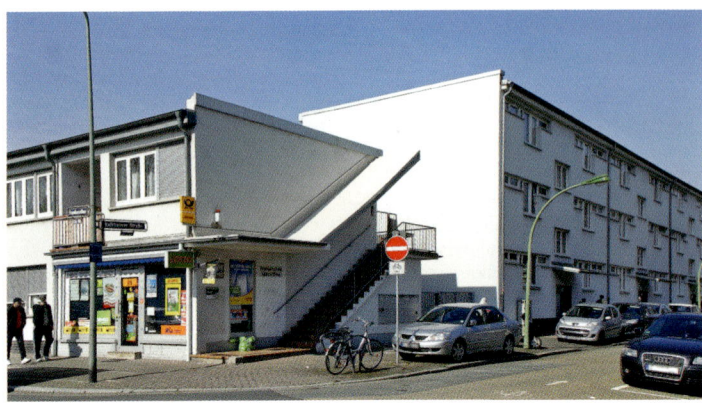

Blick auf die Hellerhofsiedlung von der Frankenallee aus.

Frankfurt am Main

Hellerhofsiedlung

Der holländische Architekt Mart Stam erhielt 1929 von der Hellerhof AG den Auftrag Kleinstwohnungen zu errichten, deren Miete nicht mehr als der durchschnittliche Wochenlohn eines Arbeiters betragen durfte. Es entstand ein rasterförmig angelegtes Quartier zwischen der Frankenallee und der Idsteiner Straße. In drei- und viergeschossiger Zeilenbebauung entstanden bis 1932 1.190 Kleinstwohnungen. Als Abschluss des Wohngebietes wurden entlang der Frankenallee rechtwinklig zweigeschossige Kopfbauten errichtet. Das Obergeschoss der Kopfbauten wird zahnschnittartig durch die zurückgesetzten Dächer der Loggien rhythmisch gegliedert. Die Erschließung der Wohnungen im Obergeschoss erfolgt über seitliche Außentreppen und rückseitige Laubengänge. In den Eckräumen des Erdgeschosses wurden Läden eingerichtet. Die kleinsten Wohnungen boten auf 33 Quadratmetern ein bis zwei Zimmer mit Küche und Bad. Einbauschränke sollten das knappe Raumangebot ergänzen. Wichtig waren die Loggien und Balkons als Freilufträume der häufig mit vier bis fünf Personen überbelegten Wohnungen. Die Versorgung mit Fernwärme übernahm ein zentrales Heizkraftwerk

am Ende der Hornunger Straße. Der im sozialen Siedlungsbau erfahrene Mart Stam brachte holländische Gestaltungsprinzipien nach Frankfurt. Aufgrund der Anordnung der Zeilenbauten wurden alle Wohnungen optimal besonnt: die Wohnräume liegen nach Westen, die Schlafräume nach Osten. Auffällig ist die großzügige Belichtung der Kleinstwohnungen über Fenster mit raumhohen Oberlichtern und langen Oberlichtbändern. Rot gestreifte Balkonbespannungen verstärkten den sommerlichen Anblick. Die Siedlung unterscheidet sich gestalterisch vom Stil der May Siedlungen und wirkt auch heute noch modern. Besonders in den sechziger Jahren wurde die Fenstergestaltung mit hochliegenden Lichtbändern bei modernen Wohnsiedlungen wieder aufgegriffen. Das Heizkraftwerk mit seinem rasterförmigem Betonskelett und Klinkerausfachung ist nicht von ähnlichen Bauten der 1960er Jahre zu unterscheiden.

Frankenallee 152–174a, 176–200, Fischbachstraße, Hornauer-, Kelkheimer-, Langenhainer-, Lorsbacher- und Schneidhainer Straße

AGB Frankfurt

von außen frei zugänglich

Frankfurt am Main
Holzhausenschule

Untrennbar mit dem Neuen Frankfurt ist neben dem Architekten Ernst May auch sein Architektenkollege Martin Elsaesser verbunden, einer der beiden Leiter der Frankfurter Bauverwaltung. Während Ernst May medienwirksam mit seinen unübersehbaren zahlreichen Wohnsiedlungen das moderne Frankfurt geprägt hat, war es die Aufgabe Elsaessers, das Stadtbild mit baukünstlerisch bedeutsamen öffentlichen Bauten zu gestalten. Er bevorzugte weniger den schlichten Bauhausstil, sondern den gleichzeitig für repräsentative Bauaufgaben beliebten Expressionismus.

Unter den zahlreichen Schulbauten, die er geplant und auch ausgeführt hat und die meist als Klinkerbauten mit typischen Spitzbogenfenstern und markant gerahmten Fensterbändern eindeutig dem Expressionismus zuzurechnen sind, fällt der Bau der Holzhausenschule, die er gemeinsam mit dem Architekten Walter Körte gebaut hat, aus dem Rahmen. Die schlichte, glatt weiß verputzte Anlage aus einem viergeschossigen, langgestreckten Schulbau und rechtwinklig angrenzenden niedrigeren Flügelbauten, die das Schulzentrum gegen den Straßenverkehr abschirmen sollten, sind in ihren Formen vom Bauhaus geprägt.

Das Raumprogramm orientiert sich ganz an der Straßenlage: Die Klassenräume öffnen sich alle nach Westen zum Hof und werden von großen Kreuzstockfenstern beleuchtet, die Straßenfassade gibt sich mit kleinen Fenstern verschlossen. Typisch für Elsaesser ist der südöstlich angesetzte Treppenturm, dessen Außenwände komplett streng gerastert verglast sind, ebenso die ziffernlose Uhr oben am Schulbau in der Ecke zum Schulhof. Im Treppenhaus erschließt eine ganz ungewöhnliche, parallel verlaufende Treppenanlage das Gebäude: die innere führt in die einzelnen Geschosse, die äußere direkt zu den Klassenräumen auf der zweiten Etage. Trotz der späteren Erweiterungsbauten sind die Ursprungsbauten und die Konzeption der Architekten noch klar erkennbar und noch heute vorbildlich für den Schulbau.

◯ Bremer Str. 25

🏛 Stadt Frankfurt

🔑 von außen frei zugänglich und nach Anmeldung

ℹ Tel. 069 21235256 (Sekretariat), poststelle.holzhausenschule@stadt-frankfurt.de

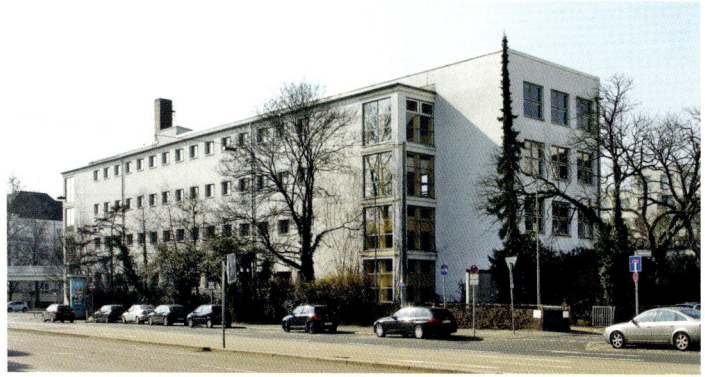

Nordostseite der Holzhausenschule an der Eschersheimer Landstraße.

Frankfurt am Main

Juniorhaus

Dank einer Stahlskelettkonstruktion wuchs nur fünf Jahre nach Ende des Zweiten Weltkrieges am Kaiserplatz in Windeseile eine Ikone der Frankfurter Wiederaufbaumoderne in die Höhe. Vis-à-vis des Hotels Steigenberger Frankfurter Hof entstand bis Ende 1951 das noble Juniorhaus – benannt nach der J. C. Junior´schen Eigentümergemeinschaft, der das Büro- und Geschäftsgebäude bis heute gehört. Der Architekt Wilhelm Berentzen hatte den Grundstückseigentümern aus eigener Initiative einen Entwurf präsentiert, den diese begeistert realisierten und bis heute liebevoll pflegen.

Obwohl das neunstöckige Gebäude zwei modernste Aufzüge erhielt, räumte Berentzen dem Treppenhaus nicht nur erheblichen Raum ein, sondern inszenierte das Gebäude weithin sichtbar durch einen als Halbrund hervortretenden und opak verglasten Treppenturm. Seine „Spirale des Erfolges" setzte er mit an der Unterseite des Treppenovals aufgebrachten Leuchtstoffröhren abends nach außen ganz charakteristisch in Szene. Der tags wie nachts weithin sichtbare Treppenturm ruht auf einem ausgreifenden, von großformatigen Schaufenstern begrenzten dreiviertelkreisförmigen Pavillon sowie einem noch weiter auskragenden, ebenfalls runden und verglasten zweiten Präsentationsgeschoss. Fast sechs Jahrzehnte nutzte der Automobilkonzern Daimler-AG die Räumlichkeiten im Erdgeschoss, um dort Fahrzeuge zu präsentieren. Aus dieser Zeit blieb auch der Mercedes-Stern auf dem Dach erhalten. Berühmteste Kundin des Autosalons war die „Mercedes-Kokotte" Rosemarie Nitribitt.

Das spitz zulaufende Eckgrundstück gliederte Berentzen geschickt in drei Baukörper. Den Treppenturm flankieren rechts und links die mit vorgehängten Steinplatten versehenen Bürotrakte entlang von Kaiser- und Friedensstraße. Ihre fensterlosen Seitenwände dienten der

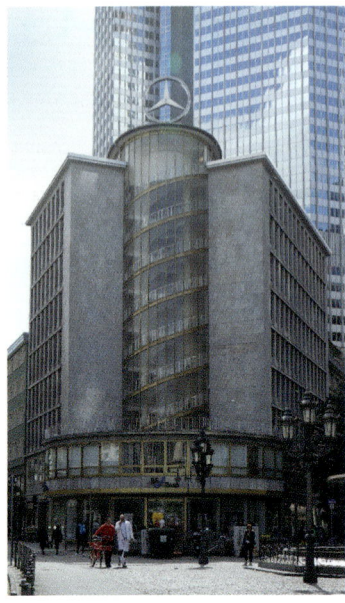

Die messingfarben eloxierten Fensterfassungen geben dem Juniorhaus einen exklusiven Kick.

Anbringung großformatiger Leuchtreklamen der Mieter. Mit dieser expressivdynamischen, an Erich Mendelsohn erinnernden Gestaltung prägt das seit den 1980er Jahren denkmalgeschützte Juniorhaus die Anmutung des Kaiserplatzes bis heute.

Kaiserstraße 19

J. C. Junior'sche Liegenschaftsverwaltung GbR

von außen frei zugänglich

Frankfurt am Main

Mainova Umspannwerk

Der aufgrund des Bevölkerungswachstums notwendige Wohnungsbau in Frankfurt erforderte auch eine entsprechende Infrastruktur. Neben dem Verkehrswesen musste vor allem die Versorgung mit Elektrizität ausgebaut werden, da die neuen Wohnsiedlungen überwiegend mit modernen Elektrogeräten ausgestattet waren.

Für das Städtische Elektrizitätswerk, heute die Mainova AG, errichtete der am Stadtplanungsamt beschäftigte Architekt Max Ludwig Cetto zwischen 1928 und 1930 zahlreiche Technikbauten. Der in Deutschland wenig bekannte Cetto war einer der Mitbegründer des Internationalen Kongresses Moderner Architektur im Jahr 1928, wanderte 1938 nach Amerika aus und erlangte internationalen Ruhm als Begründer des Modernen Bauens in Mexiko.

Eines seiner schönsten Frankfurter Technikgebäude, ein Umspannwerk, liegt an der Eschersheimer Landstraße neben der Holzhausenschule. Der schlichte, gestaffelte weiße Kubus weist mit seinen drei hohen Fensterbändern aus Drahtglas in feinen Metallrahmen ganz klar auf seine Entstehungszeit von 1930 hin. Seit 2016 erstrahlt der Bau abends in leuchtenden Farben. Im Rahmen des von der Mainova AG veranstalteten Wettbewerbs zur alle zwei Jahre stattfindenden Frankfurter Luminale gewann 2015 der Lichtkünstler Robin Uber den Preis für sein Konzept: „Bauhaus Goes Mondrian". Er führt die Architektur des Bauhauses ganz im Sinn des Bauhausmanifestes mit der zeitgleichen Malerei von Piet Mondrian zusammen und lässt mithilfe moderner LED Technik das ganze Gebäude als fiktives, dreidimensionales Bild erscheinen. Die schlanken Beton- und Metallelemente des Gebäudes gliedern als dunkle Rahmen die Lichtfelder genau wie die markanten schwarzen Linien in den Bildern von Mondrian. Dieses ungewöhnliche Schauspiel beginnt jeden Abend etwa eine Stunde nach Einbruch der Dunkelheit.

📍 Lübecker Straße / Eschersheimer Landstraße 147

🏛 Mainova AG Geschäftsstelle, Theodor Heuss Allee 110

🔑 von außen frei zugänglich

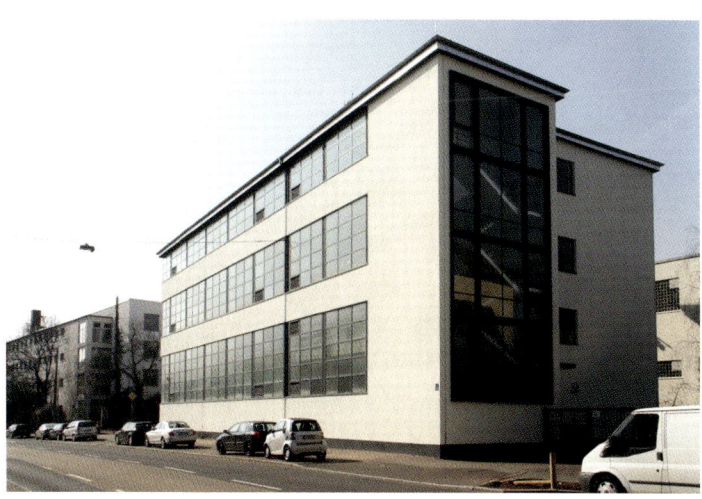

Das Umspannwerk bei Tage.

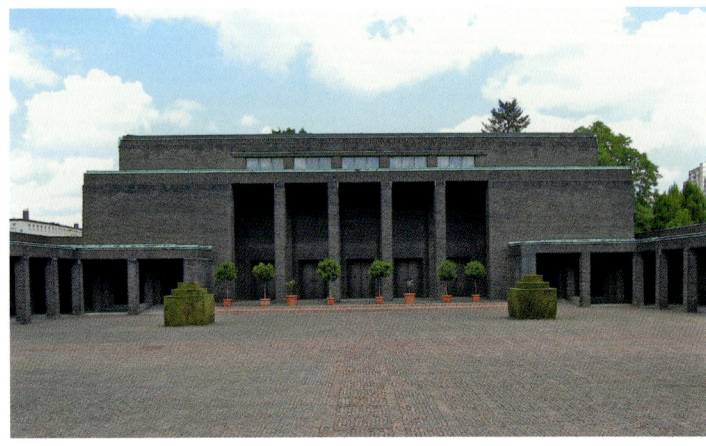

Frankfurt am Main

Neuer Jüdischer Friedhof

Der Kubus der Trauerhalle dominiert das symmetrische Gebäude mit zentralem Innenhof.

Der Neue Jüdische Friedhof ist eine Begräbnisstätte nördlich des Frankfurter Hauptfriedhofs. Seit seiner Anlage 1928 dient er bis heute der jüdischen Gemeinde Frankfurt für Bestattungen auf einem Areal von 5,4 Hektar und circa 8000 Grabstellen. Der Vorplatz und die angrenzenden Friedhofsgebäude wurden von Regierungsbaumeister Fritz Nathan geplant und 1928/29 ausgeführt. Er entwarf einen Komplex aus rotbraunem Klinker im Stil der Neuen Sachlichkeit in der Zeit des Stadtplanungsprogramms Neues Frankfurt, das als Projekt des Neuen Bauens ästhetische Maßstäbe setzte. So überrascht Nathans Entwurf mit einem symmetrischen Gebäudeensemble, welches in linearer strenger Kubatur, geschlossenen Flächen, einer einheitlichen Materialität und der Konzentration auf die Funktionalität den Friedhof deutlich vom Straßenraum abtrennt und ihm einen Bereich des Innehaltens voranstellt. Der Besucher durchschreitet zunächst das aus drei nebeneinander liegenden Pforten bestehende Eingangsportal, über dem in hebräischer Sprache geschrieben steht: „Wandeln werd ich vor dem Antlitz des Ewigen in den Gefilden des Lebens." In deutscher Sprache wiederholt sich der

Psalm auf dem Fries des gegenüber liegenden, ebenfalls dreiteiligen Portals, neben dem die Becken für die rituelle Waschung der Hände liegen. Den gepflasterten Innenhof umgibt eine Kolonnade. In seiner nahezu quadratischen Ausdehnung und auf Quadraten basierender Pflasterung unterstreicht der Platz die formale Stringenz der Anlage. Rechts erhebt sich das Verwaltungsgebäude, links die Trauerhalle, beide als schlichte längsrechteckige, dominierende Kuben. Die Trauerhalle führt den Rhythmus der Kolonnade in der einem Portikus ähnelnden Gestaltung des Zugangs weiter. Die eigentliche Trauerhalle überragt diesen Bereich leicht versetzt und übernimmt die Gliederung des Portikus in einem Fensterband. Verbindendes Element des Ensembles bilden, neben dem Klinker, kontrastierende umlaufende Kupferbänder als Dachabschluss oder Fries.

 Eckenheimer Landstraße 238

🏛 Stadt Frankfurt am Main

🕴 Oktober-März: 7–16, Fr 7–15,
April-September: 7–19, Fr 7–18 Uhr

ℹ www.friedhof-frankfurt.de

Frankfurt am Main

Parkhaus Hauptwache

Die rasante Massenmotorisierung der Wirtschaftswunderjahre stellte auch Frankfurt am Main vor erhebliche Herausforderungen, das damals die höchste Fahrzeugdichte der Bundesrepublik besaß. Schon früh entschied sich die Mainmetropole für das Konzept der autogerechten Stadt. So nahm mit dem Parkhaus Hauptwache 1956 der älteste öffentliche „Massentresor des ruhenden Verkehrs" in der Bundesrepublik seinen Betrieb auf. Mit seinen rund 400 Auto- und rund 70 Motorradabstellplätzen war es Pilotprojekt für ein großangelegtes innerstädtisches Parkhausprogramm.

Die der Neuen Sachlichkeit verpflichteten Architekten Max Meid und Helmut Romeick schufen ein zurückhaltendes, bis heute prägnantes mehrfunktionales sechsstöckiges Gebäude. Dabei orientierten sie sich an nicht umgesetzten Planungen für Großgaragen der May-Ära ihres Kollegen Ernst Balser sowie an der 1934 gebauten „Autorimessa" in Venedig. Ebenso wie bei der 1953 realisierten Haniel-Garage in Düsseldorf eröffnen großflächige, hier von blauen Lüftungslamellen unterbrochene Klarglasfronten im Osten und Westen den Blick auf die Karossen des wiedergewonnenen Wohlstands und die Stahlbetonskelettkonstruktion des Parkhauses. Damit symbolisieren sie das Ideal einer neuen, mobilen und zugleich transparenten Gesellschaft. Das mit einem schwungvoll nach oben geknickten Dach versehene Parkhaus wirkt nicht wie ein Autosilo, sondern erhält durch die „Schaufenster" das Gepräge eines Kauf- oder Bürohauses. Die überwiegend mit ziegelroten Klinkerplatten verkleidete nördliche Giebelseite drängt sich gegenüber der nahe gelegenen Katharinenkirche nicht in den Vordergrund. Die getrennten Auf- und Abfahrtsspindeln für den durchgängigen Einbahnverkehr bleiben hinter den südlichen, ebenfalls verklinkerten West- und Ostfassaden verborgen, erhalten im Süden aber über durchgehende Betonrahmenfenster Tageslicht.

Den Ladenlokalen im Erdgeschoss entlang von Sandgasse, Bleidenstraße und Kornmarkt sind an der Nordfassade Arkaden vorgelagert. Vor dem schräg von der Straße zurückgenommenen Parkhaus entstand ein kleiner dreieckiger Platz, den heute quirliges urbanes Leben erfüllt. Hier stand eine Tankstelle mit spektakulärem fächerförmigem Dach, die heute ebenso wie die frühere Autoservicestation verschwunden ist. Seit 1986 steht das ansonsten fast unverändert erhaltene und Ende der 1990er Jahre aufwändig sanierte Parkhaus Hauptwache unter Denkmalschutz.

📍 Kornmarkt 10

🏛 ABG Frankfurt Holding

🔑 durchgehend geöffnet

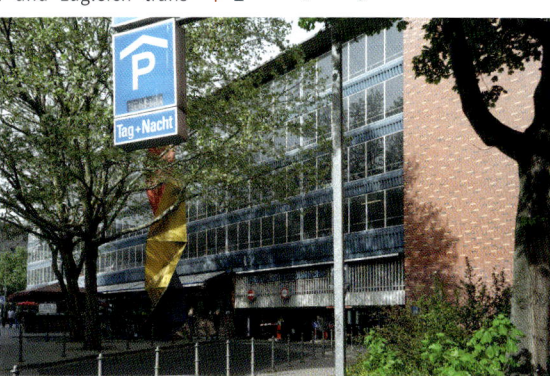

Seit 1994 steht hier die Skulptur „Modulor-Falt-Säule" von Eberhard Fiebig.

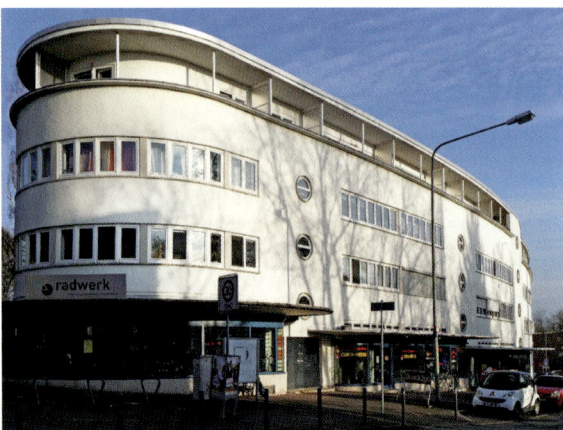

Der Ladenhaus-block in der Hadrianstraße mit kleinen Läden.

Frankfurt am Main
Siedlung Römerstadt

Am Ufer der Nidda liegt die Römerstadt, welche zusammen mit den Siedlungen Praunheim, Westhausen und Höhen-blick Teil des Niddatal-Projekts von 1926 ist. Mit 21 weiteren Siedlungen zählen sie zu den fortschrittlichsten Wohnungsbau-projekten, die während der Weimarer Republik realisiert wurden. Im Stil des Neuen Bauens gestaltet, avancierte sie bereits Ende der 1920er Jahre zu einem Pilgerziel für Fachleute und Laien und wurde ein Symbol des liberalen und sozialdemokratischen Frankfurt unter Oberbürgermeister Ludwig Landmann. Von den etwa 1.220 Wohnungen der Römerstadt wurden etwa die Hälfte als Einfamilienreihenhäuser ausgeführt, die andere Hälfte ist in Mehrfamilienhäusern untergebracht, wodurch man eine soziale Durchmischung erreichte. Die Wohnun-gen und Häuser basieren auf den typi-sierten Grundrissen, die im Hochbauamt der Stadt, welches Ernst May 1925-1930 leitete, entwickelt wurden. Die Entwürfe der Häuser arbeiteten die Architekten Carl-Hermann Rudloff, Gottlob Schaupp, Karl Blattner und Franz Schuster aus. Vom Stadtbaudirektor Martin Elsaesser und seinem Mitarbeiter Wilhelm Schütte stammt die zentral gelegene Schule, deren Aufbau sich am Frankfurter Reformschulkonzept orientiert. Gegen-über befindet sich der Ladenhausblock, ein Entwurf von Rudloff, in dem Bewohner alles für den alltäglichen Bedarf erwer-ben konnten. Die Grünflächenplanung inklusive der Hausgartenpläne stammt aus der Hand des Gartenarchitekten Leberecht Migge, den Siedlungsplan bearbeiteten Herbert Boehm und Wolfgang Bangert. Im Musterhaus des Neuen Frankfurt, dem ernst-may-haus, das außen und innen die ursprüngliche Franz Schuster und die weltberühmte Frankfurter Küche von Margarete Schütte-Lihotzky betrachtet werden. Von ihr stammt auch der Entwurf der Garten-laube, wie sie noch heute im rekonstru-ierten Kleingarten steht. Umfassende Informationen zum Thema Neues Frank-furt erhält der Besucher zukünftig im Forum Neues Frankfurt.

📍 In der Römerstadt, Hadrianstraße,
An der Ringmauer, Im Heidenfeld,
Am Forum, Im Burgfeld, Mithrasstraße;
Rekonstruierter Kleingarten: Kleingarten-anlage Römerstadt II, Parzelle 16

🏛 ABG Frankfurt Holding

🏛 ernst-may-haus (Im Burgfeld 136)
Di–Do 11–16, Sa, So 12–17 Uhr;
Forum Neues Frankfurt (Hadrianstraße 5)
Mo–Fr 10–17 Uhr

ℹ️ www.ernst-may-gesellschaft.de

Neues Bauen –
Neues Frankfurt
und Ernst May

Die Siedlung Bruchfeldstraße (Zick-Zack-Hausen) in Frankfurt/Main, Aufnahme von 1927.

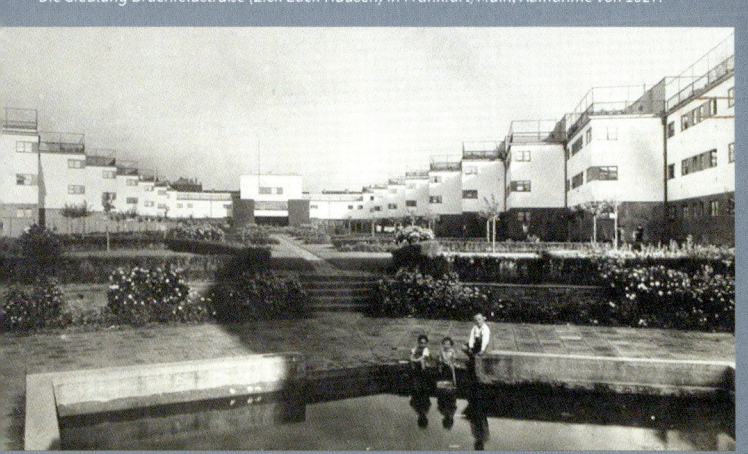

Während in Weimar noch theoretische Diskussionen über das Moderne Bauen stattfanden und Studenten in erster Linie in angewandter Kunst ausgebildet wurden, setzte man in Frankfurt bereits die Theorie in die Praxis um. Im Jahr 1924 wurde der Sozialliberale Ludwig Landmann zum Oberbürgermeister gewählt, ein ungewöhnlich weitsichtiger Mann, dessen Wirken für alle Zeiten in der Stadt sichtbar sein wird. Ihm verdankt Frankfurt, neben ihrer Bedeutung als Wirtschaftsmetropole, das erste großangelegte städtebauliche und soziale Wohnungsbauprogramm des „Neuen Bauens" in Deutschland. Da die Wohnungsnot nach dem Krieg kein spezifisch Frankfurter Problem war, folgten zeitnah ähnliche Projekte in anderen Großstädten. Ludwig Landmann entwickelte mithilfe eines Netzwerks an Politikern, Architekten, Stadt- und Landschaftsplanern einen Generalbebauungsplan, nach dem innerhalb von zehn Jahren 10.000 Wohnungen errichtet werden sollten.

Zum Leiter des neu geschaffenen städtischen Siedlungsamtes berief er den Architekten Ernst May, der sich bereits in Breslau mit Siedlungsbau einen Namen gemacht hatte. Die größten Probleme bereiteten die Finanzierung des gewaltigen Projektes in den wirtschaftlich schwierigen Nachkriegsjahren und die Bereitstellung des notwendigen Baulandes. Dafür erhielten die Städte Hilfe von neuen Reichsgesetzen, die unter anderem die Enteignung von benötigtem Bauland erleichterten. Finanziert wurde das gewaltige Bauprogramm aus der neuen Hauszinssteuer, einer Steuer für alle Hausbesitzer auf den Gewinn aus den dank der Inflation gesunkenen Hypothekenkosten. Das größere Problem war die Beschaffung des nötigen Baulandes für die eng bebaute Stadt ohne nennenswertes eigenes Umland. Dank des neuen Gesetzes konnten die zahlreichen Gärten Frankfurter Bürger vor den Toren der Stadt zu mäßigen Grundstückspreisen enteignet werden. Durch Eingemeindungen der umliegenden Dörfer wurde das Stadtgebiet um rund 40% erweitert. May plante neue Vororte als unabhängige Trabantenstädte im Grünen mit allen notwendigen Einrichtungen für das tägliche Leben, die aber verkehrsmäßig eng an die Innenstadt und die Arbeitsstätten angebunden waren. Dank seiner weitreichenden Kompetenzen konnte er namhafte Fachleute für Städtebau aus ganz Europa in seinem Baureferat engagieren, die in der Stadtverwaltung die „Brigade May" genannt wurde. Während er sich auf den Massenbau konzentrierte, wurde als Leiter des Stadtplanungsamtes der stark künstlerisch geprägte Martin Elsaesser für die Gestaltung der großen Repräsentationsbauten der wirtschaftlich aufstrebenden Stadt und die Infrastruktur zuständig. Zu dem Mitarbeiterstab Mays zählten unter anderen Eugen Blanck, Herbert Boehm, Max Cetto,

Blick von Westen in die Siedlung Zick-Zack-Hausen.

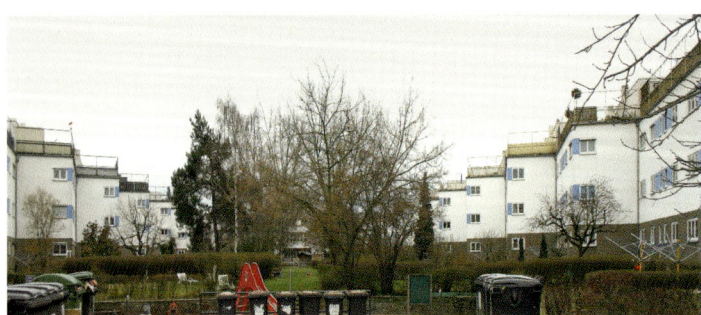

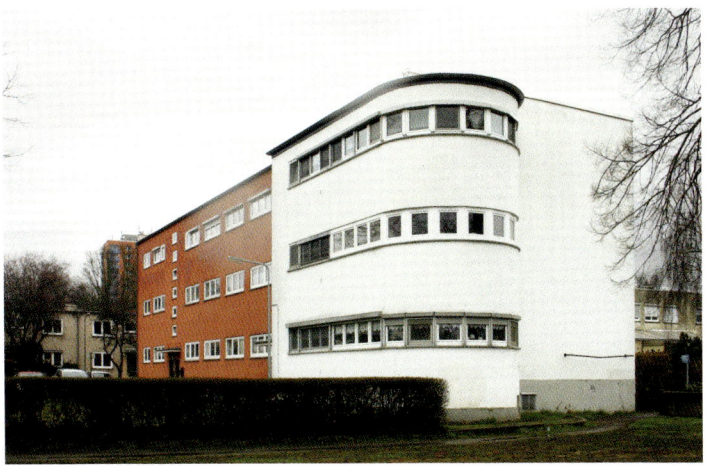

Betonte Ecke: Wohnhaus in der Römerstadt.

Ferdinand Kramer, Franz Röckle, Carl-Hermann Rudloff, Wilhelm Schütte, Margarete Schütte-Lihotzky, Mart Stam, die Gartenarchitekten Max Bromme und Leberecht Migge sowie der Kirchenbaumeister Martin Weber.

In der unglaublich kurzen Zeit bis 1930 bauten Ernst May und seine Mitarbeiter mehr als 20 Siedlungen mit insgesamt circa 15.000 Wohnungen. Das größte Projekt war die Bebauung des Niddatales mit den Siedlungen Westhausen, Höhenblick, Praunheim und Römerstadt, wo die Ernst-May-Gesellschaft eines der Reihenhäuser originalgetreu restauriert und als Musterhaus eingerichtet hat. Gegenüber diesen meist in langen Zeilen ausgerichteten Siedlungen in freiem Gelände fällt die sogenannte Siedlung „Zick-Zack-Hausen" in Niederrad aufgrund ihrer gestaffelten Siedlungsstruktur völlig aus dem gewohnten Konzept, da dort die vorhandene Bebauung integriert werden musste.

May vertrat konsequent die Ideen des modernen, funktionalen Bauens. Er sah es als seine Aufgabe an, den Menschen zeitgemäße Wohnungen, entsprechend den Grundsätzen der Reformbewegungen zu angemessenen Preisen zu bieten. Er lehnte jede Kopie alter Stile ab, sondern wollte zeigen, „dass wir mit festen Füßen in der heutigen Welt stehen und aus den lebendigen Lebensbedingungen unserer Zeit heraus entschlossen Neues gestalten" (1926). Sein Stil unterscheidet sich trotz aller Anlehnung an das Bauhaus erheblich von anderen zeitgleichen hervorragenden Siedlungen wie zum Beispiel der Stuttgarter Weissenhofsiedlung. Für den Massenbau fand er keine Möglichkeit, die aufwändigen ästhetischen Kriterien des Bauhauses zu finanzieren. Er sah nicht Walter Gropius mit seinen Meisterhäusern in Dessau oder Le Corbusier als seine Vorbilder an, sondern eher Adolf Loos. Er schuf schlichte Nutzarchitektur in langen Zeilen ohne architektonische Überraschungen, aber mit perfekt durchdachten Wohnungen mit zeitgemäßem Komfort. Er wollte ruhige Straßenräume schaffen und legte bewusst keinen Wert auf schöne Fassaden. Die immense Bauaufgabe konnte in der kurzen Zeit nur durch weitgehende Rationalisierung des Bauablaufs und Typisierung der Bauteile sowie Standardisierung der Inneneinrichtung ausgeführt werden. Die Idee des Bauhauses, aus dem preußischen Untertan den modernen, selbstbewussten Menschen zu formen, stand zweifellos auch für May hinter seinen Planungen.

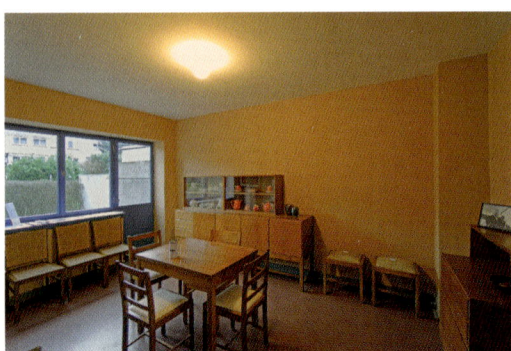

Das ehemalige Wohnzimmer im Ernst-May-Haus in Frankfurt.

Wer in diese modern ausgestatteten Wohnungen mit den kleinen Zimmern einziehen wollte, musste sich meist von seinen wuchtigen Möbeln des Historismus verabschieden und sich mit kleinen, schlichten Anbaumöbeln zufrieden geben, die nach Entwürfen des Bauhauses von den Architekten – in Frankfurt meist von Ferdinand Kramer - entworfen worden waren. Gemeinschaftsanlagen wie Kindergärten, Waschküchen, Dachterrassen, Gärten mit Spielplätzen oder in einzelnen Siedlungen auch Gemeinschaftsküchen, sollten zudem die Möglichkeiten der Frauen zum Gelderwerb fördern. Das war ein politisch klarer sozialistischer Ansatz, der nicht überall geschätzt war. Die Akzeptanz dieser Wohnsiedlungen mit den heftig bekämpften Flachdächern war in der Bevölkerung nicht ungeteilt. Zahlreiche Spitznamen sind bis heute bekannt. Das schlichte Möbeldesign in den genormten Wohnungen wurde als Bevormundung abgelehnt. Die Frankfurter Küche wurde trotz aller praktischen Vorteile häufig schon beim Einzug der ersten Mieter teilweise demontiert und durch herkömmliche Küchenbuffets und -sofas ersetzt. Um die Akzeptanz bei der Bevölkerung zu verbessern, gründete Ernst May 1926 die Monatszeitschrift „Das Neue Frankfurt" als Werbeträger. Ausführliche Beschreibungen der Bauprojekte und viel Hintergrundinformation sollten für die neuen Wohn- und Lebensformen werben. Darin stellten alle am Siedlungsbau beteiligten Architekten, Planer und Handwerksfirmen ihre Projekte und Produkte vor. Zahlreiche der in den Anzeigen beworbenen Neuheiten zählen für uns heute zu den Klassikern des modernen Designs.

Nach dem Ernst May als Jude mit dem Erstarken der Nationalsozialisten in Deutschland keine Zukunft mehr sah, wanderte er mit 21 seiner Mitarbeiter nach Russland aus, um dort neue Industriestädte zu entwickeln. Seine bereits begonnenen Projekte wurden in teilweise veränderter Form noch zu Ende geführt. Im Gegensatz zu Le Corbusier und dessen Siedlungsbau sind seine Entwürfe nie avantgardistisch, sondern eher konventionell, obwohl unter seiner Ägide auch gestalterisch hervorragende Bauten wie das damals ungewöhnlich modern konzipierte Henry und Emma Budge-Altersheim, die Hellerhofsiedlung von Mart Stam oder die Technikbauten Max Cettos entstanden. In Frankfurt verzichtete man auf die Möglichkeit für die modernen Techniken und Materialien eine eigene zukunftsweisende Architektursprache zu entwickeln. Wohl aus diesem Grund fanden sie in der Literatur des Bauhauses auch nur wenig Erwähnung. Da die Siedlungen den Krieg größtenteils überlebt haben und auch nach vielen Jahren der Veränderungen unter Denkmalschutz gestellt und saniert wurden, ist das öffentliche Interesse an diesen Zeugen des Aufbruchs der mittelalterlichen Bürgerstadt Frankfurt in die moderne Weltstadt wieder geweckt worden.

Frankfurt-Bockenheim

Katholische Frauenfriedens-kirche und Gedenkstätte für die Opfer der Weltkriege

Bereits während des Ersten Weltkriegs entstand im Katholischen Deutschen Frauenbund unter Leitung seiner Gründerin Hedwig Dransfeld der Wunsch, eine Kirche als zentrales Mahnmal für den Frieden und zur Erinnerung an die Opfer des Krieges zu errichten. Auf der Suche nach dem geeigneten Ort empfahl die Bischofskonferenz Frankfurt West als Standort, weil dort durch den Zuzug vieler Katholiken eine neue Pfarrkirche benötigt wurde. Während die Frauen nur eine Kirche als Mahnmal bauen wollten, benötigte die Gemeinde eine Pfarrkirche mit angeschlossenem Gemeindezentrum und Küsterwohnung.

Der Stuttgarter Architekt Hans Herkommer errichtete zwischen 1927 und 1929 ein monumentales Ensemble, bestehend aus Basilika mit Ehrenhof und Gemeindezentrum, in Formen einer romanischen Klosterkirche mit West-werk und geschlossenem Kreuzgang. Der Betonbau wurde außen mit hellen Kalksandstein-platten verklei-det. Geprägt wird das streng kubi-sche Ensemble von den hohen, schlanken Rund-bögen, die so-wohl die Fassa-de der Kirche als auch den Ehren-hof gliedern und

typisch für die Bauzeit sind. Erkennungs-zeichen und Alleinstellungsmerkmal der Frauenfriedenskirche ist die reiche, gold-bunte Mosaikgestaltung der dreiteilig gegliederten Fassade: Die Malerei in den drei tiefen Nischen wurde von Matthias Stichs entworfen, dessen künstlerische Nähe zum Wiener Jugendstil nicht zu übersehen ist. Über dem Eingang schwebt eine zwölf Meter hohe Monumentalstatue der Mutter Gottes als Regina Pacis mit Goldkrone und Palmwedel in der Hand. Emil Sutor schuf die Statue, die Mosaiken über dem Betonkern wurden von der Berliner Firma Puhl & Wagner ausgeführt.

Die Frauenfriedenskirche ist einer der bedeutendsten Sakralbauten des 20. Jahrhunderts in Deutschland. Hier wur-den an traditionellen Kirchenbauformen die Möglichkeiten des modernen Bau-stoffs Beton getestet und der Weg zur modernen Sakralkunst beschritten.

📍 Zeppelinallee 101

🔓 von außen frei zugänglich

ℹ Pfarrbüro Tel. 069 772-829
pfarrbuero@marien-frankfurt.de

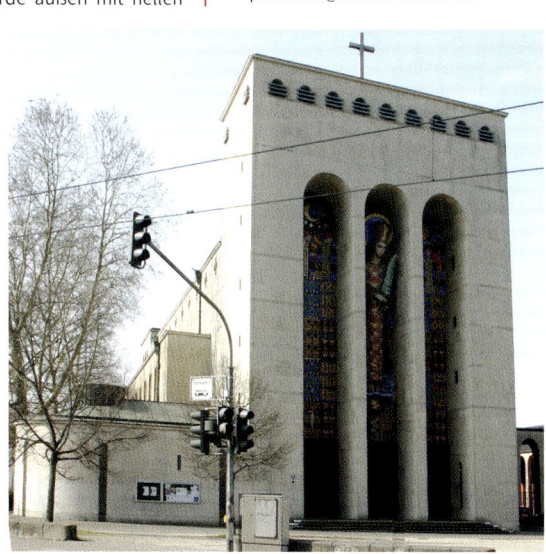

Frauenfriedenskirche mit Ehrenhof und Gemeindezentrum.

Frankfurt-Bockenheim

Studierendenwohnheim

Direkt an der Bockenheimer Warte errichtete die Hochschule ein 1956 eröffnetes Studentenwohnheim mit 127 Plätzen. Es gehört zu den 24 Gebäuden vom AfE-Turm, über das Philosophicum bis zur Universitätsbibliothek, die Ferdinand Kramer in seiner Zeit als Leiter des Baubüros der Universität von 1952 bis 1964 realisierte und mit denen er das architektonische Gesicht des Campus Bockenheim formte. Kramer, der unter anderem am Bauhaus studiert und unter Ernst May das Neue Frankfurt mit geprägt hatte, gilt als dezidierter Vertreter des Funktionalismus. Der sparsame Einsatz einfacher Baustoffe und sachliche Räume sind seine Markenzeichen.

Auch das fünfstöckige Wohnheim strahlt den asketischen Geist der Zweckmäßigkeit aus. Gemütlich im herkömmlichen Sinne sollte es nach Kramers Vorstellung im Wohnheim ausdrücklich nicht sein, damit sich der künftige Akademiker nicht „vor der Welt verkriecht". Denn diese brauche ihn, war sich der mit Horkheimer und Adorno Befreundete sicher. Von der erzieherischen Kraft der Architektur überzeugt, beschränkte er die privaten Einzel- und Doppelzimmer auf das Notwendigste, um durch große

und lichtdurchflutete Gemeinschaftsräume die Kommunikation zu begünstigen. Die Studenten sah er als Multiplikatoren dieses neuen Wohnstils und letztlich einer demokratischen Überzeugung.

Das Wohnheim konstruierte Kramer unter Mitarbeit von Helmut Alder als unverkleidetes Stahlbetonskelett, das er mit ockerfarbenen Klinkern ausfachen ließ. Der Eingangsseite zur Bockenheimer Warte hin ist in der Mitte ein Baukörper vorgelagert, in dem neben dem Treppenhaus pro Stockwerk eine Küche samt Aufenthaltsraum mit raumgroßen Fenstern sowie eine Besucherzone untergebracht sind. Die gemeinschaftlichen Sanitärräume befinden sich in den ebenfalls zur Warte vorspringenden Flügeln an den Gebäudeenden. Die zur Gartenseite orientierten Zweibettzimmer erhielten durchgehende Fensterbänder. Das Flachdach schließt bündig mit den Außenwänden ab. Inzwischen denkmalgeschützt, aber teilweise entstellt beherbergt das Wohnheim heute 81 Studierende.

 Bockenheimer Landstraße 135

 Studentenwerk Frankfurt am Main

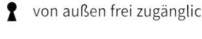 von außen frei zugänglich

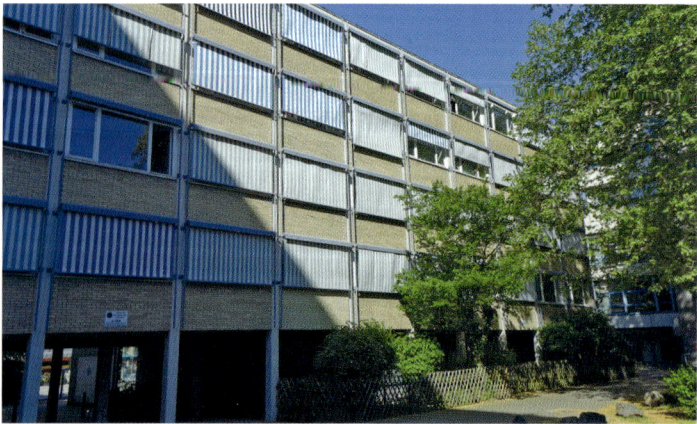

Die Gartenseite des Studierendenwohnheims mit dem überwiegend offenen Erdgeschoss.

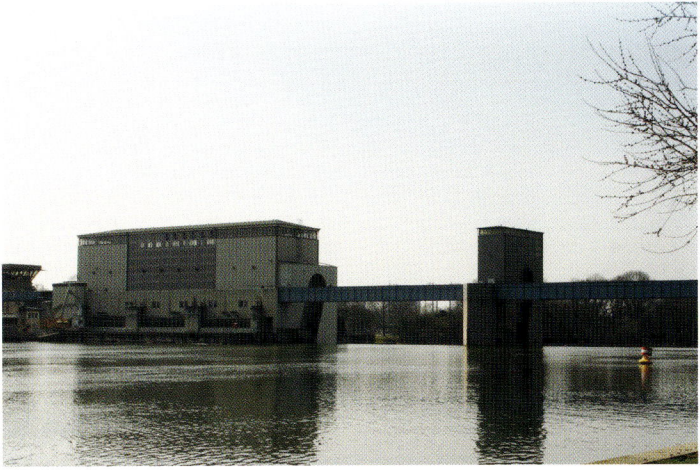

Die Schleuse vom Griesheimer Ufer aus gesehen.

Frankfurt-Griesheim

Staustufe im Main

Um die ganzjährige Schifffahrt auf dem Main möglichst ungestört zu ermöglichen, wurde zwischen 1929 und 1932 eine große Schleusenanlage zwischen Griesheim und Schwanheim in den Main gebaut, die den Wasserstand des Mains reguliert. Die gewaltige Anlage besteht aus einer Walzenwehranlage, zwei Schleusenkammern und einem integrierten Laufwasserkraftwerk. Die höhengestaffelten Gebäude auf der Schleusenbrücke wurden in den streng kubischen Formen des Bauhauses mit langen hochgelegenen Lichtbändern errichtet. Die beiden Schleusenkammern haben jeweils eine Länge von 344 Metern und sind zwölf Meter breit. Mit einer Schleusenfüllung werden in der nördlichen Kammer 18.800 Kubikmeter, in der südlichen Kammer 23.700 Kubikmeter Wasser bewegt und die Schiffe können damit eine Höhendifferenz von rund 4,50 Metern überwinden. Gleichzeitig bezieht der örtliche Stromversorger Mainova AG jährlich etwa 35 Millionen Kilowattstunden Strom aus dem Laufwasserkraftwerk.

Diese Schleusenanlage war zu ihrer Bauzeit die modernste und leistungsfähigste Anlage ihrer Art in Europa. Heute werden durchschnittlich 62 Mal am Tag die Schleusenkammern von Schiffen genutzt. Ein Besuch der Anlage lohnt aber nicht nur wegen der technischen Bedeutung, sondern ist auch für Naturliebhaber ein Erlebnis. Von der Schleusenbrücke aus kann man mit einigem Glück auf der Schleuseninsel seltene Wasservögel wie Graureiher und Kormorane entdecken.

📍 An der Staustufe 3

🏛 Wasser- und Schifffahrtsamt Aschaffenburg

🔥 von außen frei zugänglich, Führungen auf Anfrage

ℹ Wasser- und Schifffahrtsamt Aschaffenburg Tel. 06021 385-301
poststelle@wsa-ab.wsv.de
www.frankfurt.de

Frankfurt-Höchst

Wohnhaus Mack

Am Ende der Kopernikusstraße liegt direkt am Ufer des Liederbachs das von einer zum Halbrund geschwungenen Betonmauer umgebene, weiße Wohnhaus. Sein flaches Dach, die großen Fenster und die schlichte, schmucklose Fassade lassen es in seiner Umgebung, die vorwiegend aus Häusern mit steilen Dächern und Gauben besteht, äußerst modern erscheinen. Doch gebaut wurde das Einfamilienhaus bereits 1932 vom Architekten Carl-Hermann Rudloff im Auftrag der Familie Mack. Rudloff hatte sich durch seine Mitarbeit im Team um den Frankfurter Stadtbaurat Ernst May einen Namen als Avantgarde-Architekt gemacht und so wandte sich Mack mit dem Wunsch an ihn, ein Haus in der damals revolutionären Formensprache des Neuen Bauens zu entwerfen.

Dr. Ludwig Mack war Physiker bei den Farbwerken Höchst und ließ sich mit diesem Wohnhaus ein Zuhause bauen, das ganz individuell auf die Vorlieben und Bedürfnisse seiner noch jungen Familie zugeschnitten wurde. Deren Liebe zum Theaterspiel und zur Musik spiegeln sich in der Gestaltung des Gartens wider, in dessen leichte Hanglage Rudloff ein kleines Freilufttheater ein-

bettete. Zudem gab es ein Musikzimmer, in dem ein Flügel und eine Heimorgel Platz fanden. Im Erdgeschoss waren insgesamt fünf Zimmer, ein Bad und eine Küche untergebracht. Vom Wohnraum führen Türen zu einer verglasten Veranda, die sich in einer großzügigen Terrasse fortsetzt. Im Souterrain lagen neben der Garage und den Heizungsräumen weitere Wohnräume, wie ein Studierzimmer, ein Nähzimmer und ein Zimmer für den Sohn, von dem aus eine Türe zu einem weiteren kleinen Sitzplatz im Garten mit angrenzendem Wasserbassin führt. Das Dachgeschoss mit Terrasse umfasst nicht die gesamte Grundfläche des Hauses, so dass es mit seinem Fensterband zum Garten wie ein Aussichtsturm wirkt. Ursprünglich kontrastierten dunkle Fensterrahmen die weiße Fassade.

Nachdem die Familie Mack auszog, wurde das Haus als Werkswohnung für Mitarbeiter der Farbwerke Höchst genutzt. Heute ist es im Besitz der „Deutsche Wohnen SE" und vermietet.

📍 Kopernikusstraße 36

🏛 Deutsche Wohnen SE

🔑 von außen frei zugänglich

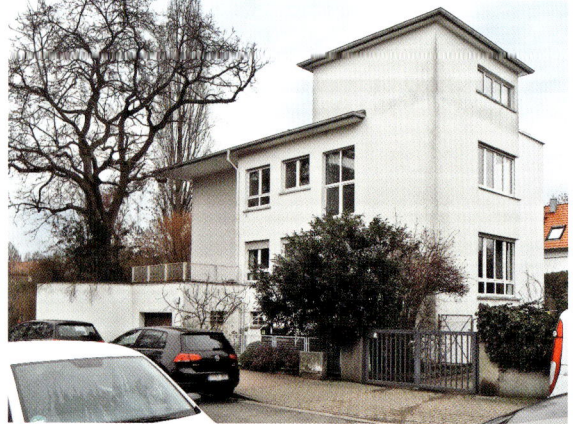

Bis auf die neuen Fenster zeigt sich das Haus Mack heute in nahezu unverändertem Zustand.

Frankfurt-Niederrad

Ehemalige Steuer- und Sparkasse

Der städtebaulich markante Schnittpunkt von Melibocus- und Bruchfeldstraße wurde in Form eines besonders hohen Bauwerks betont. An dieser hervorgehobenen Stelle bezog 1927 die Städtische Sparkasse zusammen mit der Steuerkasse die Erdgeschossräume. Die Sparkasse war ab 1925 bestrebt, in allen Stadtteilen Filialen zu eröffnen. Wegen des Mangels an geeigneten Bauten wurden deren Räume mit denen der städtischen Steuerkasse verbunden. Doch diese Lösung nahmen die Kunden ungern an, weshalb man ab 1926 sukzessive dazu überging, diese Verbindung aufzulösen. Die Planung der Sparkassenfiliale in Niederrad fiel jedoch noch vor den Entschluss der Trennung. Für die Planungen war der Architekt Carl-Hermann Rudloff verantwortlich, der auch die übrigen Bauten des Neuen Frankfurt in Niederrad entwarf, die während Ernst Mays Amtszeit entstanden. Der Eingang zur Sparkasse lag getrennt von dem der Steuerkasse an der Melibocusstraße unter den Balkonen des etwas hervor gestellten Turmes. Über das Treppenhaus, welches auch zu den links angrenzenden Wohnungen führt, gelangte man in den Publikumsraum.

Für diesen hatte Rudloff eigens Möbel gestaltet, darunter Stehpulte, an denen die Sparkassenkunden Schriftliches erledigen konnten. Den Publikumsraum verband eine Schalterwand mit dem Arbeitsraum der Beamten und dem des „Kassierers". Im Keller des Hauses lagen ein Raum für die Akten sowie der Tresor. Über den Räumen der Steuer- und Sparkasse befinden sich Wohnungen, die alle mit einer Frankfurter Küche, einem Bad mit WC und ein oder zwei Wohnräumen ausgestattet waren. Nicht nur in seiner Höhe, sondern auch durch seinen dunklen Farbton hob sich das Gebäude der Sparkasse von den helleren, angrenzenden Bauten ab. Auf diesem dunklen Untergrund kam der leuchtend weiße Schriftzug der Städtischen Sparkasse besonders zur Geltung. Die hellen Fensterrahmen, welche im Bereich der Steuer- und Sparkasse vergittert waren, bildeten einen schönen Kontrast auf der ansonsten schmucklosen Fassade des Flachdachgebäudes im Stil des Neuen Bauens. Heute wird das gesamte Erdgeschoss für Wohnzwecke genutzt.

📍 Melibocusstraße 18
   Ecke Bruchfeldstraße 107

🏛 ABG Frankfurt Holding

📍 von außen frei zugänglich

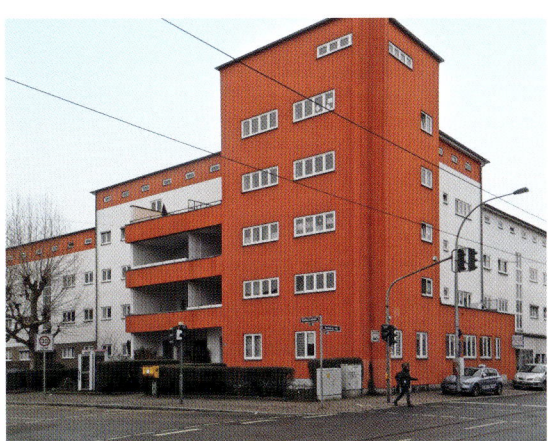

Im Erdgeschoss des Mehrfamilienhauses waren die Steuer- und Sparkasse untergebracht.

Frankfurt-Niederrad

Klinik für Psychiatrie, Psychosomatik und Psychotherapie

Zwischen 1929 und 1930 entstand nach Plänen des städtischen Baudirektors Martin Elsaesser, heute vor allem als Gestalter der Frankfurter Großmarkthalle bekannt, eine der konzeptionell wie architektonisch modernsten Nervenkliniken Europas. In enger Zusammenarbeit mit Klinikleiter Karl Kleist, der die Anforderungen der modernen Psychiatrie an das Raumprogramm formulierte, konzipierte er ein bahnbrechendes neues Institut.

Obwohl die symmetrische, an barocke Schlossanlagen erinnernde Bauanordnung auf den ersten Blick traditionell wirkt, entwickelte Elsaesser diese Form aus den Erfordernissen des Klinikbetriebes. Er gestaltete ein streng funktionales Gebäude inmitten einer von Max Bromme geplanten Gartenlandschaft. Der dreistöckige Verwaltungstrakt mit Patientenaufnahme, Labors und Büros bildet den nördlichen Abschluss der Klinik. Im Obergeschoss waren Wohnungen für Ärzte vorgesehen – nach außen durch andere Fenster kenntlich gemacht. Den Bau flankieren nach Norden zwei niedrigere, abgerundet vorspringende Seitenflügel, in denen links die Küche und rechts der Hörsaal untergebracht sind. Den Eingang markiert ein ausgreifendes Vordach. In die Mittelachse setzte Elsaesser zum Garten hin einen ebenfalls halbrund und mit einem Panoramafenster abgeschlossenen Versammlungssaal, der auch als Kapelle gedacht war.

Im Süden schließen zwei in der Höhe gestaffelte Flügel für die Frauen- und Männerabteilung für bis zu 250 Patienten an, die zudem für unterschiedliche Gruppen unterteilt wurden. Jede dieser in sich abgeschlossenen Stationen hatte direkten Zugang zu einem eigenen Garten. Um den Kranken sowohl den Eindruck von Freiheit und Geborgenheit zu geben, aber andererseits auch ihr Entweichen zu unterbinden, erhielt jeder Garten eine Heckenbegrenzung. Statt mit Gittern sicherte Elsaesser die Eichenholzfenster unmerklich durch enger gesetzte Sprossen. Die weißen Putzfassaden gliedern durchgehende Fensterbänder mit dunklen Steineinfassungen. Sie betonen die Horizontale und damit die Weiträumigkeit der Klinik. Personalwohnungen im Norden und eine Direktorenvilla im Nordwesten sowie eine Gärtnerei für die Arbeitstherapie im Südosten ergänzten die Anlage.

Die 1944 zerstörte Männerabteilung wurde im Sinne Elsaessers später wiederaufgebaut und die Anlage mehrfach ergänzt.

⚲ Heinrich-Hoffmann-Straße 10

🏛 Goethe-Universität Frankfurt am Main

🕴 Von außen durchgehend anzusehen (Klinikbetrieb)

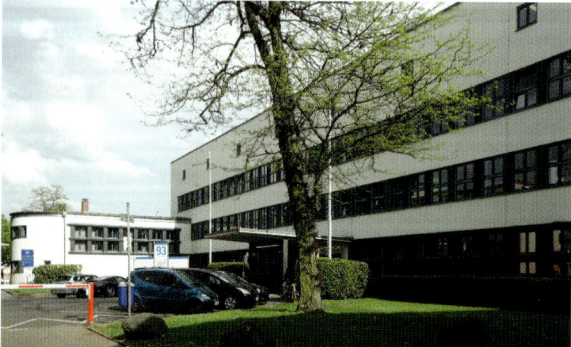

Der Verwaltungstrakt der Klinik mit Eingang und dem Küchenflügel im Hintergrund.

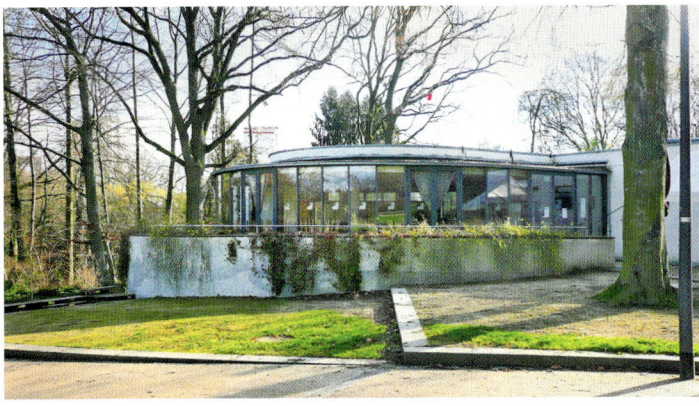

Architektonisches Kleinod mit neuer Nutzung: der perfekte Ort, die Seele baumeln zu lassen.

Frankfurt-Seckbach

Huthpark-Unterstandspavillon

Im nordöstlich gelegenen Frankfurter Stadtteil Seckbach, gleich neben der Berufsgenossenschaftlichen Unfallklinik, wurde bereits kurz vor dem Ersten Weltkrieg der öffentlich zugängliche „Volkspark Auf dem Huth" in Anlehnung an eine alte Flurbezeichnung vom damaligen Frankfurter Gartenbaudirektor Carl Heicke angelegt. Das Betreten des Rasens war ausdrücklich erwünscht, denn den Parkbesuchern sollte gesunde Bewegung in frischer Luft ermöglicht werden. „Licht, Luft und Sonne" wurde später zum Schlachtruf der Architekturmoderne.

Eine zentrale Wiese mit umrahmendem Baumbestand, einzelne Baumgruppen und Alleestücke charakterisieren bis heute diesen Landschaftspark, der zum GrünGürtel Frankfurt gehört. Seit über 100 Jahren kommen hier die Spaziergänger, Fahrradfahrer, Freizeitsportler, Hundebesitzer oder Ruhesuchende auf ihre Kosten. Es gibt neben Spiel- und Sportplätzen, Spazierwegen und Liegewiesen sogar eine eigene Hundewiese. Außerdem befindet sich im südlichen Bereich des Parks der Huthpark-Pavillon. Für den Entwurf zeichneten die ehemaligen Mitarbeiter Ernst Mays, Eugen Kaufmann, Eugen Blanck und Gottlob Schaupp,

verantwortlich. 1930 wurde er ganz im Stil der Akteure des Neuen Frankfurt als kreisförmiger offener Unterstand fertiggestellt, schlanke Säulen stützen sein niedriges Flachdach. Aufgrund der Topografie bildet eine bastionsartige Mauer den Abschluss zum Park nach Südosten hin.

Im Verlauf der Jahrzehnte erfuhr der Pavillon ganz unterschiedliche Nutzungen. So diente er als Umkleide für Schulklassen und Vereine, aber auch als Betriebshof für die Parkpflege. Später geriet er jedoch in Vergessenheit und verfiel immer mehr aufgrund mangelnder Unterhaltung der Bausubstanz. Erst im Jahr 2011 kam es nach Plänen des Architekten DW Dreysse zur vollständigen Sanierung und zum behutsamen Umbau des inzwischen denkmalgeschützten Gebäudes. Aus dem ehemals offenen Unterstand entstand ein vollverglaster Pavillon, der 2012 als Café und Tagesrestaurant „BERGstation" eröffnete und seitdem eine ganzjährige Gastronomie mit Sommerterrasse ermöglicht.

📍 Probst-Goebels-Weg 17

🏛 Stadt Frankfurt am Main

🛎 während der Öffnungszeiten des Cafés

ℹ Tel. 069 47881499
www.bergstation-frankfurt.de

Freigericht Somborn

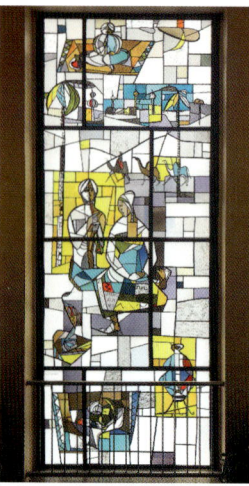
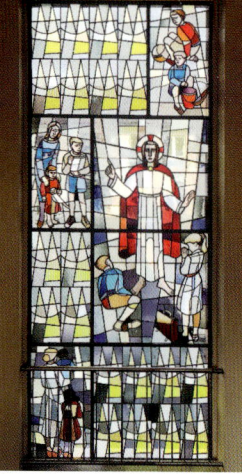

Glasfenster der Schule von Helmut Lander (links) und August Peukert (rechts).

Freigericht Somborn

Bischof-Dr.-Christian-Schreiber Schule

Der katholische Theologe Dr. Christian Schreiber wurde 1872 in Somborn geboren und starb 1933 in Berlin. Nach ihm ist die örtliche Grundschule benannt, deren Gebäude in den Jahren 1954/55 in Hanglage am südwestlichen Ortsrand errichtet wurden.

Es handelt sich hier um zwei versetzt parallel ausgerichtete zweigeschossige Bauten mit jeweils zwei Eingängen und einem Satteldach, die durch einen eingeschossigen Trakt miteinander verbunden sind. Sie sind typische Bauten der 1950er Jahre und vergleichbar mit dem Schulbau der Philipp-Reis-Schule in Gelnhausen.

Jedes der Gebäude besitzt im Treppenhaus ein 150 mal 400 Zentimeter großes Bleiglasfenster. Das in dem vorderen Bau stammt vom Weimarer Künstler Helmut Lander. Um ohne politischen Einfluss arbeiten zu können, ging er 1951 nach Darmstadt und begann seine vielfältige künstlerische Karriere mit Kunst am Bau, was sich nicht nur deutschlandweit durch zahlreiche Beispiele belegen lässt. Ende der 1960er Jahre konzentrierte er sich hauptsächlich auf plastische

Arbeiten. Das Somborner Fenster gehört zu seinen frühsten erhaltenen Arbeiten und wurde von der Firma Eichhorn aus Boppard ausgeführt. In weichen Blau-, Gelb und Grautönen zeigt uns Lander hier orientalische Szenerien.

Das Glasfenster des hinteren Baus stammt von August Peukert aus Großauheim, der an der Hanauer Zeichenakademie ausgebildet worden war und zunächst als Maler und Gebrauchsgrafiker tätig war. Peukert nimmt Bezug auf den Namensgeber der Schule und zeigt Jesus als den Beschützer der Schulkinder. Hier wird thematisch auf die Schule und den religiösen Hintergrund ihres Namensgebers Bezug genommen. Die grundsätzliche Farbpalette dieses Fensters ist mit der des Fensters von Lander zu vergleichen, ist aber mit einem für Peukert typischen leuchtenden Rotton erweitert.

📍 Am Weißen Stein 21

🏛 Main-Kinzig-Kreis

🔦 Die Fenster können während der Schulzeiten nach Voranmeldung besichtigt werden.

ℹ www.grundschule-somborn.de
Tel. 06055 4837

Friedberg

Friedberg

Kreishaus

Inmitten der langgestreckten Hauptverkehrsachse Friedbergs, der Kaiserstraße, wurde als markanter Abschluss des mittelalterlichen Stadtgebietes an der Mainzer Toranlage ein neuer Platz geschaffen, der Europaplatz. Dominant wurde hier 1954/55 das neue Kreishaus als Verwaltungsmittelpunkt des Kreises Friedberg errichtet. Die Kreisverwaltung wurde somit aus der engen Burg, dem ehemaligen Verwaltungszentrum aus großherzoglicher Zeit, befreit, ein deutliches Zeichen des Aufbruchs. Der langgestreckte kubische Flachdachbau nach Plänen des Friedberger Architekten Heinrich Hohmann bricht hier mit seinen optisch auf das Erdgeschoss aufgeständerten vier Obergeschossen radikal die Tradition der zwei- bis dreigeschossigen alten Bebauung der Kaiserstraße. Nach Süden wird der Platz von dem zweigeschossigen, pavillonartigen Gebäude mit Sitzungsaal für die Kreistagsabgeordneten begrenzt, der heute durch Vorbauten völlig verändert ist. Trotz dieser Veränderungen ist der Hauptbau mit seiner filigran gerasterten und völlig durchfensterten Fassade, dem gleichsam schwebenden, weit vorkragenden Flachdach und dem freitragenden Vordach über der Eingangstreppe ein beeindruckendes Beispiel für die Aufbruchsstimmung in der Architektur der 1950er Jahre. Hier brach die freie Moderne der 1920er Jahre, die von den Nationalsozialisten abrupt beendet worden war und jetzt wieder weiterwirken konnte, in die gewachsenen, festgefügten Strukturen der Kleinstadt ein. Heinrich Hohmann, der 1934 sein Architekturbüro in Friedberg eröffnet hatte, konnte in dem Bau die neuen Ideen verwirklichen, die er noch während seines Studiums kennengelernt hatte.

Ein moderner Brunnen mit einer Großplastik inmitten der Grünanlage ergänzt in Anlehnung an den barocken Georgenbrunnen vor dem alten Kreishaus in der Burg jetzt das neue Verwaltungszentrum. Der neu geschaffene Europaplatz wird inzwischen von weiteren Verwaltungsbauten gerahmt, die aber in ihrer Qualität nicht an den Bau der 1950er Jahre heranreichen.

 Europaplatz 1

 Der Kreisausschuss

von außen frei zugänglich, öffentlich zugängliche Innenbereiche während der Bürozeiten

i Tel. 06031 830

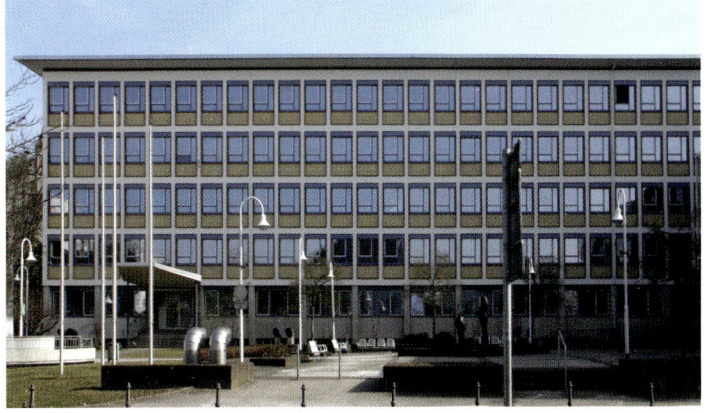

Europaplatz in Friedberg mit dem Kreishaus.

Fulda

Hochschul- und Landesbibliothek Fulda

„Der Wissenschaft und dem Leben" – Mit diesen Worten endete am 3. Oktober 1931 der „Lichtbildervortrag am Tage der Einweihung der neuen Landesbibliothek", gehalten vom verantwortlichen Architekten Justus Haarmann.

Der Kontrast zwischen der alten, mitten im Barockviertel gegenüber dem Dom gelegenen, 1778 eröffneten Bibliothek und dem neuen Gebäude am Viehmarkt konnte größer nicht sein. Im Auftrag der Landesverwaltung für Hessen hatte der wohl kurzzeitig in Kassel, bald aber in Osnabrück ansässige Deutscher Werkbund-Architekt Justus Haarmann den damals modernsten Bibliotheksbau Deutschlands entworfen – schlicht und funktional, durchdacht und zweckmäßig. Dafür war ihm wenig Zeit geblieben, denn erst am 6. Mai 1930 hatte der Landesausschuss den Neubau beschlossen. Die Räumung des alten Gebäudes war dem Nachnutzer für Anfang Oktober 1931 zugesagt. Dieses enge Zeitfenster wurde eingehalten, doch das Ergebnis, das in Fachkreisen hochgelobt wurde, fand in Fulda keineswegs nur Freunde, wie in den Veröffentlichungen der damaligen Presse nachzulesen ist. Am 10. Oktober 1931 titelte der Fuldaer Beobachter in tiefer Verachtung:

„Die Landesbibliothek am Viehmarkt im bolschewistischen Baustil!"

Dabei lässt sich die Intention des Architekten, der sich als Mitglied des Deutschen Werkbundes Klarheit, Funktionalität und Materialtreue verschrieben hatte, bis heute in der klaren Struktur und den hohen, hellen Räumen ablesen. Durch die Beschäftigung Haarmanns mit der Geschichte des Bibliotheksbaus kristallisierten sich die vier Funktionalitäten Bücherspeicher, Lesesaal, Ausleihe und Verwaltung heraus – in der Vision des Architekten ein „Getreidesilo mit drei Bedarfsstellen". 1960 wurde die von Anfang an vorgesehene Aufstockung des Magazinbaus um drei weitere Geschosse, die Verlagerung des Lesesaals in das Obergeschoss und die Umwandlung des dadurch frei werdenden Raumes in einen Katalograum realisiert. Durch eine 2002/2003 erfolgte Sanierung wurde manche Bausünde der 1960er Jahre zurückgeführt und die ursprüngliche funktionale Sachlichkeit des Gebäudes wieder hervorgebracht.

📍 Heinrich-von-Bibra-Platz 12

🏛 Land Hessen (Hochschule Fulda) für die Hochschul- und Landesbibliothek; Stadt Fulda für die Stadtbibliothek

🕑 Mo, Mi, Do 9.30–17, Di, Fr 9.30–18, Sa 9.30–12.30 Uhr

ℹ www.hlb.hs-fulda.de, Tel. 0661 9640-9850

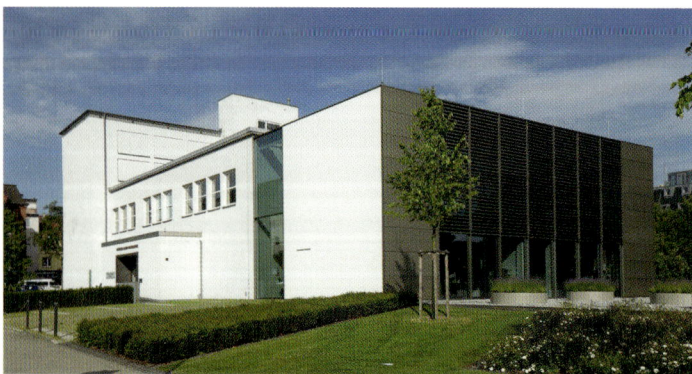

Die Hochschul- und Landesbibliothek mit dem Anbau der Stadtbibliothek.

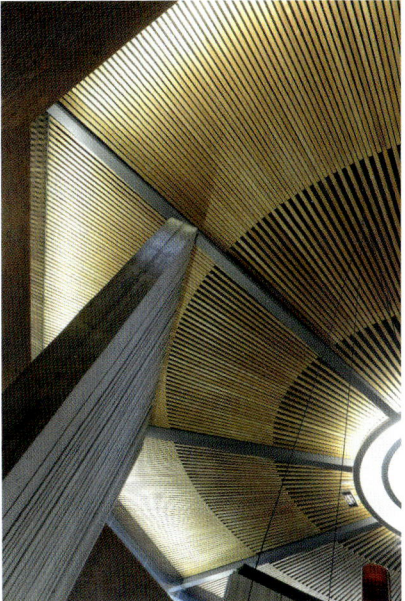

Die holzverkleidete Decke mit Oberlicht erinnert an die Münchner Kirche Sankt Johann von Capistran, die Sep Ruf 1960 vollendete.

Fulda
Kapelle des Priesterseminars

Von 1947 bis 1968 entstanden im Bistum Fulda 194 neue Kirchen mit insgesamt 44.571 Sitzplätzen. Gefragt waren große Gottesdiensträume für wachsende Gemeinden. Ganz anders im Herzen der barocken Bischofsstadt. Hier wurde am 25. Oktober 1968 die Kapelle „Zur Heiligen Dreifaltigkeit" geweiht, die gerade einmal 120 Personen fassen sollte. Im Garten des historischen Priesterseminars schuf Sep Ruf einen intimen Raum, der in Form und Funktion auf dem neuesten Stand war. Der Münchner Architekt hatte durch den Brüsseler Weltausstellungspavillon, den er 1958 mit Egon Eiermann verwirklichte, und durch den 1964 eingeweihten Kanzlerbungalow internationales Renommee erlangt. Für die Fuldaer Priesterseminar-Kapelle wurden ab den 1930er Jahren verschiedene Entwürfe erstellt, unter anderem von Rudolf Schwarz. Doch in den frühen 1960er Jahren konnte sich Ruf mit einem klaren reduzierten Vorschlag durchsetzen. Über einem achteckigen Grundriss werden Außenmauern aus braun-rotem Sandstein von acht Stahlstützen umstanden, die ein flaches Dach tragen. Im Inneren sind die roten Ziegelwände durch ein umlaufendes Fensterband getrennt von der holzverkleideten „Kuppel" mit Oberlicht. Darunter begrenzen vier betonsichtige Wandscheiben den liturgischen Kernbereich. Von drei Seiten umgeben, bilden die Bankblöcke eine leicht aus der Mitte gerückte Altarinsel. Der freistehende Altarblock wird nach Norden von einer Tabernakelwand hinterfangen. Ihr liegt im Süden eine kleine Orgelempore gegenüber. Viele Details wie Altar und Türgriffe stammen vom Architekten selbst. Zur modernen Originalausstattung zählen ebenso das gläserne Altarbild des Malers Georg Meistermann sowie der Tabernakel und die Bodenleuchter des Bildhauers Fritz Koenig. 1988 kamen das Vortragekreuz von Lioba Munz und 1990 der Osterleuchter von Friedel Denecke hinzu. Westlich der Altarinsel findet sich des Weiteren ein spätgotisches Marienbild. Der Kapellenraum wurde 2005/06 mit einem neuen Beleuchtungs- und Möblierungskonzept behutsam aufgehellt.

📍 Eduard-Schick-Platz 5

🏛 Bischöfliches Priesterseminar der Diözese Fulda

👤 Öffnungszeiten bitte beim Priesterseminar erfragen

ℹ Bischöfliches Priesterseminar der Diözese Fulda, Eduard-Schick-Platz 5 36037 Fulda, 0661 87-230 sekretariat@priesterseminar-fulda.de www.priesterseminar-fulda.de

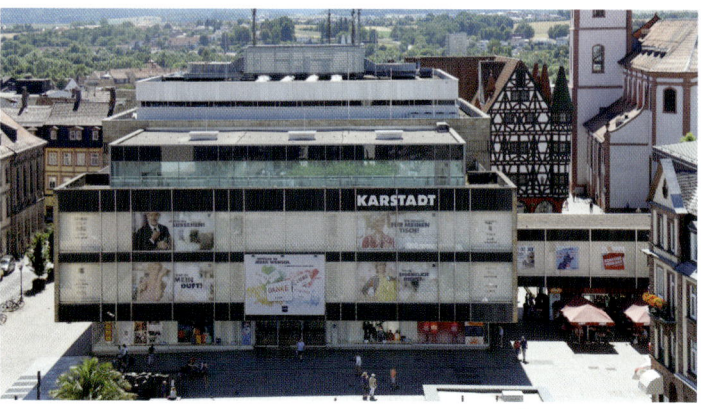

Am 17. März 1964 wurde das Karstadt-Gebäude unter großer Anteilnahme der Bevölkerung eingeweiht.

Fulda
Karstadt-Gebäude

Als nach dem Krieg die prägenden historischen Bauten wiederhergestellt waren, wollte Oberbürgermeister Alfred Dregger der Barockstadt ein modernes Gesicht verleihen. In gefühlter Konkurrenz zum Rhein-Main-Ballungsraum entstanden in Fulda nach 1960 zahlreiche neue Bauten, Plätze und Stadtteile. Unter den beauftragten Architekten stand der Münchner Architekt Sep Ruf für eine „Moderne mit Tradition", die er sensibel auf das historische Umfeld zu beziehen wusste. Da er eng mit dem Magistrat und dem Kunstausschuss des Bistums zusammenarbeitete, war er mit zahlreichen lokalen Projekten verbunden. Ruf verwirklichte Einzelbauten wie 1968 die Priesterseminar-Kapelle, ebenso wurde er als städtebaulicher Berater angefragt. Er prägte Fulda wohl am sichtbarsten durch den Universitätsplatz, den er ab 1963 sukzessive umgestaltete – teils beratend, teils selbst entwerfend. Unter Verlust einiger Vorgängerbauten gelang ihm an diesem zentralen Platz in den folgenden Jahren ein bundesweit beachteter Gesamtentwurf. Um die weite, im Bodenbelag gerasterte Fläche gruppierte er neben den Bestand gezielt moderne Architekturen, zu denen der C&A-Bau, der Patronatsbau und das Karstadt-Gebäude gehören. Das Warenhaus war seit 1927 in Fulda in der Friedrichstraße vertreten. Mit dem Neubau wollte man in Blickachse zur Bahnhofstraße prominent ein größeres Angebot präsentieren. Der vom Büro Engler vorgelegte Entwurf missfiel Dregger – und am Ende einer politisch wie architektonisch geführten Debatte ging der Auftrag zur städtebaulichen Beratung und Fassadengestaltung 1961 an Sep Ruf. Bis 1964 verband er ein Formenraster mit Naturmaterialien. Nach Nordosten zum Universitätsplatz hin schweben über dem zurückspringenden Erdgeschoss zwei großzügig verglaste Obergeschosse, die nochmals einen zurückgesetzten, mehrfach gestaffelten Dachaufbau tragen. Zu den drei übrigen Seiten zeigt sich der Bau hochgeschlossen und mit hellem Sandstein verkleidet. In den 1990er und 2000er Jahren wurde das Karstadt-Warenhaus mehrfach saniert, die Platzanlage wurde neu gestaltet.

📍 Universitätsstraße 2

🏛 Karstadt Fulda

🕴 während der Geschäftszeiten

ℹ Karstadt Fulda, Universitätsstraße 2
36037 Fulda, Tel. 0661 1070
www.karstadt.de

Geisenheim

Geisenheim

Jagdfliegerehrenmal

Das im Volksmund als „Fliegerdenkmal"
bezeichnete Jagdfliegerehrenmal wurde
im Jahr 1959 nach Plänen des Lüne-
burger Bildhauers Klaus Seelenmeyer
errichtet. Auf zwei zwölf Meter hohen,
sich nach unten verjüngenden Beton-
säulen thronen zwei stilisierte Bronze-
adler, als Symbol für die Rotte als
kleinste fliegerische Einheit. Auf dem
runden Sockel des Denkmals findet sich
die schlichte Inschrift „Den toten Jagd-
fliegern". Damit erinnert das Fliegerdenkmal an sämtliche gefallene Jagd-

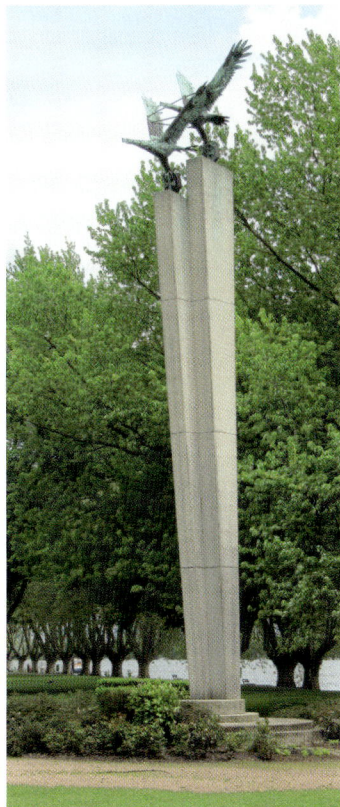

*Ein Vertreter der Neuen Sachlichkeit: Das Jagd-
fliegerehrenmal in Geisenheim von Norden.*

flieger des Ersten und Zweiten Welt-
krieges, unabhängig davon, auf welcher
Seite sie gekämpft hatten. Denn Versöhnung und Verhinderung zukünftiger
Kriege waren von Anfang an das zentrale
Anliegen der Denkmalstifter aus dem
Kreise der „Gemeinschaft der Jagd-
flieger", heute „Gemeinschaft der Flieger
deutscher Streitkräfte". Insgesamt gibt
die äußerst schlichte und schnörkellose
Ausführung des Denkmals diesem
Gedanken einen würdigen Rahmen und
spiegelt gleichzeitig den radikalen
Wandel im Bereich der militärischen
Erinnerungskultur nach 1945. Aus Helden
wurden Opfer, Trauer und Schmerz verdrängten Heroismus und Militarismus,
vom dem sich die überlebenden Jagd-
flieger nach dem Ende des Zweiten Weltkrieges endgültig frei machen wollten.
Zur Belebung dieser Idee fanden seit den
1950er Jahren in Geisenheim regelmäßig
international besetzte Fliegertreffen
statt, bei denen eine Gedenkveranstal-
tung am Ehrenmal stets einen wichtigen
Bestandteil des Programms bildete.

Zunächst war das Ehrenmal sowohl
vom Rhein als auch von der parallel verlaufenden Bundesstraße gut einsehbar,
heute ist es weitestgehend von Bäumen
verdeckt. Nach umfassenden Restau-
rierungen, zuletzt im Jahr 2006 mussten
die früher stark aufsteigenden Adler
leicht gesenkt werden. Noch heute
finden hier im Geiste der Versöhnung
regelmäßig Gedenkveranstaltungen mit
breiter internationaler Beteiligung statt.
Gleichzeitig sind die Rheinanlagen rund
um das Denkmal ein beliebter Treffpunkt
und Veranstaltungsort größerer Festlich-
keiten.

- 📍 Rheinanlagen Geisenheim
- 🏛 Magistrat der Hochschulstadt
  Geisenheim
- ♀ frei zugänglich
- ℹ www.fliegergemeinschaft.de
  Stadtverwaltung Geisenheim
  Tel. 06722 701-0

Gelnhausen-Meerholz

Katholische Kirche Maria Königin

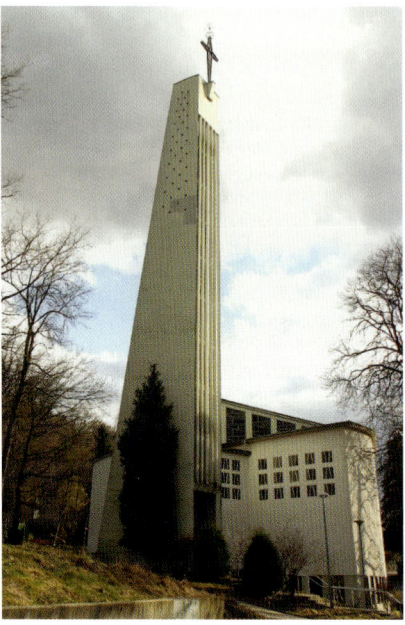

Katholische Pfarrkirche Maria Königin.

1839 gab es seit der Reformation erstmals wieder eine katholische Pfarrei Gelnhausen. Durch den Zuzug von Heimatvertriebenen wuchs die Zahl der Katholiken nach dem Zweiten Weltkrieg und eine eigene Kirche wurde benötigt. 1955 beauftragte der Kirchenbauverein Reinhard F. Hofbauer, einen erfahrenen Kirchenbauer, als Architekten für das neue Gotteshaus. 1958 wurde der Grundstein gelegt und 1959 die Kirche geweiht. In Hanglage entstand ein beeindruckender Kirchenbau auf dreieckigem Grundriss mit einem 35 Meter hohen, schlanken, filigranen Campanile, dessen Erdgeschoss gleichzeitig als Eingangshalle dient. Das Innere der Kirche zeigt die klare Form eines gleichschenkligen Dreiecks mit jeweils 27 Metern Schenkellänge. Der Innenraum bezieht seine faszinierende Lichtwirkung aus einem effektvollen Wechsel zwischen glatten weißen Wänden und zahlreichen kleinen Lichtöffnungen im Chorbereich, farbig verglast in Blau-, Gelb- und Grüntönen. Um dem großen Kirchenraum das nötige Licht zu bieten, wurde der Eingangsbereich über der Orgelempore im Westen hell verglast. Zusätzlich wird der Raum über sechs Oberlichter in einer schlanken Dachlaterne über dem Altarraum beleuchtet. Dank der indirekten Lichtführung konzentriert sich der Blick des Besuchers ganz auf den erhöhten Altarbereich, der von einer baldachinartigen Architektur eingefasst wird. Die Ausstattung der Kirche mit Mensa, Ambo, Tabernakelstele, Taufbecken, Weihwasserbecken, einer Madonnenstatue aus dem Jahr 1965 von Heinrich Söller, einem Kreuzweg aus dem Jahr 1966 von Harald Kauffmann und einer Antoniusstatue aus dem Jahr 1981 von Edmund Wei-

gand geschaffen, runden das Bild eines konsequent im Sinne der christlichen Liturgie geplanten modernen Kirchenbaues ab. Im Campanile hängt ein Geläut aus vier Glocken von 1964, gegossen in Münster/Westfalen. Die Orgel wurde vom Orgelbauer Bernhard Schmidt, Gelnhausen gebaut.

Der Kirchenbau stellt ein herausragendes Zeugnis der bisher wenig beachteten Kirchenbauten aus den 1950er Jahren des 20. Jahrhunderts dar.

📍 Schießhausstraße 1

🕴 während der Gottesdienste und auf Nachfrage beim Pfarrbüro, Öffnungszeiten des Pfarrbüros: Di–Fr 9–11.30, Do 16–18 Uhr

ℹ Pfarrbüro Tel. 06051 68634 buero@kath-kirche-mhg.de www.katholische-kirche-meerholz-hailer-gruendau.de/meerholz

Gießen

Gießen

Ehemaliges Flughafenempfangsgebäude

1926 flog die Deutsche Lufthansa 149 Linienflüge auf der Strecke Frankfurt-Gießen-Kassel. Fliegen war Mode. Die dreimotorigen Junkers-Großverkehrsflugzeuge – für zwölf Passagiere – hatten bei der Einrichtung des Gießener Flugplatzes 1924 zunächst nur den flugplanmäßigen Kurierdienst nach Frankfurt gewährleisten sollen. 1927 errichtete das Stadtbauamt ein Empfangsgebäude, das den Gießenern zugleich als attraktives Ausflugslokal diente. Ein am Neuen Bauen orientierter Entwurf wurde ausgewählt. Der von Bauoberinspektor Wettlaufer und Architekt Ernst Schmidt konzipierte zweigeschossige Bau nahm in den Seitenflügeln Flugaufsicht, Abfertigung, Polizeiwache und Restaurantküche auf. Darüber befanden sich die Pächterwohnung und Zimmer für Passagiere. Die als Restaurantsaal genutzte Empfangshalle bildet den vorgezogenen eingeschossigen Mittelteil. Freitreppe, sieben Fenstertüren und die als Attika ausgebildete Balkonbrüstung der Aussichtsplattform nobilitieren den Empfang zum Portikus. Von fern sind die leicht geneigten Dächer unsichtbar. Es dominiert der um ein halbes Geschoss erhöhte Treppen-/Signalturm mit Flaggenmast. Auf der Rückseite ist der Turm halbrund, auch er hatte ein Aussichtsdach. Eine großzügige Caféterrasse schloss einst über wenige Stufen direkt an das Rollfeld an.

Auf schwierigem Untergrund wuchs der Stahlbetonbau nach aktuellster Technik. Neben Ziegeln, Steineisendecken, Bimssteinfüllungen und Leichtbaudämmung kamen vor allem Ortbeton und Betonfertigteile zum Einsatz. Die gelblich-weiße Außenhaut ist kein Anstrich, sondern Kalzitbeimischung in Beton und Putz. Zierformen entstanden aufwändig durch Schalung oder Spitzung. Das Gebäude besticht durch Licht- und Schattenspiele der Kubatur und der Details. Innen kontrastieren Fenster, Türen und Treppenhaus in kräftigen Farben.

1933 begann der Umbau, 1936 der Ausbau zum NS-Luftwaffenstützpunkt. Dieser wurde 1945 bis 2007 von der US-Armee genutzt.

Inzwischen entsteht hier ein neues Wohnviertel und das ehemalige Flughafengebäude wird denkmalgerecht saniert.

📍 Lufthansastraße / Junkersstraße

🏛 privat

🛈 von außen frei zugänglich

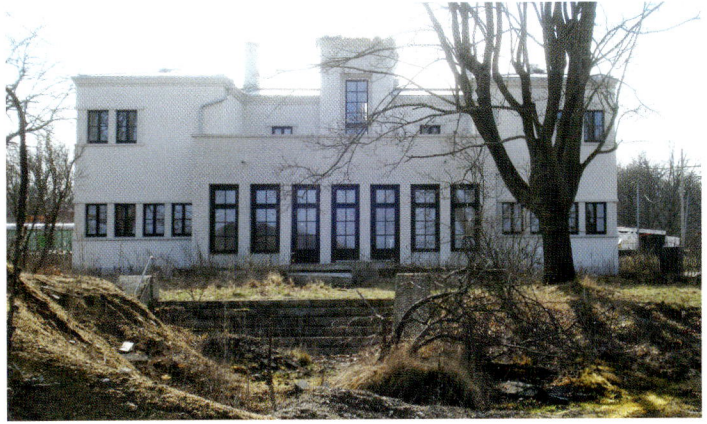

Wiederherstellung des ehemaligen Flughafengebäudes: Schauseite mit Resten der Caféterrasse.

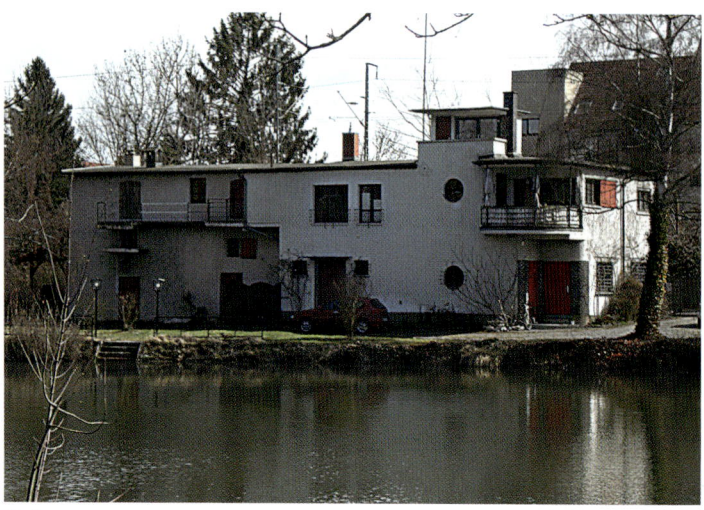

Gießen

Fast wie ein ankerndes Schiff.

Haus Bootshausstraße 18

Der „schnittige, weiße Dampfer" war in der Weimarer Republik Architekturmetapher: Überseeschiffe standen für Luxus und Eleganz, für das Internationale, für Mobilität und Vernetzung in der Moderne. Auch in Gießen ging 1930 an der Lahn ein Architektur-Schiff vor Anker, vom Gießener Architekten Ernst Schmidt auf schmalem Grundstück vor dem Bahndamm als Wochenendhaus entworfen. Der langgestreckte, weiß verputzte Bau mit Steuerbrücke auf dem Dach, Flaggenmast, lahnseitig rundem Ausguck und Bullaugen ist wohl eher ein kleines Flussschiff. Rundrohrbrüstungen bilden die Reling, Schiebeläden und Türen sind rot abgesetzt, Torgewände schwarz gefliest. Die Eigentümerfamilie Schmall war Mitglied der Gießener Rudervereine und nutzte das Haus als Regattatribüne. Ein Bootsschuppen und eine Garage waren integriert. Schon nach dem Zweiten Weltkrieg diente der Bau Wohnungszwecken, derzeit wird er zum Wohnhaus umgestaltet.

Zwei massiv gemauerte Eishallen, die einen Teil des Gebäudes ausmachen, bilden ein Zeugnis der Industriearchitektur von 1880. Die Getränkehandlung Schmall lagerte hier das im Winter aus der Lahn geschnittene Stangeneis, mit dem Gießener Brauereien ihr Bier und Privatleute ihre Lebensmittel kühlten.

So symbolisiert das Schmallsche Haus für Gießen den Wandel des Umgangs mit dem Fluss: Die Lahn wurde vom Arbeitsplatz mehr und mehr zum Aufenthaltsort der sich entwickelnden Freizeitgesellschaft, der Sommerfrischler und Wassersportler. Auch heute sind der am Haus entlang führende Lahnradweg, die Lahnterrassen der benachbarten Rudervereinshäuser oder die Cafés und Restaurants in der Umgebung in den Sommermonaten beliebte Ausflugsziele. Man genießt „das besondere Flair der Lahn", „das angenehme Klima des Flusses". Seit 2007 ankert hausbootartig in der Bootshausstraße 8 das „Lahnfenster Gießen" des Regierungspräsidiums, ein gläserner Pavillon in Bauhaustradition mit Schaufenstern in die Unterwasserwelt des Fließgewässers.

Bootshausstraße 18

privat

teilweise von außen zugänglich

Gießen

Mehrfamilienhaus

Das Miethaus an der Wilhelmstraße gehört zu den zahlreichen öffentlichen Wohnbauprojekten der Zwischenkriegszeit. Im 1923 bebauten Siedlungsbereich Welckerstraße/Aulweg mit einem durch die Deutsche Reichsbahn errichteten gartenstadttypischen Wohnhof, entstand 1929 ein viergeschossiges Mehrfamilienhaus in Anlehnung an die Bauhausmoderne. Bauherr des Gebäudes war die Siedlungsgesellschaft für das Verkehrspersonal aus Darmstadt, die auch ein weiteres, kleineres Haus, Welckerstraße 3-5, errichtete; als Architekt zeichnete Hans Kleinschmidt verantwortlich.

Die Silhouette des viergeschossigen, breit gelagerten Wohnhauses ist markant: Es hat gerundete Hauskanten, die durch leicht vorstehende fünfteilige helle Fensterbänder betont werden. Die Architektur wurde von der Stadtgesellschaft ihres modernen Stils wegen abgelehnt, wohl deshalb sind ursprünglich geplante angrenzende Gebäude gleicher Form nicht realisiert worden. Den Spitznamen „Kakaodose" trägt das Haus aufgrund der changierend dunkel gebrannten Fassadenklinker ebenso, weil das Dachgeschoss mit seinen hochrechtecki-gen, gruppierten Fenstern von umlaufenden hellen Gesimsen eingefasst ist und wie ein Blechdosendeckel auf dem Gebäude aufsitzt. Die Fassade ist durch sechs Achsen mit ehemals dreiteiligen gekoppelten Fenstern rhythmisiert, auf welche die Fensterachsen im Dach Bezug nehmen. Die heutige Verwendung großer Scheiben löst diesen Eindruck auf. An den Stirnseiten wird die Mittelachse betont. Die großzügige Durchfensterung lässt Licht und Luft in die Wohnungen.

Die Erschließung erfolgt auf der abschüssigen Hofseite über drei Treppenhäuser, deren vertikale gläserne Achsen die Rückfront strukturieren. Das Mittlere ist durch einen dreigeschossigen Zierrahmen aus Beton plastisch hervorgehoben. Mit einfachen Mitteln wird der Funktionsbau ästhetisch aufgewertet. Einige weitere noch erhaltene Architekturdetails, wie Türen oder Kellerfenster und die abgerundeten Vorgartenmauern auf der Straßenseite mit entsprechenden Zäunen und passend geschnittenen Hecken vollenden das stimmige Bild.

◉ Wilhelmstraße 67-71

🏛 privat

🔓 von außen frei zugänglich

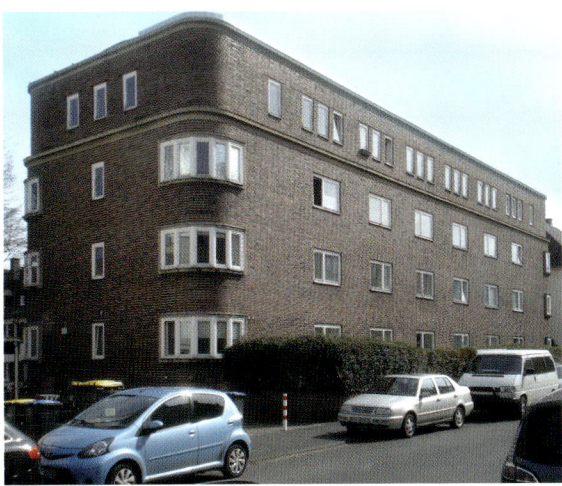

Die „Kakaodose" von Nordwesten.

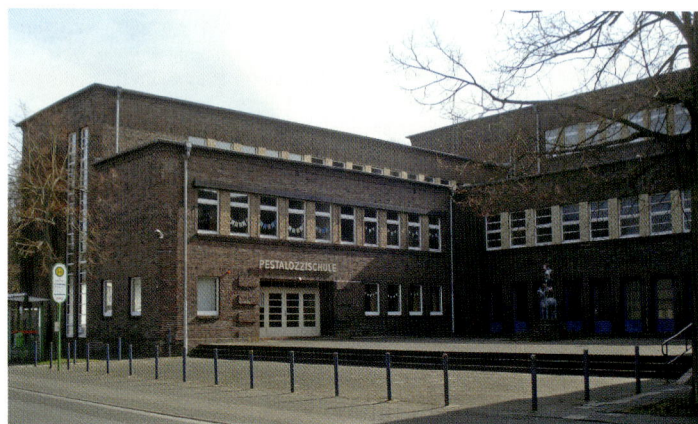

Gießen

Pestalozzischule

Kubische Formen, feine Zierformen aus Klinkersteinen und gestaltete Außenräume.

Die Gießener Stadtväter der Weimarer Republik setzten auf strukturelle Modernisierung, soziale Fürsorge und gemeinschaftsbildende Maßnahmen. Der Volksbildung kam dabei eine besondere Rolle zu. Deshalb gründete man 1919 eine Volkshochschule und baute 1925 die Volkshalle als Sport-, Veranstaltungs- und Ausstellungshalle mit expressionistischem Dekor. Die Pestalozzi-Volksschule bekam einen Neubau in der Siedlung An den Eichgärten.

Flachdächer, eingeschnittene Fensterbänder und die insgesamt reduzierte Formensprache erinnern an die Schulen der Neuen Sachlichkeit in Frankfurt. Wilhelm Gravert, ab 1928 Stadtbaurat in Gießen, plante das Gebäude steinsichtig. Die Fassaden sind sorgfältig gestaltet, die dunklen Klinker bilden getreppte Traufen oder Schmuckformen im Mauerverbund. Beton ist sparsam eingesetzt, etwa als Licht- und Regendach zum Hof. Blaue Eisen-Drahtglastüren sind erhalten. Neubauten wurden mit Glasbrücken angebunden.

Der U-förmige Bau weist mit seinem Cour d'honneur, dem über eine breite Freitreppe erreichbaren Vorhof, und mit den höhengestaffelten Seitenpavillons Elemente der Schlossarchitektur auf. Die bodentiefen Fenstertüren des Mittelbaus

erinnern an einen säulengesäumten Eingang, jedoch betritt man die Schule – wohl ehemals nach Geschlechtern getrennt – durch Portale an den Vorhofseiten. Vertikale Treppenhausbelichtungen in den sonst sparsam durchfensterten Stirnseiten der Seitentrakte monumentalisieren zusätzlich die symmetrisch gegliederte, auf Fernsicht angelegte Hauptansicht. Vom Freizeitgelände Schwanenteich in der Wieseckaue über die Eichgärtenallee bildete die Schule den Abschluss einer von Bäumen flankierten Rasenfläche von 35 Metern Breite und 100 Metern Länge. Kurz nach der Fertigstellung der Schule 1934 entstand hier auf Initiative der Marine ein Kriegerdenkmal zur Erinnerung an die Seeschlacht im Skagerrak 1916: Das Wiesenstück wurde von Freiwilligen „in praktizierter Volksgemeinschaft" zum „Schlagetterteich" ausgehoben. Nach dem Zweiten Weltkrieg hat man die Wasserfläche mit Trümmerschutt verfüllt und die Grünanlage wiederhergestellt.

📍 Pestalozzistraße 40

🏛 Stadt Gießen

🛈 von außen frei zugänglich

Gießen

Wohnhaus

Das Wachstum der Industriestadt Gießen hielt auch nach dem Ersten Weltkrieg an. Man verlängerte bestehende Straßen, weil vorhandene Versorgungsleitungen Baukosten günstig halten konnten, so auch die Alicenstraße an der Wieseckaue. Als erstes Gebäude auf der linken Straßenseite konzipierte der Gießener Architekt Hans Meyer 1932 das freistehende Einfamilienhaus Nummer 27 passgenau auf das schmale, spitz zulaufende Grundstück am Wasser. Es nimmt mit jeder Fassade auf den Stadtraum Bezug. Der Point de vue erinnert mit seiner leicht erhöhten Front an einen Torturm. Fünf Fenster durchbrechen die Fassade im dritten Stock fast wie der Laufgang einer Stadtmauer, je ein weiteres greift um die Ecke. Sie sind mit durchlaufenden Sohlbank- und Sturzgesimsen betont. Die breite Traufe des Flachdachs unterstreicht die Festungsassoziation. Zur Straße lässt ein in gleicher Weise zusammengebundenes, dreiteiliges Fensterband im ersten Obergeschoss das Gebäude viel niedriger erscheinen, obwohl die Traufhöhe sich nur gering unterscheidet. Zur Stirnseite hat das Haus im ersten Stock einen breiten Fenstererker, seitlich zum Wasser einen ausguckartigen Balkon. Auf der Wieseckseite ist die Fassade dreidimensional gestaffelt, während die Straßenseite allein durch Fenster asymmetrisch gegliedert wird.

Bürgerliche Bauherren in Mittelstädten übernahmen in der Weimarer Republik selten die Architektur des Neuen Bauens. Auch die zahlreichen Gießener Neubauten entstanden in traditionalistischem, neoklassizistischem, expressionistischem oder Heimatschutzstil. Das Wohnhaus in der Alicenstraße bildet mit deutlicher Nähe zur Neuen Sachlichkeit eine Ausnahme und damit eine angemessene Repräsentation für den Bauherrn, Dr. Wolfgang Meyer, Inhaber eines Radiogeschäftes in der Gießener Innenstadt. Neben Kinos, Varietés oder Tanzcafés galt das Radio als Symbol moderner Massenkultur, die das öffentliche Leben nach dem Weltkrieg rasant veränderte. 1927 waren bereits 883 Gießener an das neue Medium Rundfunk angeschlossen.

📍 Alicenstraße 27

🏛 privat

🧍 von außen frei zugänglich

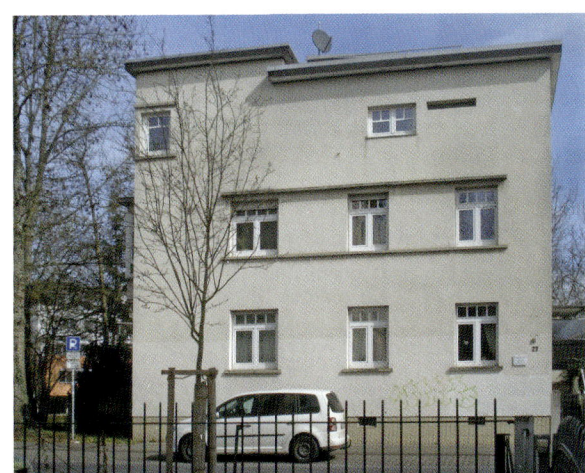

Wie ein Torgebäude auf dem Geländezwickel.

Gießen

Wohnhäuser

In Gießen war in der Zwischenkriegszeit der Bedarf an Wohnungen für alleinstehende Fabrikarbeiter und Arbeiterfamilien groß. Obwohl viele von ihnen in den nahe gelegenen alten Dorfkernen preiswerten Wohnraum und Gartenland fanden, mussten Notwohnungen errichtet werden. Sozialer Wohnungsbau galt den Gießener Parlamentariern deshalb als zentrale politische Aufgabe. Ein „Wohnungselend der Mietskasernen" sollte es in Gießen nicht geben, deshalb legte man um den Stadtkern herum „Gartenstadt"-Siedlungen an. Die Stadt gab Grundstücke und motivierte unterschiedliche Bauträger zur Zusammenarbeit. Die von Gustav Hamann, Gründungsmitglied der Gießener Baugenossenschaft von 1894, geplante Siedlung Kugelberg / Friedensstraße wurde 1921-1936 gegenüber der Siechenanstalt errichtet, um bestehende Versorgungsleitungen nutzen zu können. Begrenzt von Kaserne, Sportgelände und Eisenbahndamm gruppieren sich Ein- beziehungsweise Zweifamilienreihenhäuser mit Vierzimmerwohnungen und mehrgeschossige Miethäuser entlang zweier Parallelstraßen. Fußwege führen durch die dazwischen liegenden Nutzgärten.

Bauherr der 1929/30 entstandenen drei- bis viergeschossigen Miethäuser an der Licher Straße war die Hessische Gemeinnützige Aktiengesellschaft für Kleinwohnungen aus Darmstadt. Die Fassaden sind mit Vor- und Rücksprüngen plastisch gegliedert und haben hofseitig Balkone. Fenstergruppen schneiden die Hauskanten auf. Schmale Bänder aus scharriertem Beton geben zusätzlich Struktur. Mit turmartiger Betonung durch ausgebaute Dachgeschosse markieren die Bauten den Siedlungseingang. Städtebauliche Qualität und die funktionalen Grundrisse der 60 Wohnungen überzeugen noch heute.

Treppenhausrisalite und Gesimsbänder weisen auch die kleineren Häuser der Siedlung auf, jedoch sind diese – verbunden mit durch Mansarddächer, Zwerchgauben oder Ziergiebel ‚versteckten' Obergeschossen – ins Konservative gewendet, um der Siedlung einen ländlichen Charakter zu verleihen.

Nach Schäden im Zweiten Weltkrieg wurden einige Gebäude verändert wieder aufgebaut.

📍 Siedlung Kugelberg 2–4 / Friedensstraße 1–3 an der Licher Straße

🏛 privat

👤 von außen frei zugänglich

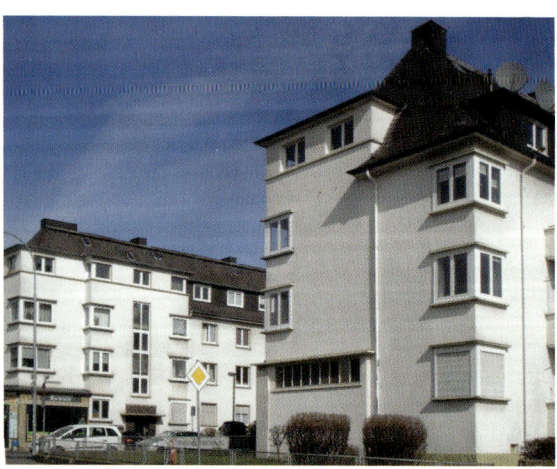

Mietshäuser als Tor zur Siedlung.

Glashütten

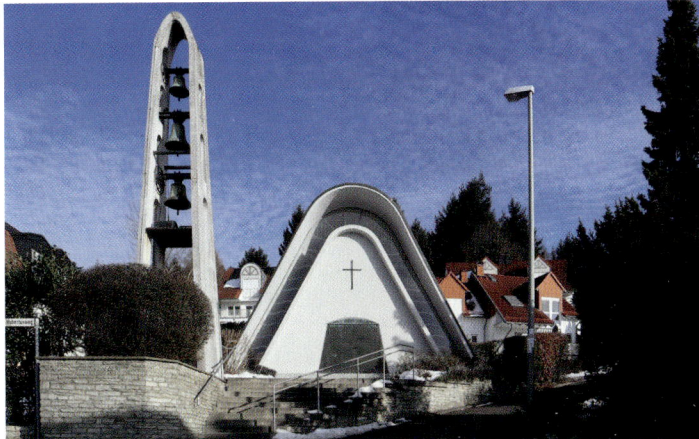

Die Fassade des Gebäudes wird auch mit einem Zelt verglichen.

Glashütten
Evangelische Kapelle

Aus der Tradition des ehemals rein katholischen Dorfs Glashütten ist der 1955 eingeweihte evangelische Kirchenbau nicht erwachsen. Nach dem Zweiten Weltkrieg verzeichnete der Ort rund 100 evangelische Christen und der zuständige Pfarrer Otto Möhn bemühte sich mit großem persönlichem Einsatz um den Bau einer eigenen Kirche. Der Architekt Fritz August Breuhaus de Groot, ein Schüler von Peter Behrens, war bekannt für seine Zweckbauten bis hin zu Schwimmbädern. Die evangelische Kapelle in Glashütten, deren Pläne er ohne Honorar anfertigte, blieb sein einziges sakrales Bauwerk. Den Kontakt zwischen ihm und Pfarrer Möhn hatte der Hanauer Unternehmer Willy Kaus hergestellt, von 1944 bis 1953 engagierter Bürger in Glashütten, der auch eine der drei Glocken stiftete.

Ab den 1950er Jahren wurde Beton auch im Kirchenbau eingesetzt. Er bildet in Schalenbauweise die Kapelle, deren äußere Form an ein Zelt, eine „Hütte Gottes", erinnert. Die wichtigsten Bauarbeiten wurden von der Firma Philipp Holzmann AG zu einem außerordentlich kulanten Preis gefertigt, aber auch die anderen Gewerke wurden zum Teil unentgeltlich erstellt. Pfarrer Möhn selbst spendete 7.500 DM für den Kirchenbau.

Die Kapelle, die keinerlei Nebenräume besitzt, besteht aus einer Viertelkugel als Apsis und einer Tonnenschale als Langhaus. Die Lichtführung war dem Architekten außerordentlich wichtig. Fenster im eigentlichen Sinne gibt es nicht. Licht strömt fast unsichtbar in den Altarraum und mittels eines verglasten Bandes an der Fassade in den Eingangsbereich. Der Innenraum ist wegen der Meditationsatmosphäre schlicht gestaltet. Pfarrer Möhn wollte aber doch mit einem Detail an die Tradition des Dorfes als ehemalige Glasbläsersiedlung erinnern. Für den Altar ließ er von der Meyer´schen Hofkunstanstalt in München ein Kreuz aus Glas herstellen. Der früher frei stehende Kirchenbau wird jetzt von in die Höhe ragenden Neubauten bedrängt.

📍 Kirchstraße 2

🏛 Evangelische Lukasgemeinde Glashütten

👤 nach Absprache mit Gemeindebüro

ℹ Tel. 06174 610-71
www.ev-lukasgemeinde-
glashuetten.ekhn.de

Hadamar

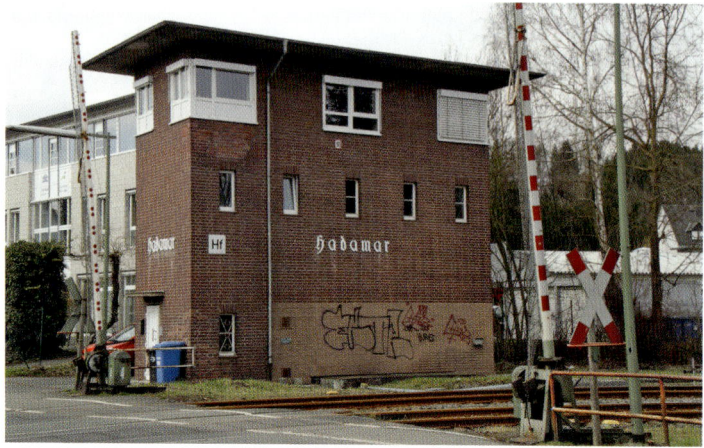

Das Stellwerk und Schrankenwärterhaus der Oberwesterwaldbahn.

Hadamar

Schrankenwärterhaus und Stellwerk

Das mit dem Fraktur-Schriftzug „Hadamar" und dem Kürzel „Hf" (Hadamar-Fahrdienstleiter) versehene Fahrdienstleiter-Stellwerk Hadamar fällt Bahnreisenden der Oberwesterwaldbahn Limburg–Westerburg/Altenkirchen und Straßenpassanten mit seinem Mauerwerk aus roten, hartgebrannten Klinkern auf. Im Stellwerksraum des zweiten Obergeschosses bilden drei eckauflösende und ein mittleres Fenster, die alle zur Bahn- und Straßenseite ausgerichtet sind, mit ihren weißen Rahmen einen besonderen Blickfang. Im ersten Geschoss prägen zur Bahnseite hin fünf kleine, symmetrisch über die Fassade verteilte, im Mauerwerk zurückliegende Fenster, das Fassadenbild. Dieselbe Gliederung wiederholt sich im sockellosen Erdgeschoss auf der Rückseite des Stellwerks. Über den Türen in den beiden Stirnseiten bildet eine halbrunde Betonplatte einen Wetterschutz. Eine umlaufend auskragende flache Dachplatte aus Sichtbeton überspannt den kubischen Zweckbau im Stil der Neuen Sachlichkeit der 1920er Jahre, dessen Architekt nicht namentlich bekannt ist. Solche Bauten sind im Landkreis Limburg-Weilburg nur sporadisch vertreten. Das Stellwerk präsentiert sich heute – bis auf die neuen Kunststoff-Fenster mit ihren breiten Rahmen und Jalousienkästen und die weiße Eingangstür – nur geringfügig verändert in seiner ursprünglichen Form aus der Zeit seiner Inbetriebnahme am 19. Juni 1930 und ist ein Denkmal der Eisenbahn- und Baugeschichte.

Bis in die 1950er Jahre gab es noch einen angebauten Metallsteg vom oberen linken Eckfenster zum Bahngleis, den der Wärter zur Fahrwegprüfung sowie zur Verständigung beim Rangieren betrat. Das „Herz" des Stellwerks, die sogenannte Hebelbank für die Bedienung von Signalen und Weichen und der Blockschrank zur Fahrwegsicherung, sind noch original erhalten. Die vom Stellwerk aus bedienten Schranken werden heute von Elektromotoren angetrieben.

⚲ Am Bahnhof 8, direkt am Bahnübergang der Oberwesterwaldbahn

🏛 DB Netz AG

⚲ von außen frei zugänglich

Werkstatt der Frau –

Die wirtschaftliche Küche der Gebrüder Haarer

Markenzeichen mit der „Haarer Schütte".

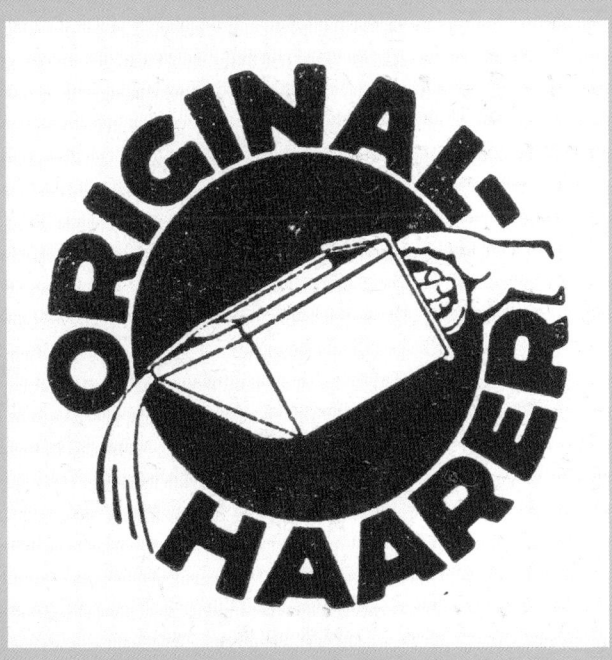

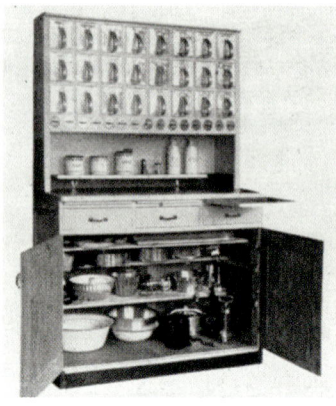 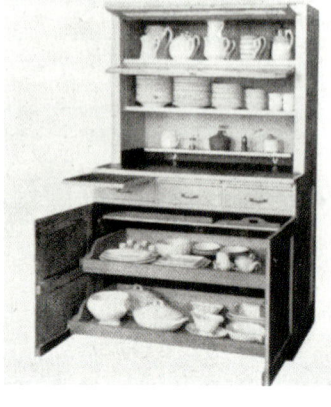

„Der „Haarer Vorratsschrank", Schütten und Gewürzbüchsen in Griffhöhe (links) und der Geschirrschrank (rechts).

Ähnlich wie bei Fabrikarbeiten versuchte man schon vor dem Ersten Weltkrieg die Arbeitsabläufe auch in den privaten Haushalten wirtschaftlicher zu gestalten. Umgesetzt wurden die Erkenntnisse zu optimaler Größe und Einrichtung häuslicher Küchen aber erst ab Mitte der 1920er Jahre. Berühmt wurde die von der österreichischen Architektin Margarete Lihotzky entworfene „Frankfurter Küche", die als Urform der Einbauküchen gilt. Bereits während ihres Studiums an der Wiener Kunstgewerbeschule nahm sie auf Anregung ihres Lehrers Oskar Strnad an einem Wettbewerb zu Arbeiterwohnungen teil, der sie erstmals in Kontakt mit Projekten des sozialen Bauens für die werktätige Bevölkerung brachte. Mit normierten kleinen Wohnungen und deren standardisierter Einrichtung, insbesondere eines platzsparenden Küchenraums, sollte kostengünstig der herrschenden Wohnungsnot begegnet werden.

Zwischen 1920 und 1926 wirkte sie gemeinsam mit Architekten wie Oskar Strnad, Ernst Egli, Adolf Loos, Anton Brenner und anderen an der Planung und Errichtung von Siedlungsbauten mit.

1926 wurden Margarete Lihotzky, seit 1927 Schütte-Lihotzky, und Anton Brenner vom Frankfurter Stadtbaurat Ernst May für den Siedlungsbau des „Neuen Frankfurt" engagiert. Anton Brenner hatte sich bereits 1924/1925 mit der Errichtung und Ausstattung eines Wiener Gemeindebaus mit 38 Quadratmeter großen, standardisierten möblierten Zweiraumwohnungen einschließlich Einbauküche profiliert.

Im Schatten der allseits bekannten Frankfurter Küche stand die „wirtschaftliche Küche" der Brüder Richard Karl Ernst und Otto Haarer. Auch sie ließen sich von arbeitswirtschaftlichen Untersuchungen zum Küchenbetrieb leiten und entwickelten für die Küche, die „Werkstatt der Hausfrau" eigene Möbel und Einrichtungsgegenstände.

1921, also fünf Jahre bevor Margarethe Lihotzky nach Frankfurt kam, hatten die „Gebrüder Haarer" einen ersten Betrieb in Frankfurt eröffnet. Geeignetere und kostengünstigere Räume fanden sie in den leerstehenden kaiserlichen Kasernen im Lamboygebiet in Hanau, in die sie ein Jahr später zogen. Ihr erstes erfolgreiches Erzeugnis war die patentierte heizbare Kochkiste in der durch Kohlebewirtschaftung brennstoffarmen Nachkriegszeit.

Aufgrund eigener Untersuchungen zu den Arbeitsabläufen in Küchen folgte

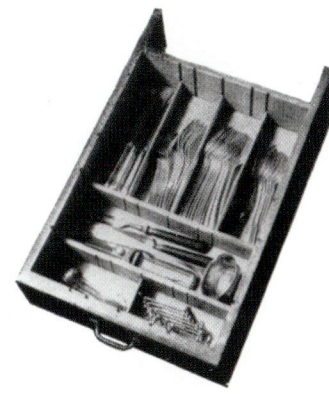

*Die Schubladen des „Haarer Geschirrschranks"
waren einteilbar.*

wirtschaftlichen Gesellschaft in Stuttgart ein erstes Modell der „wirtschaftlichen Küche" präsentiert. Anlässlich einer Ausstellung zum Landfrauentag am 20. Februar 1926 in Hanau konnte Ernst May auch die „Hanauer Küche" besichtigen. Daraufhin beauftragte er zwischen 1926 und 1928 einzelne Elemente für die 3.850 Einbauküchen der städtischen Siedlungen. Haarer lieferte Schütten, Tellertropfgestelle und Bügelbretter. Eine besondere Entwicklung waren die Original „Haarer-Schütten" aus Aluminium. In 8er-, 12er- oder 16er-Formation dienten sie der Aufbewahrung loser Lebensmittel wie Mehl, Soja, Gries oder Zucker, die noch überwiegend in Papiertüten abgewogen in Kaufläden erhältlich waren. Hinzu kamen die „Haarer-Gewürzbüchsen", Glasbehälter mit luftdichtem Aluschraubverschluss und Beschriftung zum Einstecken in Küchenschränke. Hiermit sollten die aromareichen Gewürze länger haltbar bleiben. Die Haarer Aluminiumschütten wurden nicht nur fester Bestandteil der „Frankfurter Küche", selbst in den Mitropa Speisewagen der Bahn fanden sie Verwendung.

Eine Weiterentwicklung der Haarer Küchenschränke war der Universalschrank, der Vorrats-, Geschirr- und Topfablagen in einem Element vereinte und besonders für kleine Küchen geeignet war. Der Haarer Werbeslogan lautete „Ein Griff und ich hab's".

Vertrieben wurden die Haarer Küchenschränke über Vertreter und die

die Konstruktion einzelner zweckbestimmter Schränke: Vorratsschrank, Topfschrank, Geschirrschrank nebst Spüleinrichtung mit Doppelbecken und Abtropfgestell sowie Putz- und Besenschrank.

Vor dem Vorratsschrank und auf dem Tisch sollten die Speisen zubereitet und im Bereich des Topfschrankes und des Herdes gegart werden. Alles, was zum Anrichten, Abtragen und Spülen erforderlich war, war im Geschirrschrank und in der Spüleinrichtung vorgesehen. Alle zum Reinigen erforderlichen Gegenstände fanden im Putz- und Besenschrank ihren Platz.

Schon im Juni 1925 wurde auf der Wanderausstellung der Deutschen Land-

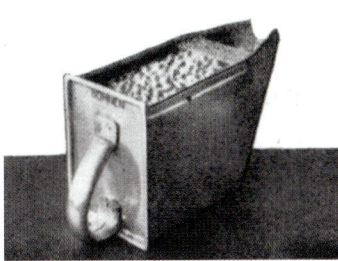
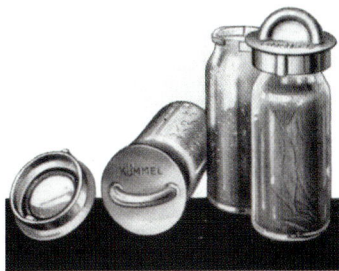

Die „Haarer Schütte" aus Aluminium und die „Haarer Gewürzbüchsen".

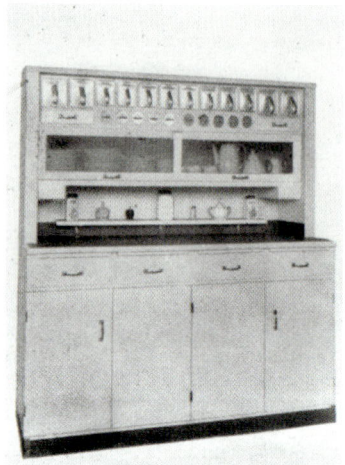
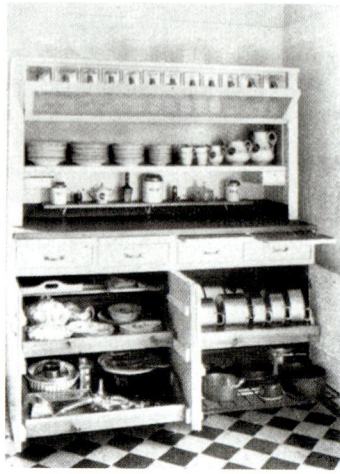

Der Universalküchenschrank, rechts geöffnet mit herausgezogener Arbeitsplatte.

Warenhäuser. 1928 entwickelte der Architekt Otto Haesler, Celle, eine Lehrküche für die dortige Volksschule, die die Gebrüder einrichteten. Trotzdem mussten sie ein Jahr später während der Weltwirtschaftskrise Konkurs anmelden. Otto Haarer konnte in der Hanauer Maschinenfabrik Emil Möhn seine „Aluschütten" und Gewürzbüchsen weiter produzieren. Insbesondere für die Küchenkredenzen waren sie geeignet. Allerdings lösten allmählich gläserne Ausführungen die Original Haarer Schütten in den Küchenschränken ab.

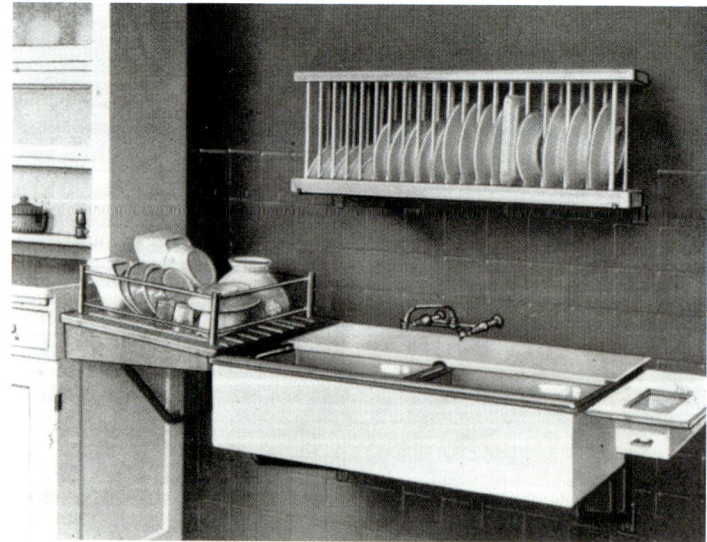

Optimiert: Spüle mit Abtropfeinrichtungen für das Geschirr.

Hanau

Beethovenplatz

Infolge des Ausbaus von städtischen Verkehrsachsen sollten kreisförmige Plätze eine bessere Verkehrsführung ermöglichen. Im Westen Hanaus sollte als „Tor zur Stadt" der Beethovenplatz mit einer Wohnbebauung entstehen. Das Architektenbüro Deines & Clormann entwarf 1927 einen ringförmigen Gebäudekomplex, einer Stadtkrone gleich. Dieser wurde den einmündenden Straßen entsprechend in fünf Hauptbauten mit kurzen etwas niedrigeren Seitenflügeln unterteilt. Die flachgedeckten dreigeschossigen Baublöcke mit einem Bodengeschoss weisen auf den Schmalseiten Risalite auf und über Eck geführte Balkone. Rückseitig befinden sich die halbrund hervortretenden turmartigen Anbauten mit den Bädern sowie teilweise daran anschließende Balkone. Die 63 Wohnungen, 51 Dreizimmereinheiten mit 64 bis 120 und zwölf Fünfzimmereinheiten mit 100 bis 130 Quadratmetern Wohnfläche, verfügten meist über eigene Bäder und Einzeltoiletten sowie Zentralheizung. Sie zählten damit zu den komfortabelsten modernen Wohnungen ihrer Zeit.

Die Platzgestaltung sah eine, die Straße umlaufende, Baumsetzung und einen Brunnen inmitten einer Rasenfläche mit umgebender Hecke und Sitzbänken vor. Die Straßenbahn der Linie 1 umfuhr den Platz als Endstation. Aufgrund des manegenartigen Eindrucks bezeichnete der Volksmund den Platz nach dem Initiator des Projektes, Oberbürgermeister Dr. Kurt Blaum, als „Zirkus Blaum".

Erst 1970 wurde der historische Schwanenbrunnen des 19. Jahrhunderts dorthin versetzt. 2002 erhielten die Bauten des Platzes ihre ursprüngliche Farbgebung in Rot- und Gelbtönen. Die anschließenden nahezu zeitgleich entstandenen niederen Privatbauten an der Mozart-, Schubert- und Gustav-Hoch-Straße sowie der Kastanienallee passten sich dem Gestaltungskonzept des Platzes mit kubischen Grundformen, Flachdächern, Balkonen an. Als Architekten zeichneten hierfür Adolf Bange, Carl Cost und Georg Clormann. Hier lässt sich innovativer Einfluss der Gartenstadtbewegung entsprechend der Bauweise des Neuen Bauens von Ernst Mays Wohnsiedlungen in Frankfurt deutlich ablesen.

📍 Beethovenplatz sowie Gustav-Hoch-Straße, Kastanienallee, Mozartstraße, Schubertstraße, 63452 Hanau

🏛 Hanauer Baugesellschaft GmbH, private Eigentümer

🔑 von außen frei zugänglich

ℹ www.bau-hanau.de

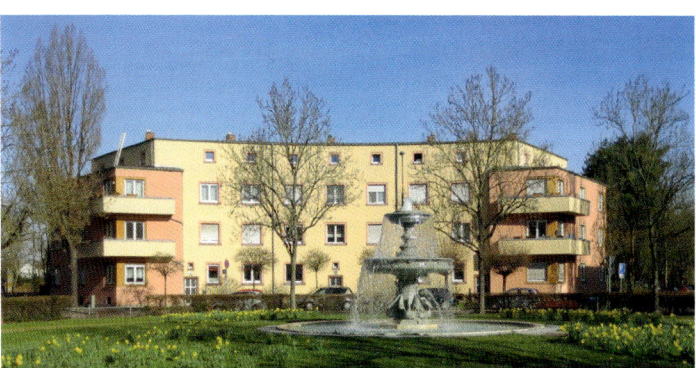

Ein Teil der Ringbauten am Beethovenplatz.

Hanau
Ehemaliges Dekalin-Werk

Von den ehemaligen Deutschen Kleb-stoffwerken Hanau, kurz Dekalin, blieb nur das unter Denkmalschutz stehende Verwaltungsgebäude erhalten. Das lang-gestreckte zweigeschossige Gebäude von 1956 zeigt mehrere Stilmerkmale der Neuen Sachlichkeit und der Aufbau-jahre der Nachkriegszeit. Der Architekt Jupp (Josef) Lücke übernahm für den Neubau die kubische Form und das Flachdach der 1920er Jahre. Durch die großen unterteilten Fenster mit den gelben Welleternitplatten der Brüstung gab er dem Bau Leichtigkeit und rhyth-misierte ihn durch die sichtbaren grauen Betonpfeiler. Glasbausteine und große Fenster brachten dem Haupttreppen-haus mit weitgeschwungener Treppe Licht. Ein weit vorkragendes geknicktes Dach überspannt die Freitreppe des Haupteingangs. Darüber prangte einst in beleuchteten Versalien der Firmenname DEKALIN. An die Stirnseite, der Zufahrt zum einstigen Firmengelände wurde schwalbennestartig eine Pförtnerloge gesetzt. Rückseitig akzentuieren acht versetzt angeordnete kreisrunde Fenster die Fassade mit dem hinteren Treppen-haus. Das Gebäude beherbergte Büros,

eine Kantine, Empfangs- und Konferenz-räume. Ein Personenaufzug, eine Öl-Zen-tralheizung sowie eine Rohrpost und die kombinierte Fernsprecheranlage stellten den neuesten technischen Standard dar.

1907 war Dekalin von Georg Hein-rich Rödiger gegründet worden. Herge-stellt wurden zunächst Klebstoffe für Glaskonserven später Spezialklebstoffe, Dichtungsmassen und Klebebänder. Nach einer Explosion und einem Groß-feuer im Jahr 1975 sowie weiteren Unfäl-len in den Jahren 1993 und 1994 konnte sich der Betrieb wirtschaftlich nicht mehr erholen und ging 1995 in Konkurs. Danach übernahm die Offenbacher Otto Kurth GmbH & Co. KG den Betrieb bis zur endgültigen Stilllegung. Die neuen Investoren ließen die Backsteinbauten der alten Fabrik abreißen, das verseuchte Gelände sanieren und errichteten das Einkaufszentrum mit anschließenden Wohnbauten, das heute den Namen „Coloneo" trägt.

📍 Bruchköbeler Landstraße 69

🏛 Bien-Ries AG

🔒 von außen frei zugänglich

ℹ www.bien-ries.de

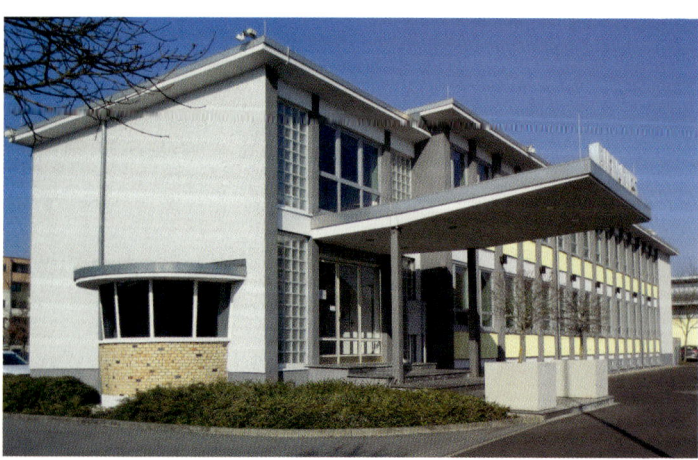

Der Verwaltungsbau des ehemaligen Dekalin-Werks.

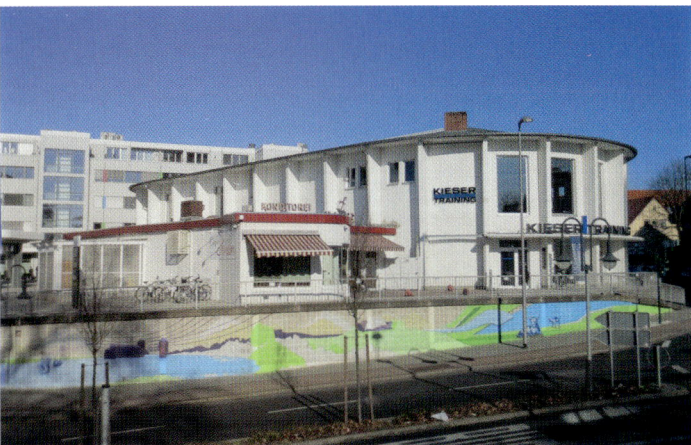

Hanau

Der Ovalbau der einstigen Gloria-Lichtspiele.

Ehemalige Gloria-Lichtspiele

In den frühen Aufbaujahren der kriegs-zerstörten Stadt entstand 1948/49 das Kinogebäude der Gloria-Lichtspiele als Solitär am Rande der Innenstadt. Die Architekten Clormann & Cost entwarfen einen rechteckigen Bau, der an den Schmalseiten halbkreisförmig abschloss. Die umlaufenden, hervortretenden Beton-streben tragen das mit Teerpappe gedeckte abgeflachte Dach und rhythmi-sieren den zweigeschossigen weißen Bau. Straßenseitig zur Innenstadt befan-den sich die Zugänge mit Vordach und darüber fünf längs angeordnete, geglie-derte Fensterbänder. Das Vordach trug die Leuchtbuchstaben GLORIA. Über eine fünfstufige Freitreppe betrat man durch drei zweiflügelige Glastüren die großzügige Kassenhalle des Kino-palastes. Mit dem dominanten Entrée knüpften die Architekten an die gerun-deten Bauelemente des Neuen Bauens an. Der eigentliche Kinosaal bot 850 Sitzplätze mit Logen und Bühne. Die Sitzreihen waren bogenförmig angeord-net. Am 13. September 1949 eröffnete die Gloria Lichtspiele GmbH mit dem dreistündigen römischen Historienfilm „Fabiola". Die Lichtspieltheater der Nachkriegszeit konnten zunächst noch an die Blütezeit der Kinos in den 1920er Jahren anknüpfen, bis das „große Kino-sterben" ab den 1960er Jahren auch zur Schließung des Glorias führte. Durch die anschließend wechselnden Nutzungen blieb nur die Gebäudeform mit ihrer Gliederung erhalten.

1950 wurde ein eingeschossiger Bau für das Café Schien, einen Laden mit Backstube, Lager, Küche und Zimmer neben dem Kino, errichtet. Mit der Rundung des Baukörpers und seiner später eingefügten Verglasung führte der Aschaffenburger Architekt Anton Fritz die Form des Kinos fort. Das Café im Obergeschoss war über eine Treppe seitlich des Kinoausgangs zu erreichen. Die Leuchtbuchstaben CAFE wiesen den Zugang.

Das bereits 1927 von Fritz Schien gegründete Café reüssiert bis heute unter anderem mit der „Brüder-Grimm-Torte" des Konditormeisters Jens Arndt.

📍 Nußallee 7

🏛 Wissler, Großostheim

👤 Öffnungszeiten: Café Schien
Mo-Fr und feiertags 8–18.30,
Sa–So 9–18.30 Uhr

ℹ www.cafe-schien.de,
www.kieser-training.de,
www.empire-hanau.de, Videothek

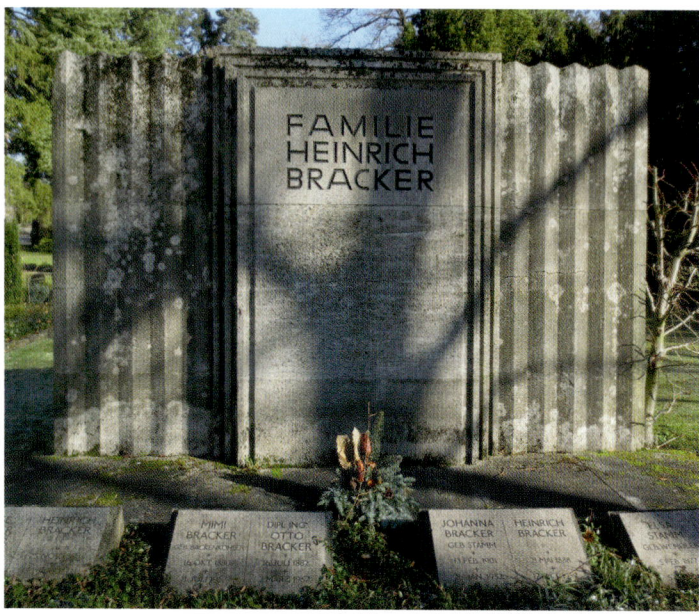

Hanau
Grabmal Heinrich Bracker

Das Grabmonument der Familie Bracker auf dem Hauptfriedhof.

Mit der monumentalen Grabwand wurde 1921 das erste modern gestaltete Grabmal des Hanauer Hauptfriedhofs errichtet. Der Architekt Georg Clormann entwarf eine dreifach gegliederte Wand aus grauem Muschelkalk. Mittig rahmt der mehrfach gestufte Stein die Namensplatte mit dem Schriftzug „FAMILIE HEINRICH BRACKER" ein. Beidseitig treten die Wangen in Zickzackdekor etwas zurück. In vier Reihen aufeinandergesetzt bilden die bearbeiteten Steine diese mächtige Wand. Davor sind pultförmige einzelne kleine Namensplatten der Familienmitglieder im rechteckigen Pflanzbeet angeordnet. Die Ruhestätte ist zugleich ein Ausdruck für das moderne Standesbewusstsein der Fabrikantenfamilie. Sie hebt sich merklich von den aufwendig gestalteten Grabmalen anderer Fabrikantenfamilien in Stilen des Historismus ab und dokumentiert die Reformbewegung auch in der Gestaltung der Grabstätten.

Die Maschinenbaufabrik „G.D. Bracker & Söhne" ging 1815 aus einer Schmiede hervor. Unter Heinrich Bracker Senior (1850–1921) entwickelte sich die Fabrik zum Bau von Hydraulikpumpen und Industrieaufzügen zu einem florierenden Betrieb. Von dem 1925 erweiterten Betrieb überstand der Backsteinbau der Maschinenhalle die Kriegszerstörung. So wie zahlreiche Maschinenbaubetriebe musste auch Bracker 1980 schließen. 2010 entstand auf dem Areal das Einkaufszentrum „Postcarrée". Dort blieb der gestufte Schildgiebel aus rotem Backstein mit den drei hohen länglichen Fenstern von 1925 als Relikt der alten Fabrik an der Fischerstraße erhalten.

📍 Hauptfriedhof, Birkenhainer Straße 2

🏛 Friedhofsverwaltung Stadt Hanau

🕯 je nach Öffnungszeiten frei zugänglich, 7.30–17 Uhr (bis 20 Uhr nach Jahreszeit)

ℹ www.friedhoefe.hanau.de

Hanau

Hafentorbau

Unmittelbar nach der Eröffnung des Mainhafens 1924 schloss sich der Bau der Großwohnsiedlung am Hafenplatz an. In städtischer Trägerschaft wurde der Komplex vom Stadtbaumeister Wilhelm Kroegel geplant. Mit dem Bau der dreiflügeligen Anlage des Torgebäudes erhielt der Hafen einen repräsentativen Zugang. Die hohe Durchfahrt ist in Eisenbeton ausgeführt und wird beidseitig von fünfgeschossigen Turmbauten akzentuiert, denen eine Kolonnade vorgesetzt ist. Auf je einem hinausragenden Polygon befindet sich eine monumentale Betonfigur. Sie symbolisieren den „Arbeiter der Faust", der scheinbar ein Doppelzahnrad bewegt und den „Arbeiter der Stirn", der in antikisierendem Gestus geistige Arbeit ausdrückt. Geschaffen wurden die überzeitlichen Heroen vom Hanau-Frankfurter Bildhauer August Bischoff (1876-1965). Dem Hauptgebäude fügt sich ein langgestreckter viergeschossiger Bau mit sechs Eingängen an der Westerburgstraße an. Ein zurückspringender dreigeschossiger Eckbau mit der allegorischen Plastik der Schifffahrt, einem Putto auf Schiffsbug von Otto Crass, schließt den Block ab.

Die Zwei-, Drei- und Vierzimmerwohnungen für Arbeiter, Angestellte und Beamte des Hafens orientierten sich an der Konzeption des modernen Siedlungsbaus. Sie verfügten über große quadratische Fenster, hatten Einzel- oder Gemeinschaftsbäder, sowie zum Teil eine Etagenheizung. Unter den Flachdächern befanden sich zusätzlich Kammern und Trockenböden mit geraden Wänden und Decken. Für den Torbau waren einst Büros und ein Restaurant vorgesehen. Er wurde wegen der herrschenden Wohnungsnot ebenfalls für Wohnzwecke genutzt. Am Kriegsende war der Komplex teilweise zerstört. Beim Wiederaufbau behielt der Torbau sein Flachdach während den seitlichen Bauten Giebeldächer aufgesetzt wurden. Das erhöhte Verkehrsaufkommen führte auch zur Verlegung der Hafenzufahrt, womit der Torbau seine Funktion verlor. Seit 2016 wird die Wohnanlage saniert und mit der ursprünglichen Farbgebung versehen.

📍 Hafenplatz 1–6 und Westerburgstraße 1–6

🏛 Baugesellschaft Hanau GmbH

🛈 von außen frei zugänglich

ℹ www.bau-hanau.de

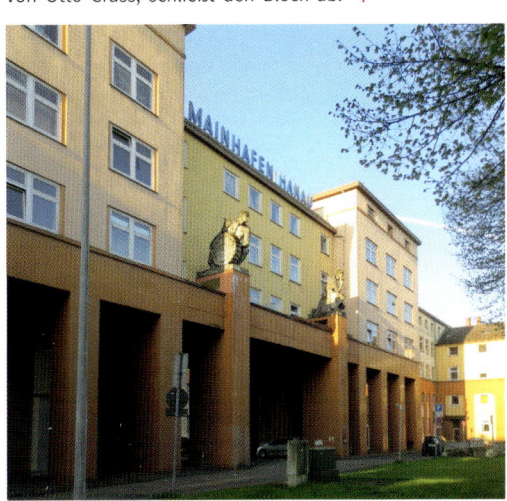

Das Denkmal der Arbeit am Hafentorbau.

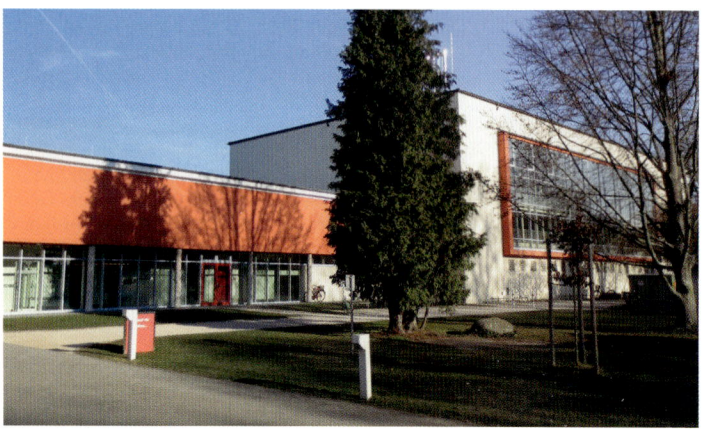

Hanau

Heinrich-Fischer-Bad

Das Hallen- und Freibad Hanau Mitte.

Das Hallenbad wurde 1959 als modernes Stadtbad eröffnet, dem sich 1961 das großzügige Freibad mit Liegewiesen anschloss. Architekt Erwin Paul Lenz aus Frankfurt und die städtischen Baubehörden hatten eines der ersten bundesdeutschen Gartenschwimmbäder geschaffen. Im Stil der Neuen Sachlichkeit entstanden drei Baukuben mit vorgelagerter Grünanlage. Der Mittelbau mit Eingang, Kasse, Vestibül und einstiger Milchbar verbindet noch heute die Schwimmhalle mit dem Saunatrakt und dem ehemaligen Lichtbad, den Bestrahlungsräumen der Quarzlampen GmbH „Original Hanau". Aufgrund der Anordnung der ebenerdigen Technik mit dem Wasserbecken erhebt sich die Halle erst gut drei Meter über Straßenniveau. Die Schwimmhalle hat 25-Meter-Bahnen, einen Dreimeter Sprungturm, eine Tribüne, ein Nichtschwimmerbecken und darüber einen Gymnastiksaal. Das Betondach der hohen Halle wird beidseitig von runden Stahlpfeilerreihen getragen, die mit Travertin verkleidet sind. Die Stirnseiten dominieren je drei polygonale Reliefs aus grauem und weißem Kalkmörtelguss des Hanauer Künstlers Reinhold Ewald (1890-1974). Die überlebensgroßen figürlichen Darstellungen zeigen Szenen des Strandlebens, Ballspiels und Tanzes. Die westliche Stirnwand ist zur Geräuschdämmung mit dunkelblauen Lochsteinen verkleidet. Die nahezu über die gesamten Längsseiten reichenden Glasfenster lassen die Schwimmhalle als lichtdurchfluteten Raum erscheinen. Das Schwimmbecken des Freibades mit 50-Meter-Bahnen geht in das über Eck angeordnete tiefe Becken des zehn Meter hohen Sprungturms über. Seitlich davon befinden sich kleinere Schwimmbecken. Trotz Erneuerungen der Wasser- und Heiztechnik sowie Umbauten der Umkleiden, Duschen, Sauna und Wasserrutsche im Freibad strahlt das Hallenbad noch die Architektur der Erbauungszeit aus. Insbesondere die Kassenhalle mit Pflanztrögen, ovaler Kasse, Freitreppe vor schwarzer Marmorwand und keramische Wandbilder stellen Zeugnisse seiner Entstehungszeit dar. 1974 wurde das Bad nach Oberbürgermeister Heinrich Fischer (1895-1973) benannt.

Eugen-Kaiser-Straße 19

Hanauer Bäder GmbH

Öffnungszeiten Halle:
Mo (Damenschwimmen) 15.30–17,
Di, Do 6.30–22, Mi, Fr 6.30–18,
Sa 8–22, So 8–20 Uhr

www.hanau-baeder.de

Hanau

Sauerkonservenfabrik

Die Sauerkonservenfabrik Jean Barthmann ließ 1929 einen Neubau für die Herstellung ihrer Spezialitäten wie Sauerkraut und sauer eingelegte Gurken errichten. Der Architekt Valentin Heid entwarf einen kubischen Bau, der in Eisenbeton ausgeführt wurde. Die straßenseitige Fassade gliedern vier Pilaster, die etwas über das flache Dach hinausragen. Dicht gesetzte Lisenen unterstreichen die vertikale Gliederung und Fensterbänder teilen die Schauseite des dreigeschossigen Baus horizontal. Im Erdgeschoss bilden diagonal vergitterte Fenster ein zusätzliches Gestaltungsmoment. 1936 ließ sich die Fabrikantenfamilie neben der Hofeinfahrt eine Villa vom Architekten Georg Clormann errichten. Als Pendant zur Fabrik entstand ein kleinerer kubischer Baukörper mit Walmdach. Straßenseitig setzen ein Erker mit Balkon und hofseitig ein halbrunder Erker sowie der umlaufende Sockel aus Sandsteinquadern Akzente, die durch stark gewellte Portalrahmungen der Fenster aus Kunstsandstein ergänzt werden. 1956 wurde der hofseitige Lagertrakt mit einem Vollgeschoss aufgestockt.

Die 1880 von Jean Barthmann und Sohn Philipp gegründete Kolonialwarenhandlung gewann mit ihrem selbst gefertigten Sauerkraut und eingelegten Gurken schnell einen großen Kundenkreis. Im Neubau waren die großen Gärbottiche für den Weißkohl eingebaut worden sowie die Waschanlage für die angelieferten Kohlköpfe und Gurken. Abgefüllt wurde zunächst in Gläsern, später in Dosen und danach in Kunststoffbeuteln. Seit den 1990er Jahren hat sich das Geschäft des Familienbetriebs um zahlreiche Feinkostprodukte und die Ausstattung ganzer Betriebs- und Vereinsfeste erweitert.

 Leipziger Straße 22-24

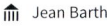 Jean Barthmann

von außen frei zugänglich

www.jean-barthmann.de

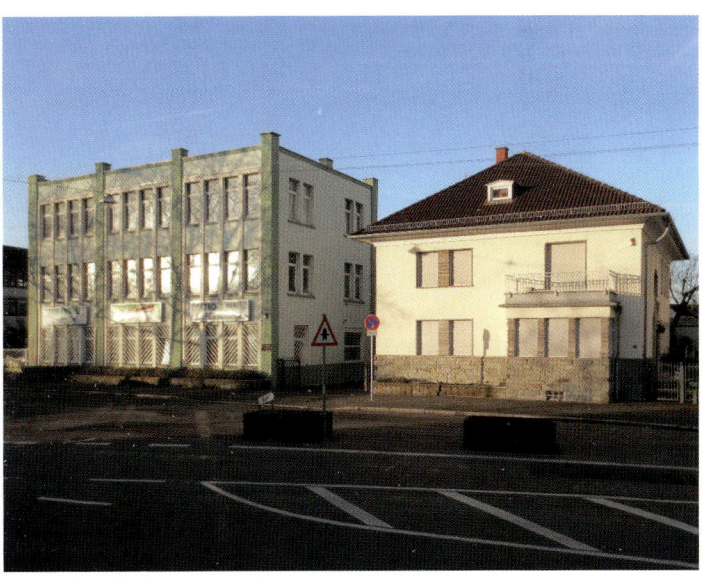

Die Sauerkrautfabrik von Jean Barthmann.

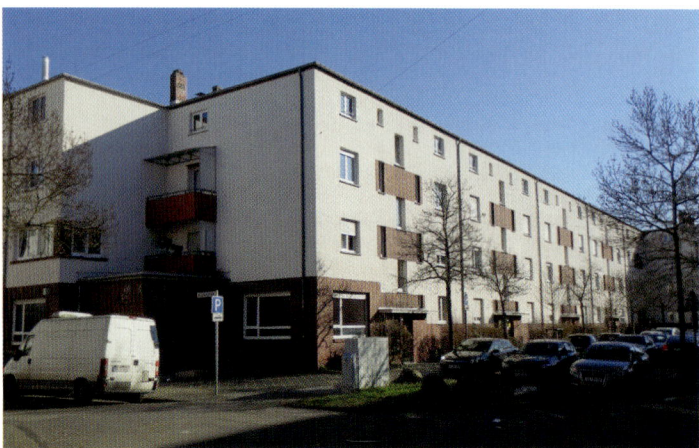

Hanau

Die Wohnsiedlung entlang der Freigerichtstraße.

Wohnsiedlung Freigericht

An der Zufahrt zu den Dunlop-Reifenwerken entstand ab 1928 an der Freigerichtstraße die Wohnsiedlung der „Kleinwohnungsbau GmbH, gemeinnützige Gesellschaft für Wohnungsbeschaffung Hanau". Das Architekturbüro Deines & Clormann hatte in Form einer Blockrandbebauung eine, zwei Straßenkarrees übergreifende, Wohnsiedlung geplant. Die avantgardistischen Bauten waren den Großwohnsiedlungen des Neuen Bauens der 1920er Jahre verpflichtet, insbesondere denen des Architektenbüros Taut & Hoffmann in Berlin. Die lange Straßenfront der drei Vollgeschosse umfassenden Flachdachbauten war durch kubische Fensterformen gegliedert. Die Gliederung der hell verputzten Fassade unterstrichen horizontale rote Ziegelbänder im Sockel und in den Eingangsbereichen. An vier zurückspringenden Ecken befanden sich Läden und Gaststätten, die in Erdgeschosshöhe gleichfalls in rotem Ziegelstein ausgeführt waren. Die großen begrünten Innenhöfe boten Platz für Bleich- und Trockenwiesen sowie für Wäsche und Kinderspielplätze. Die 44 zunächst ausgeführten Wohnhäuser bestanden aus 220 Zwei- und 18 Dreizimmerwohnungen. Auf jeder Etage lagen sich zwei Wohnungen gegenüber. Sie verfügten über elektrisches Licht, Gasanschluss, Ofenheizung sowie gemeinschaftlich zu nutzende Bäder, Waschküche und Verschläge im Keller. Nur die Dreizimmerwohnungen hatten ein eigenes Bad. Im Dachgeschoss befanden sich die Trockenböden, die 1934 zu Wohnzwecken ausgebaut wurden und deshalb vergrößerte Quadrat-Fenster erhielten. 1947 begann die Beseitigung der Kriegsschäden. Die Baulücken der damals nicht ganz vollendeten Wohnsiedlung wurden zwischen 1952 und 1956 an der Milseburg- und Dunlopstraße geschlossen. Der Architekt Hans Schnöring hielt sich mit der äußeren Gestaltung an die vorgegebene Baustruktur. Ganz im Gegensatz hierzu stehen die Häuser der Gartenstadtsiedlung der südlichen Freigerichtstraße. Sie wurden 1921-1928 vom Stadtplaner Wilhelm Kroegel entworfen und im Heimatstil errichtet. 2011 wurden die dortigen 412 Wohnungen saniert.

📍 Freigerichtstraße 53–85

🏛 Deutsche Wohnen, Construction and Facility GmbH

🏃 von außen frei zugänglich

ℹ www.deutsche-wohnen.com

Hanau

Y-Hochhaus und Wohnsiedlung

Mit der Errichtung des achtgeschossigen Wohnhauses 1957/58 sprengte man erstmals die Geschosshöhengrenze der Stadt. Die Planungen des Neuaufbaus sahen für die kriegszerstörte Alt- und Neustadt nur eine drei- bis viergeschossige Bauweise vor. Mit dem sechsgeschossigen DGB-Hochhaus von 1958 bildeten die beiden hohen Häuser die nördlichen Eckpunkte des einst großen Freiheitsplatzes. Das Y-Haus leitet seine Bezeichnung vom y-artigen Grundriss ab. Der leicht asymmetrische Zweiflügelbau öffnet sich zur Platzseite. Je fünf Balkon- und Fensterachsen gliedern die Fassade des Wohnhauses. Das Erdgeschoss nimmt eine Geschäfts- und Bürozeile ein. Rückseitig leitet ein viergeschossiger Anbau mit Walmdach zur Altstadtbauweise über.

Die südwestliche Wand des Platzes bilden die ab 1957 entstandenen vier- und fünfgeschossigen Wohnbauten mit dazwischenliegenden zweigeschossigen Wohn- und Geschäftstrakten. Die vier aus der Zeile vorspringenden Kopfbauten ruhen auf Stahlbetonpfeilern, die jeweils einen Laubengang bilden. Asymmetrisch geknickte Flachdächer bedecken die Häuser. Über Eck geführte und schiefwinklige Balkone sowie vertikale helle Riemchenbänder lockern die Putzflächen der Fassaden auf. Helle Kleinmosaike und Riemchen bekleiden Pfeiler und Balkone. Zum Hof hin setzen die zurückspringenden Wohnbauten mit flachen Walmdächern die Kopfbauten fort. Balkone unterteilen sie horizontal und vertikal. Die Treppenhäuser mit langen Fensterbändern werden beidseitig von Ziegelsteinen ummantelt. Die Geschäftszeile wird durch graue vorgehobene Stahlbetonpfeiler gegliedert. Die als Kammhäuser bezeichnete Architekturform verschafft den Baukörpern eine gewisse Leichtigkeit, indem die Symmetrie durch asymmetrische Gestaltungselemente gebrochen wird. Dies waren beliebte Stilelemente der Aufbaujahre in den kriegszerstörten Städten. 2010–2012 wurde die Anlage renoviert. Der Bau des Forums Hanau 2010-2014 auf dem westlichen Freiheitsplatz unterbricht die Sichtbeziehung der Aufbauarchitektur der 1950er Jahre.

📍 Am Freiheitsplatz 14 und 5–15

🏛 Gemeinnützige Wohnungs- und Siedlungsbaugesellschaft sowie Nassauische Heimstätte GmbH

🚶 von außen frei zugänglich

ℹ️ www.naheimst.de

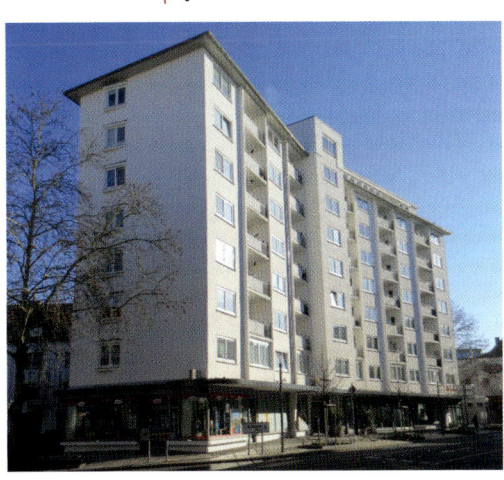

Das Y-Hochhaus am Freiheitsplatz.

111

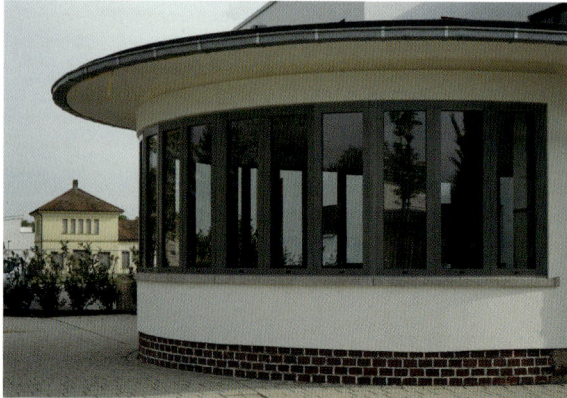

Bis heute charakterisiert das Fensterband die Portierloge des ehemaligen Sarotti-Werkes.

Hattersheim

Portierpavillon der ehemaligen Sarotti Schokoladenfabrik

Nur wenige Bauten erinnern heute noch an den während der 1960er Jahre bedeutendsten Arbeitgeber des Main-Taunus-Kreises: die Sarotti-Schokoladenfabrikation. Von dem Werk mit einst bis zu 2.000 Arbeitsplätzen haben sich nur drei, inzwischen denkmalgeschützte steinerne Zeugnisse erhalten: Der Schornstein der 1929 von Sarotti übernommenen Maingau-Zuckerfabrik, das Produktionsgebäude von 1925 sowie der Portierpavillon von 1952.

Diese Portierloge kann als Kleinod der Architektur der 1950er Jahre in Hattersheim gelten. Der eingeschossige, mit einem Halbrund zur Straße abschließende Bau stand einst dem Werk vorgelagert an der Straße zum Untertor. Jeder, der in das Werk oder aus ihm hinaus wollte, passierte ihn. Den Sockel markiert ein Klinkerband unter der hell geputzten Fassade. Das weit auskragende flache Dach und das fast um das gesamte Gebäude geführte Fensterband geben ihm bis heute sein ebenso charakteristisches wie zeittypisches Gepräge, das noch ganz in der Formensprache der Neuen Sachlichkeit verwurzelt ist. Die früher jeden Besucher empfangenden Sarotti-Mohren an der Fassade sind inzwischen verschwunden. Hinter dem Fensterband saß der Portier mit einem 180-Grad-Panoramablick. Dahinterliegend platzierte der Langener Architekt Adolf Leyer jeweils einen heute verschwundenen Raum zur Visitation der weiblichen und männlichen Mitarbeiter.

Nachdem die Nestlé AG als Mehrheitseigentümer von Sarotti die Produktion in Hattersheim 1994 einstellte, unterlag das Gelände einem umfassenden Umstrukturierungsprozess zu einem Gewerbe- und Wohnquartier. Die Werksanlagen fielen 2007 der Abrissbirne zum Opfer. Der Portierpavillon ging 2015 nach einer Brandstiftung in Flammen auf. Inzwischen ist er umfassend saniert in die Gebäude der Reha-Werkstatt des Evangelischen Vereins für Innere Mission (EVIM) integriert, der Arbeitsplätze für Menschen mit psychischen Erkrankungen und seelischen Beeinträchtigungen anbietet. Seitdem dient der helle, offene Bau ohne die vormaligen Zwischenwände als Speiseraum und für Schulungszwecke. Das halbrunde Gebäude schließt sich nun eng an den zweistöckigen Neubau der Reha-Werkstatt an.

📍 Untertorstraße 20–24

🏛 EVIM Gemeinnützige Behinderten-Hilfe GmbH

🔒 von außen frei zugänglich

Hattersheim-Eddersheim

Staustufe Eddersheim

Dem Spaziergänger am Eddersheimer Mainufer gibt sich die Staustufe als markantes Industriedenkmal von wehrhaftem Charakter zu erkennen. Drei monumentale Wehrpfeiler sowie das Kraftwerk dominieren das Erscheinungsbild der den Main überspannenden Anlage. Im Jahr 1934 eröffnet, spiegelt sie die funktionale Architektur der 1920er und 30er Jahre wider.

Die Staustufe besteht aus einem Walzenwehr mit drei Öffnungen von je 40 Metern Breite, einer Bootsschleuse, einer Fischtreppe, einem hochwasserfreien Fußgängersteg und dem 1941 in Betrieb genommenen Wasserkraftwerk. Daran schließt sich die Doppelschleuse mit Vorhäfen an, die ein gleichzeitiges Schleusen zu Berg und Tal gestattet. Im Zuge der letzten Stauregelung des Mains 1929 bis 1931 durch das Deutsche Reich geplant, sollte das Wasserkraftwerk baugleich mit dem bereits 1932 in Betrieb genommenen in Griesheim sein. Finanzielle Engpässe und die einsetzende kriegsbedingte Mangelwirtschaft verzögerten die Fertigstellung, sodass es erst 1941 in Betrieb ging. Aufgrund fehlenden Stahls musste die Planung zu Gunsten eines Betonskelettbaus verändert werden. Im Ausgleich zu den durch die Stadt Frankfurt zur Verfügung gestellten finanziellen Mitteln, sollte die Stadt 35 Jahre mit erzeugtem Strom beliefert werden.

Das Erscheinungsbild der Staustufe bestimmt die Architektur des Walzenwehrs mit seinen drei Durchlässen und den zugehörigen Wehrpfeilern, auf deren schrägen Laufbahnen die Hohlzylinder als Stauverschlüsse bewegt werden. Am südöstlichen Mainufer dominiert der Kraftwerksbau. In der Kantigkeit der Betonbaukörper, die von filigranen Lichtöffnungen durchbrochen werden, der knappen, sachlichen Gestaltung, die der Funktionalität der Gebäude folgt, zeigt sich deutlich der Architektureinfluss des Funktionalismus. Die Staustufe Eddersheim gibt in ihren kubischen Formen des Bauhauses und der Ablesbarkeit der Funktionalität der einzelnen Bauteile ein markantes Beispiel der Industriearchitektur jener Zeit.

- ⚲ Hattersheim-Eddersheim, Mönchhofstraße
- 🏛 Wasser- und Schifffahrtsamt Aschaffenburg
- ⚑ Gelände frei zugänglich
- ℹ Tel. 06021 385-0

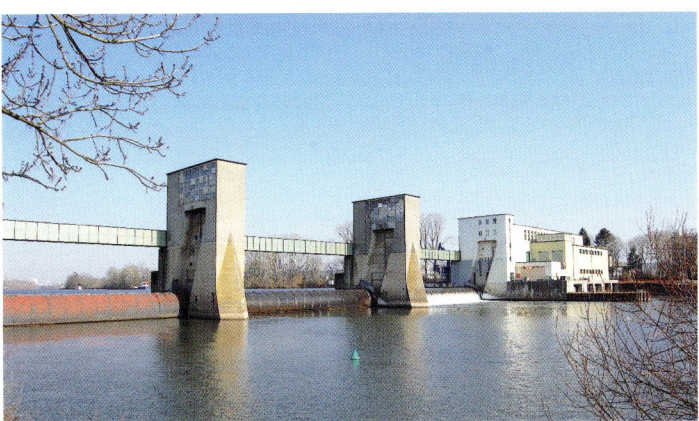

Wie ein Bollwerk erhebt sich die Staustufe zwischen den Ufern von Eddersheim und Raunheim.

Heppenheim

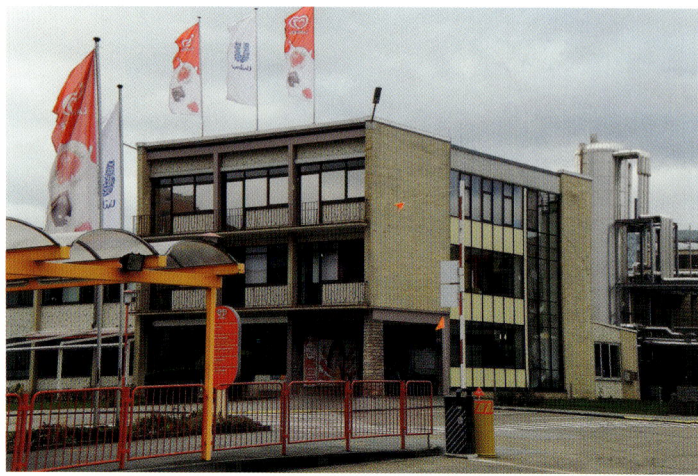

Heppenheim

Langnese-Eiskremwerk

Das Langnesewerk in Heppenheim ist bis heute eine der größten Eiskremfabriken Europas.

Die Ursprünge des Unternehmens Langnese liegen in Hamburg. Dort importierte Karl Rolf Seyferth seit 1935 dänisches Eis am Stiel und vermarktete es erfolgreich. Den Markennamen „Langnese" erwarb er von der Hamburger Keksfabrik Viktor Emil Heinrich Langnese. Die Firma wurde bereits 1936 an den Konzern Unilever verkauft, zu dem sie bis heute gehört. Im Zweiten Weltkrieg wurde die Speiseeisherstellung zeitweise eingestellt und erst 1948 wieder aufgenommen. Seinen wirtschaftlichen Durchbruch erfuhr das Unternehmen ab dem Jahr 1953. 1960 startete die Produktion für Süddeutschland in Heppenheim mit dem größten und modernsten Werk für Speiseeis in Europa. Als besonders fortschrittlich erwies sich das Kühlhaus, das eine gleichbleibende Temperatur von minus 28 Grad Celsius ermöglichte. Planer der Anlage war der Unilever-Werksarchitekt Dr.-Ing. Otto Jungnickel.

Aus der ersten Bauphase ab 1959 sind zahlreiche Gebäude erhalten. So flankiert das Pförtnerhaus mit dem für die Architektur der 1950er Jahre typischen weit überkragenden, abgerundeten Dach den Zugang. Dahinter liegt das dreigeschossige, flachgedeckte Bürogebäude mit einer regelmäßigen Rasterfassade, deren Strenge durch farbige Mosaike und zierliche metallene Brüstungsgitter aufgelockert wird. Eine Rasterfassade prägt auch das sich anschließende niedrigere Kantinengebäude, das nach Süden durch eine hohe Klinkerwand abgeschlossen wird. Dahinter erhebt sich das eigentliche Fabrikationsgebäude mit den markanten Segmentbögen des Betonschalendaches. Weitere Gebäude aus der ersten Bauphase blieben erhalten, erfuhren jedoch im Laufe der Zeit mehr oder weniger starke Veränderungen, die durch technische Entwicklung und betriebliche Gegebenheiten notwendig wurden. Mit steigender Produktion wurde der Komplex durch Neubauten erweitert. Trotz der Veränderungen stellen die Gebäude der ersten Anlage ein gutes Zeugnis für einen qualitativ hochwertigen Industriebau der 1950 Jahre dar.

📍 Langnesestraße 1

🏛 Unilever Deutschland GmbH

📍 von der Straße aus einsehbar, Fabrikverkauf Mo–Fr 9–19 Uhr, Sa 9–14 Uhr

Herbstein

Herbstein

Feriendorf

Das Kolping-Feriendorf Herbstein wurde in den Jahren 1965 bis 1967 vom Architekturbüro Ried-Eckert aus Frankfurt im Stil der Moderne an einen nach Süden offenen Hang gebaut. Vor allem für Familien mit Kindern, die sich einen Mittelmeerurlaub nicht leisten konnten, hat das Kolping-Familienferienwerk Landesverband Hessen e.V. im Sinne von Adolph Kolping damals für einen bezahlbaren Urlaub gesorgt. Hinzu kamen Seminar-, Bildungs- und Freizeiträume im Haupthaus, die vielfältige Möglichkeiten boten, den Wandel von einer Arbeiter- zur Dienstleistungsgesellschaft zu begleiten.

Das Hauptgebäude, in dem alle Gemeinschaftsräume untergebracht sind, besteht aus einem Stahlbetonskelettbau im Raster von 6,0 mal 6,0 Metern, der teilweise mit weißen Kalksandsteinen ausgefacht ist. Als plastisches Objekt einer zweiten Nachkriegsmoderne scheint der ebenfalls weiß geschlemmte Wohnriegel für die Familie des Feriendorfleiters über dem Haupthaus zu schweben. Als besondere Details fallen die aus Beton geformten Wasserspeier, die farbigen Paneele der Glasfassaden sowie die Glaserker der Speisesäle auf. Aus diesen Räumen hat man einen einmaligen Blick auf Herbstein, die Stadt auf dem Berge, die sich wie in einem gemalten Panorama – beinahe in toskanischer Manier – im Süden auftut. Auf zwei unterschiedlichen Ebenen werden die leicht geneigten Ferienappartements aneinander gereiht und durch ihre gestaffelte Bauweise mit dem Waldrand verzahnt.

In den letzten Jahren wurde dem Feriendorf ein Bibelpark hinzugefügt, der zwischen der kühlen Architektur und der direkt angrenzenden Waldnatur vermittelt. Die Beziehung der Ferienanlage zur klassischen Moderne ist vielfältig und trotz der späten Bauzeit haben sich die Architekten in allen Gebäudeteilen an den Prinzipien des funktionellen Bauens orientiert und ein selbstbewusstes, helles, luftiges Bauwerk erschaffen. Durch sanfte Eingriffe in die Außenhülle, dem Neubau einer Pelletheizung sowie der Generalsanierung der Appartements mit neuen Vollholzmöbeln wurde unter Bewahrung des typischen Charakters des Feriendorfes die Anlage zukunftssicher gemacht.

📍 Adolph-Kolpingstraße 22

🏛 Kolping-Familienwerk
   Landesverband Hessen e.V.

👤 Bibelpark frei zugänglich, Ferienanlage
   nach Rücksprache mit der Pforte

ℹ www.vogelsbergdorf.de

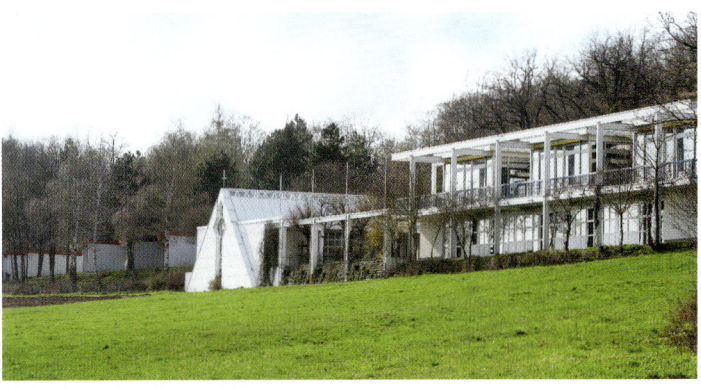

Blick auf die Ferienanlage von Südosten.

Hessisch Lichtenau

Hessisch Lichtenau

Arbeitersiedlung der Textilfabrik Fröhlich und Wolff

Östlich der Altstadt von Hessisch Lichtenau entstand 1907 der Neubau der Schwerweberei Fröhlich & Wolff. Neben dem neuen Firmengelände ließ das Unternehmen für die neu angeworbenen Arbeitskräfte aus allen Teilen Deutschlands eine Arbeitersiedlung errichten. Die ersten Wohnhäuser orientierten sich ganz im Sinne der Reformvorstellungen der Jahrhundertwende an englischen Vorbildern. Zwischen 1907 und 1912 wurden zunächst die Richard-Wolff-Straße, Heinrichstraße und Bürgermeister-Peter-Straße mit unterschiedlichen Typen von Doppel- und Geschosswohnungshäusern bebaut. Charakteristisch ist dabei die Variation zeittypischer Gestaltungselemente der Reformarchitektur, wobei Backsteingliederungen mit Putz kontrastieren. Auffällig sind zudem die glasierten Dachziegel. Ein zweiter Bauabschnitt mit weiteren 24 Häusern folgte in der Phase der wirtschaftlichen Konsolidierung in den 1920er Jahren. Diese später errichteten Häuser an der Fröhlich-Straße, der Rexinger Straße und der Leipziger Straße zeigen eine strengere Gestaltung mit Rückbezügen auf die Architekturtradition um 1800. So sind die zweigeschossigen Häuser an der Leipziger und Rexinger Straße mit Mansardwalmdächern und mittigen Zwerchhäusern ausgestattet. Die charakteristischen Backsteingliederungen sind bei den ersten Bauten noch in Form von Lisenen vorhanden. Die zuletzt errichteten Häuser an der Leipziger Straße zeichnen sich durch eine weitere Reduktion aus. Bemerkenswert ist, wie Einflüsse der Moderne in die Gestaltung einflossen. Dies zeigt sich besonders in der Rexinger Straße, deren Westseite mit drei Mehrfamiliendoppelhäusern in traditioneller Formensprache bebaut ist. Die markante Baugruppe zeigt eindrucksvoll die ursprüngliche Architekturfarbigkeit: die flankierenden Häuser waren mit sandfarbenen Naturputzen gestaltet und die Lünetten und Gliederungen nicht farbig abgesetzt. Der Mittelbau Rexinger Straße 8/10 jedoch zeigt heute wieder einen nach dem bauzeitlichen Befund hergestellten ultramarinblau durchgefärbten Spritzbewurf, eine typische Architekturfarbigkeit der Moderne.

📍 Bürgermeister-Peter-Straße, Fröhlichstraße, Heinrichstraße, Leipziger Straße, Rexinger Straße, Richard-Wolff-Straße

🏛 privat

🚩 von außen frei zugänglich

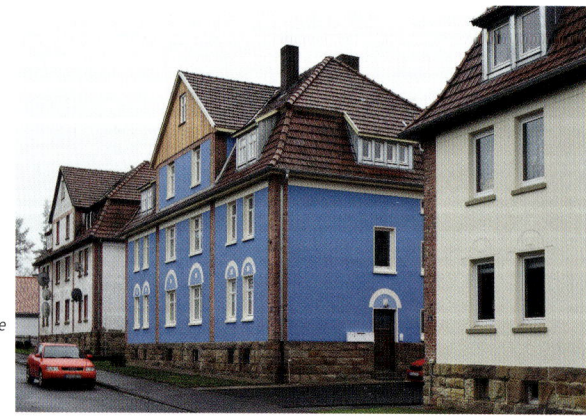

Blick in die Rexinger Straße mit dem markanten blauen Haus.

Hofgeismar

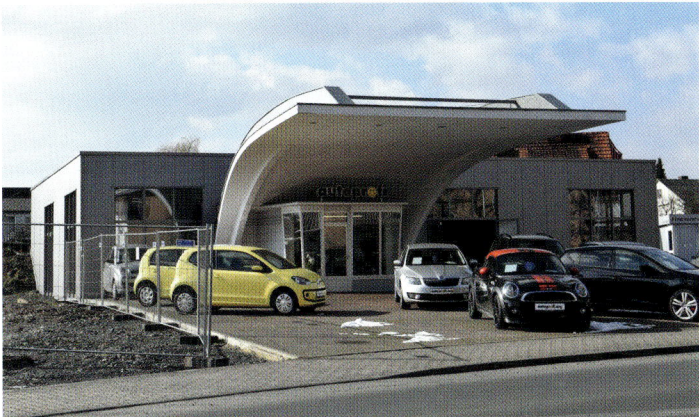

Hofgeismar

Ehemalige Caltex-Tankstelle

Flugdach und Kassenhäuschen erhielten einen neuen Ergänzungsbau.

Die beiden Tankstellen in Rüsselsheim (siehe Seite 170) und Hofgeismar stehen exemplarisch für insgesamt sechs in Hessen erhaltene ehemalige Caltex-Tankstellen. Die in Hofgeismar befindliche zeichnet sich durch eine Besonderheit aus. Die vermeintliche Spannbetonarchitektur wird durch eine Leimholzbinderkonstruktion vorgespiegelt. Entdeckt wurde die Täuschung erst 2009, als das Flugdach durch einen LKW stark beschädigt und für die anstehende Reparatur von der Verkleidung befreit wurde.

Das neben der hervorstechenden Dachform gewählte Markenzeichen der einheitlichen Gestaltung über ein Farbkonzept konnte während der die Reparatur begleitenden restauratorischen Untersuchung nachgewiesen werden. Die originalen Fliesen sind unter den vielen Farbfassungen am Tankwarthaus weiß, im Sockelbereich smaragdgrün und in den oberen Bereichen grün-weiß gestreift erhalten. Die Stahlrahmen der schräg ausgestellten Fenster des Kassenraumes waren ebenfalls grün gestrichen. Die neue weiß-graue Farbkonzeption orientiert sich an den Firmenfarben des heutigen Betreibers. Unter der Fassadenverkleidung aus Spaltplatten bleiben die Fliesen samt Farbbefunden weiter geschützt bestehen.

Das Restaurierungskonzept des Architekturbüros Pleßmann (amp+) sah 2011 für die Leimholzbinderkonstruktion eine Reparatur unter weitestgehendem Erhalt der originalen Bausubstanz vor, wobei nur schadhafte Bauteile ausgetauscht werden sollten. Umgesetzt werden konnte dies mit finanzieller Unterstützung aus Landesmitteln, indem das Dach eine zusätzliche Stahltragkonstruktion erhielt, sodass die Leimbinder in nichttragender Funktion erhalten werden konnten. Zwei gebogene Stahlträger, die das historische Holzdach in seine Ursprungsposition heben, sind durch zwei fünf Meter lange Betonfundamente im Boden hinter dem ehemaligen Tankwarthaus rückverankert.

Die ehemalige Tankstelle wurde in das Ausstellungsgelände für Automobile mit einer 400 Quadratmeter großen Verkaufshalle integriert und konnte so an die bauzeitliche Situation anknüpfen.

📍 Hofgeismar, Neue Straße 26

🏛 Autoprofi, Gebrauchtwagen und Werkstatt

📍 von außen frei zugänglich

ℹ http://www.autoprofi.org/

Idstein

Idstein
Autobahnmeisterei

Mit der Regierungsübernahme der Nationalsozialisten im Jahr 1933 wurde der umgehende Ausbau eines übergreifenden Autobahnnetzes in Deutschland beschlossen und bis Kriegsbeginn zügig in die Tat umgesetzt. Man benötigte dafür auch eine große Anzahl fahrbahnbegleitender Gebäude wie Rasthöfe, Tankstellen und Straßenmeistereien. An der Reichsautobahn Frankfurt-Köln, der heutigen BAB 3, entstand 1938 bei Idstein eine Straßenmeisterei, die hinsichtlich ihrer Anordnung sowie der architektonischen Ausgestaltung genau dem Bautyp entspricht, den die Architekten Paul Bonatz und Bruno Wehner musterhaft entworfen hatten. Wie die Autobahn selbst durch kulturlandschaftlich reizvolle Regionen geführt werden sollte, wurde auch die Autobahnmeisterei – ursprünglich weithin sichtbar – mitten im idyllischen Taunus und mit kolossalem Blick über die alte nassauische Residenzstadt Idstein platziert. Der noch heute geläufige Begriff „Gehöft" verdeutlicht, dass man sich mit der Anlage auf den Typus der bäuerlichen Mehrseithöfe bezog: Das eingeschossige Dienst- und Wohngebäude liegt rechtwinklig zum langgestreckten Fahrzeug-, Lager- und Werkstattschuppen, sodass sich ein großer, basaltpflastergedeckter Hofraum herausbildet. Die Gebäude sind weiß verputzt und mit Werkteilen aus regionaltypisch rotem Sandstein verkleidet. Schiefergedeckt und durch Gauben gegliedert sind die hohen, stattlichen Satteldächer. Ein repräsentatives Uhrentürmchen bekrönt das Dach des Dienstgebäudes in Richtung Autobahn. Während der Lagerschuppen mit seinen prägnanten, segmentbogenförmig angelegten Toreihen im Inneren sehr funktional in Sichtbeton und ungefasstem Backstein belassen wurde, hat man sich im Äußeren um eine konservativ-gediegene Gestaltung bemüht. Die schlichte Ausführung der Gebäude wurzelt in der Sachlichkeit des Neuen Bauens der 1920er Jahre, die Materialverwendung im regionaltypischen Bauen, das die Nationalsozialisten so bereitwillig ins Völkische umgedeutet haben. Das Gehöft wird bis heute als Autobahnmeisterei genutzt und hat seine originale Substanz und Anmutung bis heute weitgehend erhalten.

 Auroffer Berg (50°12'57.66"N, 8°15'2.60"E)

 Hessen Mobil Straßen- und Verkehrsmanagement

Tel. 06126 9956-0

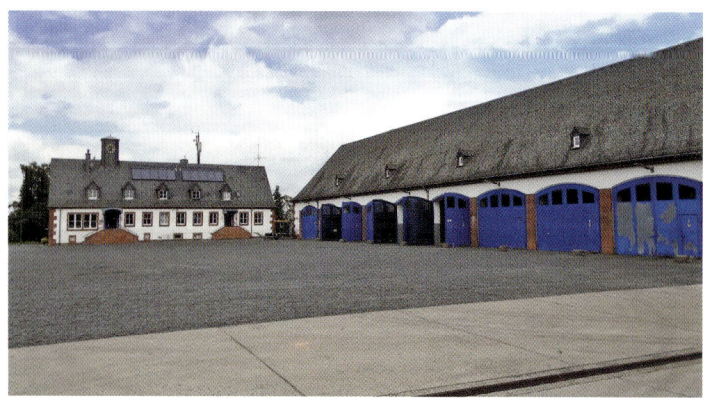

Blick von Südwesten auf das Gehöft der Autobahnmeisterei.

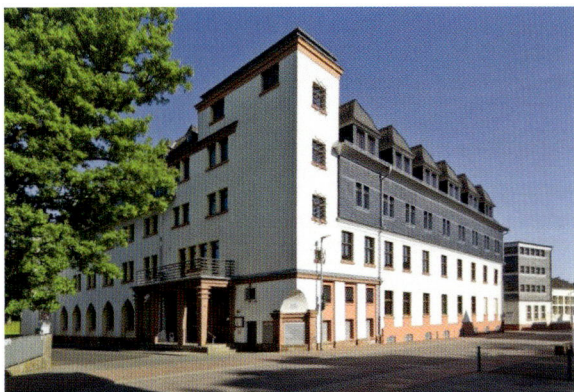

Das Verwaltungsgebäude des Kalmenhofes am Veitenmühlweg mit dem Gebäude der Wäscherei (rechts) in der Grunerstraße.

Idstein

Kalmenhof

Die in der Fachliteratur als in „expressionistischer Moderne mit heimatbezogen-traditioneller Architektur" bezeichneten beiden Flügel des Haupt- und Verwaltungsgebäudes des Kalmenhofes bestimmen mit drei Vollgeschossen und einem optisch beherrschenden Dachgeschoss den Straßenverlauf. Handwerklich anspruchsvolle Lösungen wie Schweifgiebel, Welsche Haube, Schweiftonnendächer, Verschieferung von drittem Obergeschoss und Dachgeschoss sowie musterhafte Fenster- und Dachgaubenformen und die Bauhöhe sind, wohl nach Austausch mit der damaligen städtischen Baukommission und der unabhängigen „Kommission gegen Verunstaltung des Stadtbildes", vorgegeben worden.

Nord- und Südflügel treffen im Eingangsbereich rechtwinklig in einer turmartig überhöhten Ecke aufeinander. Die zitierte expressionistische Moderne deutet sich hier mit konisch nach oben erweiterten sandsteinernen Massivstützen an, die sich im Innern als klinkerverkleidete Pfeiler wiederholen. Im Erd- und im Ersten Obergeschoss besteht die Wandverkleidung in den unteren beiden Dritteln der Flure gleichfalls aus dunklen Klinkern.

Das ursprüngliche Lehrlingsheim für die aus gesundheitlichen oder familiären Gründen nach Abschluss der Schulpflicht weiterhin heimpflichtigen männlichen „Zöglinge" der Anstalt mit integrierten Werkstätten für Buchbinder, Buchdrucker, Bürstenbinder, Korbflechter, Polsterer, Sattler, Schneider, Schreiner, Schuhmacher, Tapezierer, Tischler und anderen war 1928 bezugsfertig. Die Geschosse werden durch drei Treppenhäuser erschlossen.

Das südliche Nachbargebäude entstand 1930/1931 als Wäscherei mit Trocken- und Bügelräumen in den Obergeschossen. Eine Brücke über den Veitenmühlberg vermittelt seit 1932 zwischen Verwaltungsgebäude und Wäscherei, die in unterschiedlichen Bauhöhen das ehemalige Idsteiner Elektrizitätswerk überbaut und mit Fensterbändern und sachlicher Hallenkonstruktion eine zeitgenössisch-moderne Formensprache zeigt.

Beide Gebäude und die Brücke entwarf der Wiesbadener Architekt Ludwig Minner, Mitglied der Freien Künstlerschaft Wiesbaden.

📍 Veitenmühlweg 10

🏛 Vitos Teilhabe gemeinnützige GmbH

📍 Verwaltungsgebäude und Wäscherei: Besichtigung von außen jederzeit; während der Öffnungszeiten bzw. nach Absprache

ℹ Tel. 06126 230 und 06126 23228

Idstein

Sankt Martin

Nach der Reformation wurde die mittelalterliche Martinskirche zur evangelischen Stadt-, später Unionskirche. Erst 1888 erhielt die katholische Gemeinde am südwestlichen Ortsrand wieder einen eigenen Gottesdienstraum. Dieser musste 1963 einem Neubau weichen, der 1965 dem Heiligen Martin geweiht wurde. Mit dem Projekt wurde der Frankfurter Architekt Johannes Krahn, der als Meisterschüler von Dominikus Böhm und Mitarbeiter von Rudolf Schwarz im liturgisch bewegten Kirchenbau der Zwischenkriegszeit tief verwurzelt war. Für Idstein schuf er einen seiner zwischen Tradition und Moderne vermittelnden „Prozessionsräume", wie sie etwa in der Sankt-Wendel-Kirche von 1957 in Frankfurt, oder in der Friedenskirche Sankt Nikolaus von Flüe von 1962 in Wörsdorf zu finden sind.

In Idstein erhebt sich das Kirchenschiff von Sankt-Martin entlang der Wiesbadener Straße auf einem längsrechteckigen Grundriss, der im Norden in einen halbkreisförmigen Altarraum mündet. Nach Osten ist eine Sakramentskapelle mit Krypta angegliedert. Ihr liegt im Westen eine niedrigere Sakristei gegenüber. Zur Straße vorgerückt, ist dem Schiff im Süden ein zylindrischer Campanile zur Seite gestellt. Mit Ausnahme dieses betonsichtigen Glockenträgers wird Sankt Martin durch Bruchsteinoberflächen geprägt. In regelmäßigen Abständen ins Mauerwerk eingebunden, tragen Stahlstützen die Binder des flachgedeckten Kirchendachs. Direkt darunter verläuft ein mit Rohglas geschlossenes Fensterband, das senkrecht auch die Wandscheiben der beiden Haupteingänge absetzt. Im Inneren zielt der stützenlose Kirchenraum zwischen zwei Bankblöcken auf die Altarinsel. Mit der Renovierung im Jahr 2003 wurden hier der Altar zur Gemeinde vorgezogen, die Tabernakelstele in die Seitenkapelle verbracht und der Taufstein in die Stufen der Altarinsel eingebunden. In Schiff und Kapelle zeigen schießschartenähnliche Fenster Kreuzwegmotive, die, wie die Kryptafenster, 1965 vom Berliner Maler Paul Corazolla gestaltet wurden. Ebenfalls zur Bauzeit schufen die Geschwister Heinz-Theo und Anneliese Degen aus Höhr-Grenzhausen eine Antoniusfigur und eine Pietà.

📍 Wiesbadener Straße 21

🏛 Katholische Pfarrgemeinde Sankt Martin Idsteiner Land

♟ geöffnet zu den Gottesdiensten, weitere Öffnungszeiten beim Pfarramt erfragen

ℹ 65510 Idstein, Tel. 06126 95190
pfarrei@katholisch-idsteinerland.de
www.katholisch-idsteinerland.de

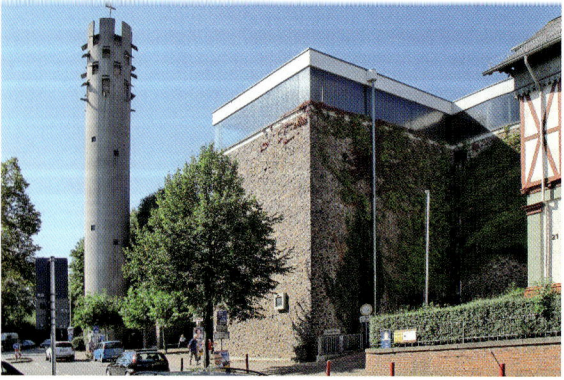

Der moderne Baukörper von Sankt Martin erhebt sich zwischen Bahnhof und Altstadt.

Wohnen ohne Schnörkel – Die Deutschen Werkstätten oder der Werkbund verändern das Leben

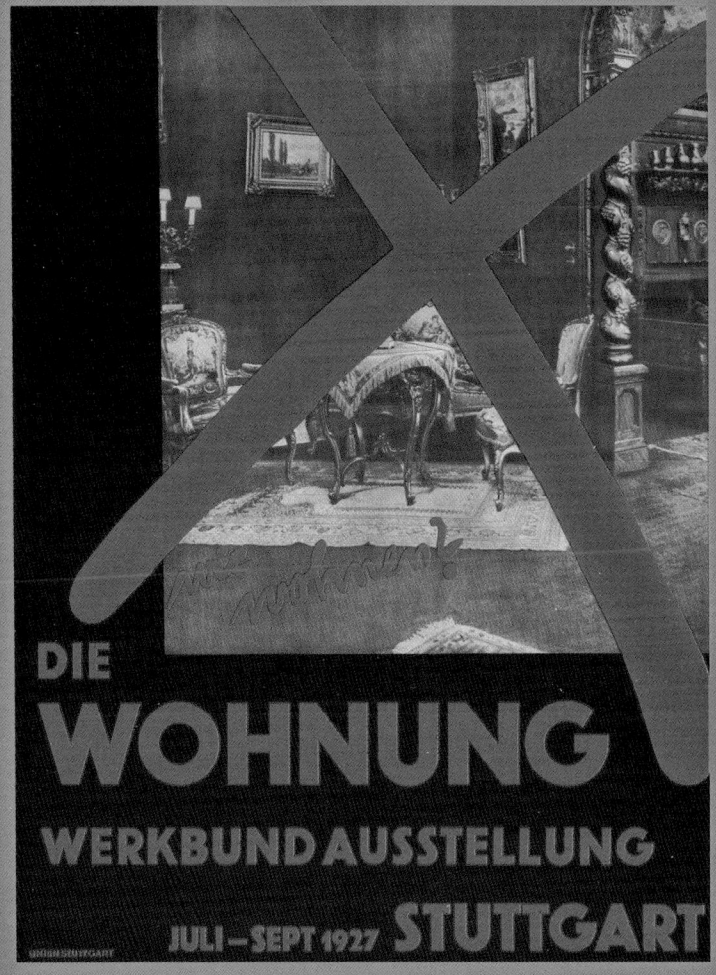

Wohnen ohne Schnörkel – Die Deutschen Werkstätten oder der Werkbund verändern das Leben

Seit Mitte des 19. Jahrhunderts war in England die Arts-and-Crafts-Bewegung, die als Reaktion auf den als seelenlos empfundenen Historismus in der viktorianischen Epoche gegründet worden war, etabliert. Man besann sich bei dieser Reformbewegung auf die Qualitäten des Handwerks und hoffte, durch Schlichtheit und einen bewussten Umgang mit dem Material die natürliche Schönheit der geschaffenen Gegenstände zum Ausdruck bringen zu können. Diese Idee verbreitete sich nicht nur auf der britischen Insel, auch auf dem europäischen Festland fanden sich zahlreiche Anhänger. Jugendstil und Art Nouveau wurden stark durch die Arts-and-Crafts-Bewegung beeinflusst, aber

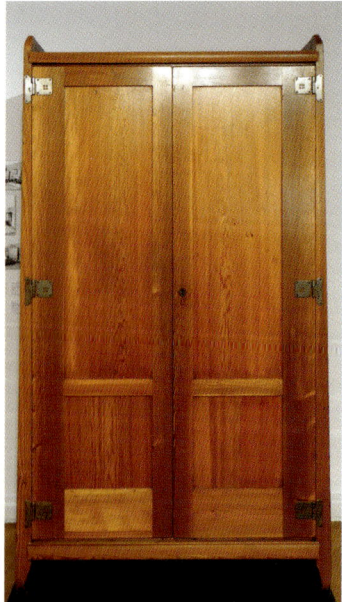

Wäscheschrank (1906) aus der Maschinenmöbel-Serie „Das Dresdner Hausgerät" der Dresdner Werkstätten, Entwurf Richard Riemerschmid.

auch die Wiener Sezession und die Wiener Werkstätten, der Deutsche Werkbund und das Bauhaus mit ihren Ideen einer komplett gestalteten ästhetischen Wohnungseinrichtung, wären ohne die Vorbilder aus England nicht denkbar.

Der Deutsche Werkbund e. V. wurde 1907 auf Anregung der Architekten Hermann Muthesius und Henry van de Velde und des Politiker Friedrich Naumann als „Vereinigung von Künstlern, Architekten, Unternehmern und Sachverständigen" in München gegründet. Auch hier sollte mit einem hohen Qualitätsbegriff und kunstgewerblicher Fertigung eine neue Warenästhetik geschaffen werden und das Werk im Mittelpunkt der Arbeit stehen. Zweck, Material und die Konstruktion der Objekte sollten die Formgebung bestimmen, man wollte weg von historisierenden Vorbildern oder Kopien und den Weg zu einer technisch und ästhetisch hochwertigen Qualitätsproduktion gehen. Der neue, ohne historisierende Dekorelemente geschaffene schlichte Stil, der auch industriell ohne Aufwand hergestellt werden konnte, sollte durch zahlreiche Publikationen, beispielsweise die eigene Zeitschrift „Die Form", die 1925 bis 1934 erschien, und Ausstellungen den Menschen nähergebracht werden. Die Gründungsphase des Werkbundes wurde durch eine große Ausstellung abgeschlossen, die 1914 in Köln stattfand. Der Erste Weltkrieg stellte jedoch einen erheblichen Einschnitt in die Arbeit des Werkbundes dar. Nach Ende des Krieges und der Gründung des Bauhauses hatte der Werkbund den Anspruch, die ganze Palette alltäglicher Gebrauchsgegenstände in Herstellung und Form von Wohnungseinrichtungen bis hin zur Architektur zu reformieren. Bis zu seiner Auflösung durch die Nationalsozialisten im Jahr 1938 gab es 1927 die Ausstellung „Die Wohnung" in der Stuttgarter Weißenhofsiedlung, 1930 eine Ausstellung gleichen Titels unter der Leitung von Walter Gropius in Paris und 1932 die Ausstellung „Werkbundsiedlung" in Wien.

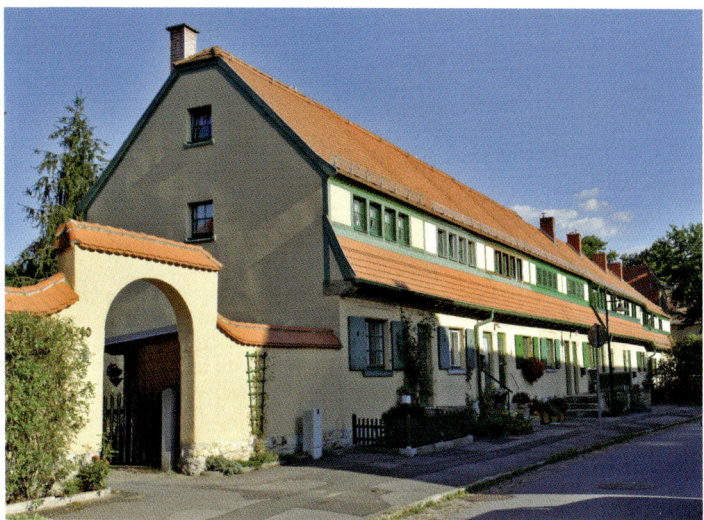

Typisches Haus der Gartenstadt in Hellerau.

1947 wurde der Deutsche Werkbund neu gegründet. Zwischen 1952 und 2007 gab er die Zeitschrift „Werk und Zeit" heraus. Seit 1972 ist das Werkbundarchiv in Berlin ein Museum zur Sach- und Alltagskultur.

In den späten 1920er Jahren hat das Büro von Walter Gropius für das Möbel- und Einrichtungshaus B. Feder in Berlin mehrere Serien von Anbaumöbeln für Büros, Wohn-, Schlaf- und Arbeitszimmer entworfen. Einheitlich furnierte glatte Türflächen waren ein verbindendes Kennzeichen dieser Möbelreihe. Ganz im Sinne von Werkbund und Bauhaus sollten ästhetisch anspruchsvolle und moderne Möbel für alle Schichten zugänglich gemacht werden. So wurden diese Möbel 1929 auf der Ausstellung „Die billige und schöne Wohnung" in Berlin gezeigt. Häufige Kritik war allerdings, dass diese Möbel für Arbeiter noch zu teuer seien.

Ganz mit der Gedankenwelt der Reformbewegungen um 1900 verbunden, wurden im Jahr 1898, damals in Dresden-Laubegast, die Dresdner Werkstätten für Handwerkskunst Schmidt und Engelbrecht von Karl Schmidt-Hellerau gegründet, die nach einer Fusion mit den Werkstätten für Wohnungs-einrichtung München 1907 zu den Deutschen Werkstätten für Handwerkskunst GmbH Dresden und München zusammen gingen. Zwei Jahre später entstand im heutigen Dresden-Hellerau der Grundstein mit einem Fabrikgebäude die Gartenstadt Dresden-Hellerau. Wiederum ein Jahr später konnten 450 Mitarbeiter die Deutschen Werkstätten nutzen. In Hellerau legte Schmidt ab 1909 nach englischem Vorbild eine Gartenstadt an, die den Weg aus der Enge der städtischen Arbeiterwohnungen in die gesunde Natur aufzeigen sollte.

1913 wurden die Deutschen Werkstätten in eine AG umgewandelt. Von Anfang an hatte sich Karl Schmidt der Herstellung von Reformmöbeln gewidmet, wobei er ganz bewusst namhafte Künstler und Architekten wie Peter Behrens, Joseph Maria Olbrich und Charles Rennie Mackintosh mit den Entwürfen beauftragte. Das Sortiment der Deutschen Werkstätten umfasste hauptsächlich funktionale und lang haltbare Gebrauchsmöbel für die Mittelschicht, wobei aber auch anspruchsvollere Sonderanfertigungen möglich waren. Der Münchner Designer Richard

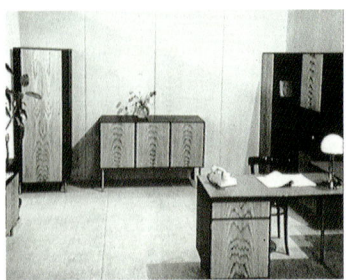

Raum mit Anbaumöbeln von Walter Gropius aus dem Katalog der Ausstellung „Neues Wohnen", Werbeschrift des Möbelhauses Feder, Berlin 1929.

Riemerschmied entwickelte ab 1903 für Karl Schmidt die Maschinenmöbel. Dabei handelte es sich um maschinell und seriell gefertigte und zerlegbare Möbelstücke. Diese Möbel bestanden aus typisierten Elementen und waren miteinander kombinierbar. Sie konnten platzsparend und dadurch günstig an die Kunden verschickt werden und waren ebenso leicht aufzubauen. Schon beim Entwurf wurde auf eine einfache Herstellung, gleichzeitig aber auch auf hohe ästhetische Wirkung Wert gelegt. Da diese Möbel einzeln, nicht nur als ganze Zimmer zu erwerben waren, konnten sie sich auch Menschen aus den unteren Einkommensschichten leisten. 1906 wurden sie erstmals auf der Dritten Deutschen Kunstgewerbeausstellung vorgestellt. Bis 1925 wurden diese Möbel unter dem Seriennamen „Das Dresdner Hausgerät", ab 1912 dann „Das Deutsche Hausgerät" angeboten und 1925 durch die Serie „Die billige Wohnung" abgelöst. In den späten 1920er Jahren verschlechterte sich die finanzielle Situation der Deutschen Werkstätten. Erst nach 1930 gab es wieder eine Aufwärtsentwicklung, die bis zum Kriegsbeginn anhielt. Vollständige Einrichtungen unter dem Namen „Die Heimstättenwohnung" wurden produziert und das von Bruno Paul entworfene Programm „Die Wachsende Wohnung" fand viel Zustimmung.

Nach Kriegsbeginn mussten die Deutschen Werkstätten mit Zwangsarbeitern für die Rüstungsproduktion arbeiten und deshalb später Reparationszahlungen leisten. 1946 wurde die AG aufgelöst und 1951 in einen Volkseigenen Betrieb umgewandelt. Die „Wachsende Wohnung" wurde weiterhin produziert. Die Deutschen Werkstätten wurden nach der Wende in eine GmbH umgewandelt, die sich heute dem Innenausbau von Gebäuden und Yachten widmet.

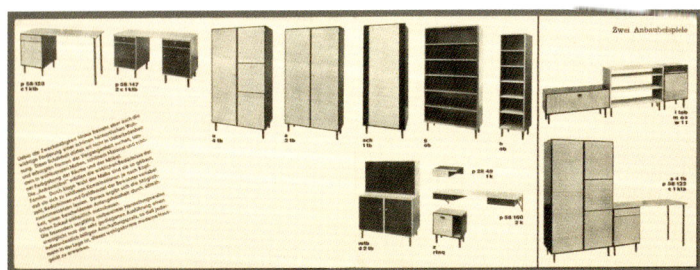

Von Herbert Bayer typografisch gestaltetes Faltblatt für das Möbelhaus Feder mit Grundmodulen und Kombinationsmöglichkeiten von Anbaumöbeln nach dem Entwurf von Walter Gropius, 1930.

Kassel

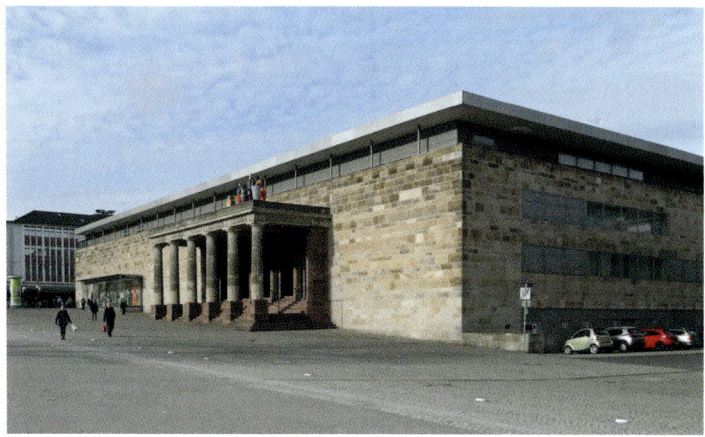

Bis heute in ursprünglicher Funktion als Kaufhaus: heute Sinn AG.

Kassel
Ehemaliges Kaufhaus Bilka

Nach der Zerstörung zweier aus hessischer Residenzzeit stammender Palais im Zweiten Weltkrieg und dem Abbruch ihrer Ruinen kam es erst 1960/61 zu einem Schluss der Lücke zwischen Museum Fridericianum und Oberer Königsstraße. Die von der Nordseite des Friedrichsplatzes vorgegebene Fluchtlinie setzte sich in der Treppenstraße, einer bedeutenden Wiederaufbauleistung, fort. Als Architekt für das am 14. September 1961 eröffnete Kaufhaus Bilka wurde mit Sep Ruf ein Vertreter der Moderne verpflichtet. Der Kasseler Arnold Bode wirkte bei der Planung hinsichtlich der städtebaulichen Einbindung mit. Der aus beigem Sandstein gefertigte, im Krieg nicht beschädigte Portikus des von Johann Conrad Bromeis errichteten „Roten Palais" mit seinen dorischen Säulen und seinem reich geschmückten, in das Jahr 1826 datierten Quergebälk wurde für die zum Friedrichsplatz gerichtete Sandsteinfassade übernommen.

Die Architekten banden das Kaufhaus über einen schmalen, turmartigen Trakt an die östlich angrenzenden Nachbarhäuser in der Oberen Königsstraße an. Der Haupteingang lag etwas zurückgesetzt unter dem markant vorgezogenen Flachdach. Das Dachgeschoss springt gegenüber den Fassaden zurück und das Dach kragt auf dünnen Stahlstützen vor. Das Gebäude wurde 1991 im Zuge eines Besitzerwechsels grundlegend umgebaut, was im Inneren eine völlig neue Einteilung durch Einziehen von Zwischendecken bedeutete. Nach außen trat nun eine breite Schaufenstervitrine zum Friedrichsplatz in Konkurrenz zu Portikus und Fridericianum. Eine Umgestaltung des Eingangsbereichs mit einer den Winkel zwischen Turm und Kaufhaus fast völlig einnehmenden Glasfassade änderte vor allem die Nordansicht. Der straffe geometrische Charakter des Gebäudes wurde durch die Schaffung neuer Öffnungen gelockert, die Qualität der städtebaulichen Einbindung blieb erhalten. Seit der documenta 9 1992 steht auf dem Dach des Portikus die von Thomas Schütte stammende, allerdings um drei Teile reduzierte Skulpturengruppe „Die Fremden".

 Friedrichsplatz 19–20

 privat

 außen (und innen) frei zugänglich

125

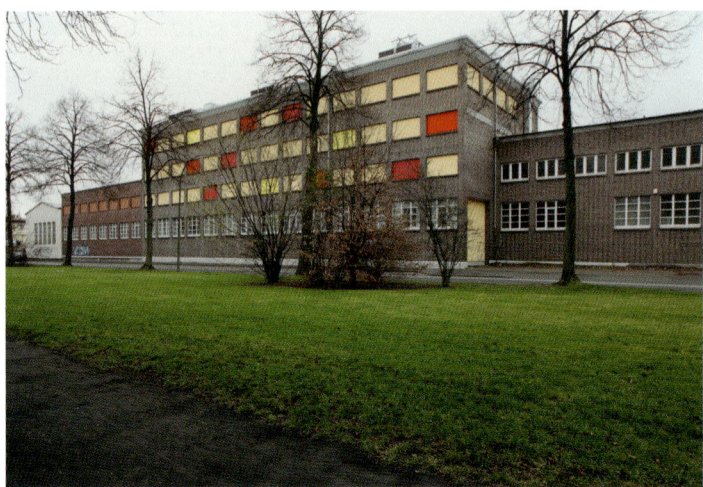

Kassel

Ehemaliges Rheika-Lagerhaus

Heute als Depot von der Museumslandschaft Hessen-Kassel genutzt.

Als später Vertreter des sachlich-modernen Stils in Kassel entstand das Lagerhaus des Handelsunternehmen Rheika erst im Jahre 1935. Nach einem Entwurf des „Ingenieur-Architekten" Erich Wolf ließ hier der 1924 gegründete Lebensmittel-Filialist Rheika, das „Rheinische Kaufhaus", nach modernsten Grundsätzen einen Neubau als zentrales Warenlager errichten. Das Gebäude wurde nach Kriegsschäden 1946-1948 wiederhergestellt und 1966 beziehungsweise 1969/70 zur heutigen Form erweitert. Das Areal war von Anfang an mittels eines eigenen Bahnanschlusses von der seit 1907 über die Bunsenstraße bis zum Schlachthof beziehungsweise später bis zum Stammwerk Henschel unmittelbar vorbeilaufenden Industriebahn erschlossen.

Das Gebäude wechselte 1975 mit der Übernahme von Rheika durch Edeka den Besitzer. Wenige Jahre später wurde die Nutzung als Basis für den Einzelhandel aufgegeben. Nach einem Umbau 2008 wird das Lagerhaus wieder in der ursprünglichen Funktion, wenn auch nicht mehr für Lebensmittel, sondern als Depot für Kulturgut von der Museumslandschaft Hessen Kassel genutzt.

Der qualitätsvolle Industriebau besteht aus einem viergeschossigen, lang gestreckten Hauptgebäude als Stahlskelettbau mit dunkelroter Klinkerfassade und Flachdach mit markant vorspringendem Dachgesims. In den Obergeschossen sind allerdings die Reihen von querrechteckigen Fensterformaten, die ein Fensterband andeuten, weitgehend für die derzeitige Nutzung verschlossen. Zweigeschossige Flügeltrakte komplettieren die Straßenfassade des eindrucksvollen Bauwerks.

📍 Bunsenstraße 71

🏛 privat

🔒 von der Straße einsehbar

Kassel

Ehemalige Konsum-Warenzentrale

Am 12. Dezember 1900 wurde in Kassel der für eine günstige Lebensmittel- und Konsumgüterversorgung stehende „Konsum- und Sparverein" gegründet. Die den Gewerkschaften nahe stehende und von Anfang an der Großeinkaufs- gesellschaft angeschlossene Genossen- schaft unterhielt eigene Läden und wuchs schnell. 1906 wurde der Beschluss gefasst, in der Hafenstraße direkt am neuen Hafen ein vormals von einer Gärtnerei genutztes Grundstück für den Bau eines zentralen Lagers, einer Bäcke- rei und eines Wohn- und Kontorhauses zu erwerben und mit einem eigenen Eisenbahnanschluss zu versehen. Mit dem Bau wurde im Juli 1907 begonnen, die Großbäckerei konnte bereits im Januar 1908 ihren Betrieb aufnehmen, der in den folgenden Jahren immer mehr unter anderem durch die Etablie- rung einer eigenen Fleischwarenfabrik ausgeweitet wurde. 1926/27 kaufte die Genossenschaft einen Teil des Nachbar-

grundstücks und verwendete diesen für einen Erweiterungsbau im Stil der Neuen Sachlichkeit. Dieser wurde geplant und ausgeführt von dem Kasseler Architekten Karl Wittrock, der über das abgeschlos- sene Projekt im Juli 1929 einen Kurz- beitrag in der Zeitschrift „Bauwelt" ver- öffentlichte. Das Gebäude wurde 1954 und 1962 in angepassten Formen erwei- tert und wird seit dem Ende des Konsum beziehungsweise seines Nachfolgers Coop 1998 von einer Spedition genutzt.

Das ehemalige Lager- und Fabrik- gebäude des Konsum ist eine Stahl- Eisenkonstruktion mit weiß verputzten Wänden, Flachdach, Fensterbändern und Laderampen. Innen war und ist es durch ein System aus Stützpfeilern variabel unterteilbar. Es gehört zu den ganz wenigen Bauten Kassels, die noch einen halbwegs originalen Eindruck des „Internationalen Stils" in Kassel vermitteln.

📍 Hafenstraße 76

🏛 privat

👤 von der Straße aus einsehbar

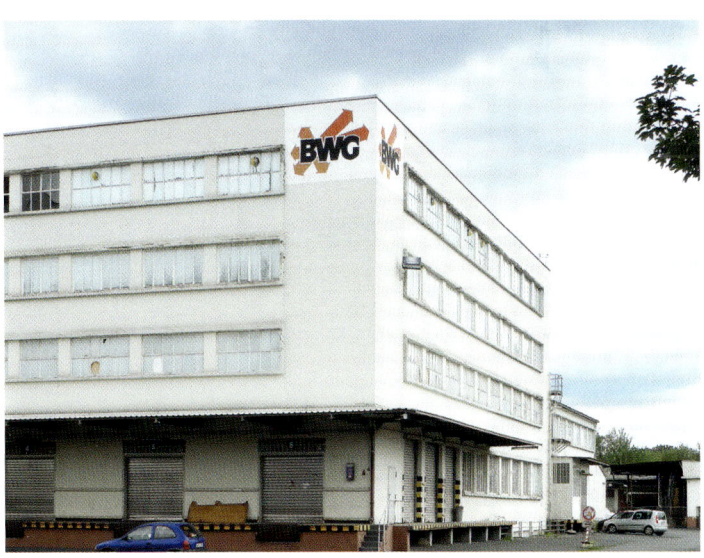

Mittlerweile eine Spedition.

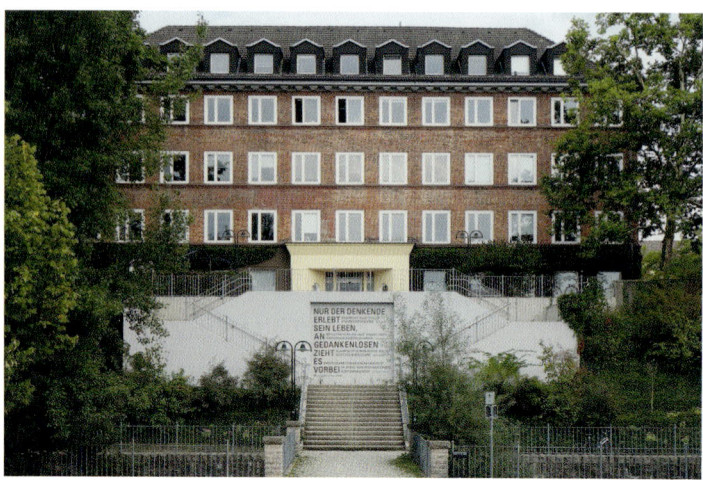

Heute als Verwaltung der Universität genutzt.

Kassel

Ehemaliges Verwaltungsgebäude der Firma Henschel

Henschel & Sohn war als Hersteller vor allem von Lokomotiven eine Firma von Weltgeltung und produzierte in Kassel an drei Standorten. Der älteste von ihnen lag bis zur Schließung 1974 vor dem Holländischen Tor am Fuße des Möncheberg. Hier erinnert das 1837 errichtete Gießhaus an die ursprüngliche Nutzung des Areals, auf dem seit 1977 die Universität Kassel ihren Sitz hat. Auch die frühere, 1902 bis 1904 gebaute, Hauptverwaltung ist, nach Umbauten, an der Henschelstraße noch vorhanden. Vermutlich für den Bau eines kompletten neuen Werks in der Flur Mittelfeld wurde am Ende des Ersten Weltkriegs der Architekt Curt von Brocke verpflichtet, der bis zu seinem Umzug nach Braunschweig im Jahre 1935 als Werksarchitekt für Henschel tätig war, also alle firmeneigenen Baumaßnahmen zu betreuen hatte. Dazu gehörten nicht nur die avantgardistischen Stahlbetonbauten aus den ersten Jahren des Werks Mittelfeld, mit denen von Brocke über Publikationen bekannt wurde, sondern auch Wohnhäuser oder das Verwaltungsgebäude am Rande des Stammwerks. Von Brocke war bekannt für die Anwendung modernster Bauverfahren bei gleichzeitig sachlicher Gestaltung mit Anklängen an den Klassizismus.

Der Neubau von 1922 liegt in einer dominierenden Position oberhalb des ehemaligen Werks- und heutigen Universitätsgeländes. Zur Überwindung des Höhenunterschiedes lagerte von Brocke der zum Werk zugewandten Westseite des Gebäudes mit seinem im Sockelgeschoss liegendem Haupteingang eine zweiläufige, inzwischen modernisierte Treppenanlage vor. Der viergeschossige Rohziegelbau mit verputztem Sockelgeschoss ist innen eine Stahlskelettkonstruktion, die einen von außen nicht sichtbaren, ursprünglich mit Glas überdeckten, heute offenen Innenhof umschließt. Die Fenster wurden flach in die Fassade eingeschnitten und mittels durchlaufender Gesimse zusammengefasst. Eine in jüngster Zeit durchgeführte Renovierung nahm leider wenig Rücksicht auf von Brockes ursprünglich fein austarierte Detailgestaltung.

📍 Mönchebergstraße 19

🏛 Universität Kassel

🔓 von außen frei zugänglich

Kassel

Heinrich-Schütz-Schule

1927 schrieb die Stadt Kassel einen Architektenwettbewerb für ein Schulgebäude aus, das als Mädchengymnasium dienen sollte. Umgesetzt wurde ein Entwurf des in Rostock geborenen Architekten Heinrich Tessenow. Die 1930 bezogene Schule erhielt ihren Namen zunächst nach der in Kassel geborenen Schriftstellerin Malwida von Meysenbug (1816–1903). Dieser wurde aus ideologischen Gründen 1940 von dem noch heute gültigen Namen des Komponisten Heinrich Schütz (1585–1672) abgelöst.

Die differenziert gegliederten Baukörper der Schule befinden sich in einer kleinen Grünanlage und sind im Norden und Osten von weiteren Parkflächen umgeben. Das dreigeschossige Hauptgebäude mit niedrigem Walmdach besteht aus einer Vierflügelanlage um einen Innenhof. Es enthält neben einer erschließenden Wandelhalle vor allem Klassen- und Fachräume. Parallel zur Wilhelmshöher Allee schließen sich nach Westen die Aula mit hohen vertikalen Fenstern, nach Osten die beiden übereinanderliegenden Turnhallen an. In der nordöstlichen Ecke befindet sich die zweistöckige Hausmeisterwohnung. Der Schulhof erstreckt sich vor der Ostfassade in Richtung Goetheanlage.

Tessenows Schulbau aus Stahlbeton zählt zu den Hauptwerken des Architekten und ist ein international bedeutendes Beispiel für die Neue Sachlichkeit. Die schlichten Fassaden sind durch vielfach unterteilte Sprossenfenster in verschiedenen Größen gegliedert. Die ursprünglich die Fenster rahmenden schmalen Streifen in Rot und Grau wurden im Jahr 2000 wiederhergestellt. Innen haben sich Reste von Tessenows Ausstattung erhalten. Ein 1992 eingebautes Treppenhaus im Nordflügel stört jedoch erheblich den historischen Zustand.

Von 2009 bis 2011 entstand an der Südseite des Schulhofes ein sich an den historischen Turnhallentrakt anschließender Neubau des Kasseler Architekturbüros Schultze + Schulze. Im Rahmen dieser Maßnahme wurden Anbauten und Pavillons aus den 1970er Jahren entfernt und im Altbau eine Mensa eingerichtet. Der Neubau wird in Erinnerung an die ursprüngliche Namensgebung als Malwida-von-Meysenbug-Flügel bezeichnet.

Freiherr-vom-Stein-Straße 11

Stadt Kassel

von außen frei zugänglich

www.heinrich-schuetz-schule.de

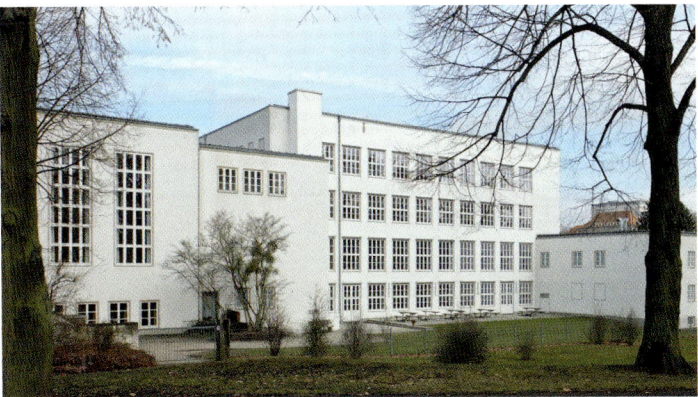

Die Südseite der Heinrich-Schütz-Schule von Heinrich Tessenow.

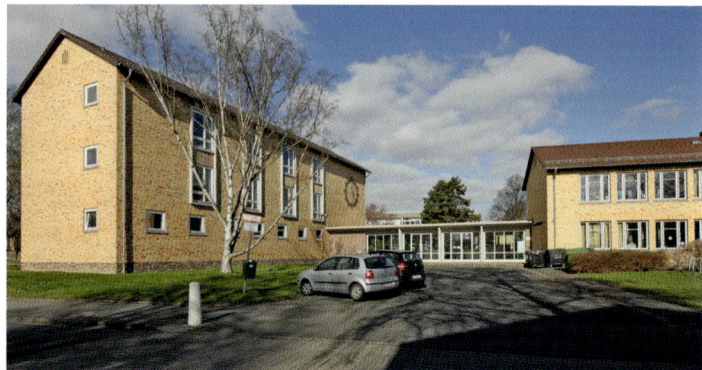

Kassel

Eingangsbereich der Schule.

Johann-Amos-Comenius-Schule

Kassel hatte nach dem Zweiten Weltkrieg nicht nur an Wohnungen, Geschäftshäusern, Kirchen und Fabriken einen hohen Bedarf sondern auch an Schulen. Die gewachsene Bevölkerung in Kernstadt und Ortsteilen erforderte ein schnelles Reagieren, das, wie im Falle der Leimbornschule am ehemaligen Ortsrand des 1936 eingemeindeten Dorfes Niederzwehren, durch ein mehrstufiges Ausbaukonzept ermöglicht wurde. Gebaut wurde nicht ein massiges, hohes Schulhaus, sondern auf ausreichend großem Grundstück eine Art Schuldorf mit einzeln stehenden kleineren Gebäuden. Dieses Bauen im Pavillonsystem ermöglichte ein kontinuierliches Wachstum bei gleichzeitig freundlicher, luftig-lichter Gesamtgestalt.

Der Grundstein für die neue Volksschule für den Stadtteil Niederzwehren wurde am 3. November 1954 gelegt. Der Entwurf entstammte, wie viele andere moderne und wegweisende Schulentwürfe auch, dem Kasseler Hochbauamt und wurde von dessen Leiter Werner Noell verantwortet. Als erstes wurde der zweigeschossige, parallel zur Straße gestreckte Baukörper mit seiner hellen, freundlichen Klinkerfassade fertig gestellt. Die Treppenhäuser springen nach Süden vor, im Gebäude gibt es zwischen den Klassen keine Flure. Für die Fachklassen, Hauswirtschaftsräume, Verwaltung und Bibliothek wurde bis 1957 das dreigeschossige Hauptgebäude errichtet und über einen auch als Veranstaltungshalle nutzbaren, eingeschossigen Haupteingang mit Flachdach und Glaswänden angebunden. Dazu kamen fünf mit einem Pausengang verbundene Klassenpavillons und 1966 eine Turnhalle mit Lehrschwimmbecken. Typisch für die Zeit ist die Verwendung von Kunstwerken zur Gestaltung des Gebäudes an Treppenhauswänden und ein Brunnen auf dem Schulhof mit Märchenmotiv.

Die zweite Bauphase war allerdings weniger um eine freundliche Ästhetik bemüht. In zwei Bauabschnitten entstand 1974 und 1983 ein Neubau an der Nordwestseite des Schulhofs im funktionalen Stil, sprich in Beton-Fertigbauweise. Ein vorerst letzter, jetzt postmoderner Neubau, der im Jahr 2008 fertiggestellt wurde, knüpft an die Qualitäten des Ursprungsbaus an.

Leimbornstraße 14

Stadt Kassel

von außen frei zugänglich

Katholische Pfarrkirche Sankt Bonifatius

Angeregt durch das Wachstum des seinerzeit neu angelegten Fasanenhof-Viertels kaufte die katholische Kirche im Jahre 1927 ein 6.000 Quadratmeter großes Grundstück zwischen Ihringshäuser Straße, Mittelring und Bürgistraße. Geplant war die sukzessive Errichtung eines Gemeindezentrums. 1936 konnte als erstes ein neues Gotteshaus eingeweiht werden, das jedoch schon 1943 durch Kriegseinwirkung zerstört wurde. 1956 fand ein Architektenwettbewerb für einen abermaligen Neubau statt, den Josef Bieling für sich entschied. Mit der Ausführung wurde umgehend begonnen und die Kirche Sankt Bonifatius am 27. Oktober 1957 geweiht. Bis 1965 kamen Pfarrhaus, Gemeindehaus mit Kindergarten und Altersheim hinzu, wobei man die Zusammenarbeit mit Bieling fortsetzte.

Trotz diverser zwischenzeitlicher Umgestaltungen gehört die Kirche zu den interessantesten Neubauten der Nachkriegsmoderne in Kassel. Sie gehört fraglos zu den Hauptwerken des besonders in kirchlichem Auftrag viel beschäftigten Architekten.

Der expressive Stahlbetonskelettbau mit dem schlanken, konisch zulaufenden Campanile mit seiner ursprünglich durchbrochenen, seit einer Turmsanierung 1980/81 lisenenartig geschlossenen Vertikalgliederung dominiert trotz seiner tiefen Lage sein Umfeld. Die Wandflächen sind verputzt. Bieling beschrieb seine Konzeption in der Festschrift zur Einweihung folgendermaßen: „Auf dem Grundriß, dem als geometrische Form das Dreieck zu Grunde liegt, baut sich ein lichter Hallenraum auf, der durch seine Formgebung optisch und physisch ganz auf den Chorraum mit dem freistehenden Hochaltar ausgerichtet ist." Dazu trägt auch die raffinierte Lichtführung durch eine verdeckte Anordnung der Fenster bei. Gegenüber liegt hinter der Orgelempore eine große Betonglasrosette, die bis 1972 nach einem Entwurf von Agnes Mann eine zuvor schlichtere Verglasung ersetzte. Die Bonifatius-Skulptur vor dem Gebäude schuf 1962 der Bildhauer Hanns-Wolf Spemann.

 Ihringshäuser Straße 3

 Pfarrei Sankt Elisabeth
– Kirchort Sankt Bonifatius

von außen frei zugänglich
Öffnungszeiten: Mo–Mi, Fr 9–12,
Do 14.30–17 Uhr

www.st-bonifatius-kassel.de
Tel. 0561 874-221

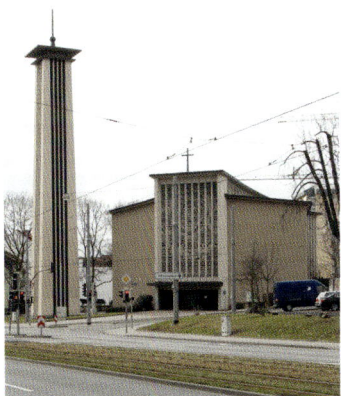

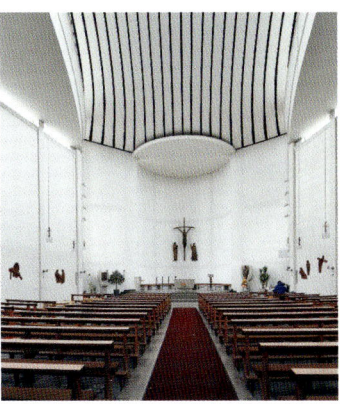

Katholische Pfarrkirche Sankt Bonifatius.

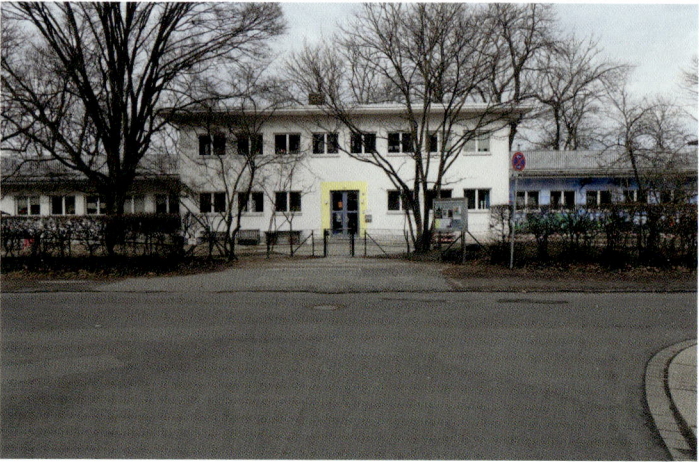

Kassel

Kindergarten

Eines der wenig erhaltenen Beispiele der Bauhausarchitektur.

Der Kindergarten in der Dingelstedtstraße gehört zu den wenigen erhaltenen Beispielen für die Architektur der Bauhauszeit in Kassel. Das Gebäude wurde einschließlich der ursprünglichen Inneneinrichtung nach einem Entwurf des städtischen Architekten Hans Borkowsky errichtet und am 14. Juni 1929 eingeweiht. Ursprünglich war die Einrichtung ein Kindertagesheim des evangelischen Fröbelseminars, diente also auch als Ausbildungsstätte für Kindergärtnerinnen. Heute befindet es sich in Trägerschaft der Gemeinde der evangelischen Friedenskirche Kassel. Bis 1996 wurde das Gebäude durch das Architekturbüro Haeseler & Partner umgebaut und renoviert und dabei nach Osten durch einen Anbau erweitert.

Der weiß verputzte Kindergarten wurde in freier Lage an der Hangkante des Kratzenbergs in unmittelbarer Nähe des Parks Tannenwäldchen platziert. Ein weit vorkragendes Flachdach charakterisiert den schlichten, ausgewogen proportionierten Bau mit seinem symmetrischen, dreigliedrigen Aufriss. Der Mittelteil ist zweigeschossig, die Seitentrakte sind eingeschossig und werden von sonnigen Dachterrassen abgeschlossen. Ursprünglich waren die zweiflügeligen, querrechteckigen Fenster blau gestrichen.

⚲ Dingelstedtstraße 10

🏛 Evangelische Kirchengemeinde der Friedenskirche

👁 von der Straße einsehbar

ℹ Tel. 0561 774-832
kita.friedenskirche@ekkw.de

Kassel

Marie von Boschan-Aschrott-Altersheim

Die kubischen Gebäude des Altenheimes, prominentes Beispiel für das funktionalistische Neue Bauen, entstanden 1930/31 in Stahlskelettbauweise nahe dem Aschrottpark. Sie wurden von dem Celler Architekten Otto Haesler entworfen. Die Farbgebung stammte von Karl Völker (1889–1962). Haesler konzipierte zwei parallele fünfgeschossige Bauten mit nach Süden ausgerichteten Glasfassaden sowie einen zweigeschossigen Verbindungsflügel im Osten. Im Norden befindet sich ein dreigeschossiger Anbau, vor dessen Schmalseite die drei markanten Schornsteine der Heizungsanlage stehen. Das moderne Erscheinungsbild der Anlage sorgte damals für internationales Aufsehen, aber auch für Kritik in konservativen Bevölkerungskreisen.

Der Stifter Dr. Felix Aschrott (1856–1927) bestimmte das nach seiner verstorbenen Schwester benannte Altenheim für ältere alleinstehende und „gebildete" Damen. Die über einen Flur erschlossenen Einzelwohnungen mit gläserner Front sind nach Süden ausgerichtet. Sie besaßen ursprünglich ein dreiteiliges tiefes Blumenfenster und eine doppelte Glastür, die auf den durchgehenden schmalen Balkon mit roten horizontalen Geländerstäben führte. Die Wohnungen verfügten über einen Vorraum mit Garderobe und eine Bettnische mit Waschtisch. Die Toiletten befanden sich auf dem Flur, und im Verbindungsbau standen Gemeinschaftsräume zur Verfügung.

1935 wurden an den Südseiten Markisen angebracht und 1940 die ursprünglich dunkelgrauen Fensterrahmen weiß gestrichen. Nach verschiedenen Fremdnutzungen ist die gesamte Anlage seit 1959 wieder als Altenheim in Betrieb. 1960 brachte man helle Fliesen an den ursprünglich weiß verputzten Fassaden an. Weiterhin wurden an der seit 1977 denkmalgeschützten Anlage verschiedene Modernisierungen durchgeführt, beispielsweise der Einbau von WC- und Duschräumen in den einzelnen Wohnungen, die Haeslers architektonische Konzeption verunklären. Seit 1999 fügt sich ein Anbau direkt an die Nordseite des Südflügels, 2017 entstand ein neuer Gebäudetrakt im Nordosten.

○ Friedrich-Ebert-Straße 178

🏛 Marie von Boschan-Aschrott-Altersheim-Stiftung

♟ von außen frei zugänglich

ℹ www.aschrottheim.de, Tel. 0561 93764-0

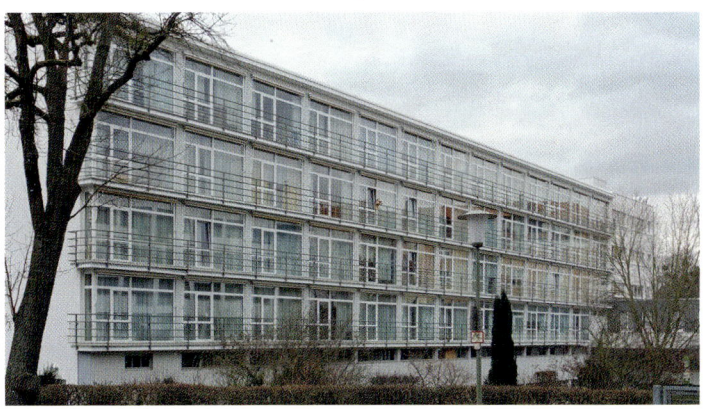

Glasfassade des nördlichen Flügels und Innenhof des Aschrott-Altersheims.

Kassel

Rothenbergsiedlung

Die Rothenbergsiedlung mit modernen Wohnstandards entstand 1929 im Auftrag der Kasseler Wohnungsfürsorgegesellschaft, heute GWG. Entworfen wurde sie von dem Celler Architekten Otto Haesler, der Planungen für die nicht realisierte Siedlung Haselhorst bei Berlin verwendete. Das Kasseler Bauprojekt umfasste ursprünglich 2.500 Wohnungen unterschiedlicher Größe. Aufgrund der wirtschaftlichen und politischen Situation in den 1930er Jahren konnte nur ein kleiner Teil realisiert werden. Dennoch zählt die Rothenbergsiedlung zu den überregional bekannten städtebaulichen Großprojekten des funktionalen Neuen Bauens.

Haesler entwarf vierstöckige, weiß verputzte Häuserzeilen mit Flachdach und farbig gefassten, nach Osten und Westen ausgerichteten Fensterbändern. Zwischen den Bauten erstrecken sich großzügige Grünflächen. Von Juli 1929 bis Mai 1931 entstand der erste Bauabschnitt mit sieben, parallel in Nord-Süd-Richtung errichteten Häuserzeilen. Die 216 Wohnungen mit Zentralheizung und zentraler Warmwasserversorgung erhielten eine moderne kleine Einbauküche, eine belüftete Speisekammer, ein Bad und Einbauschränke. Die Westfassaden zeichnen sich durch vorspringende, an der Vorderseite vollständig verglaste Treppenhäuser und angrenzende, als Nischen ausgebildete Loggien aus. Letztere wurden in den 1970er Jahren geschlossen und als zusätzlicher Wohnraum genutzt, seit 2007 werden sie denkmalgerecht wieder zurückgebaut. Von der geplanten Infrastruktur der Siedlung konnte nur das zentrale zweigeschossige Heiz- und Waschhaus in der Hersfelder Straße 35 errichtet werden, dessen Trockenraum im Obergeschoss die Abwärme der Heizkessel nutzt.

Die moderne Stahlskelettbauweise und der am Bauhaus orientierte Stil von Haeslers Gebäuden stießen in einigen Kreisen auf starke Ablehnung. So wurde der zweite Bauabschnitt von August 1930 bis August 1931 von heimischen Architekten und in traditioneller Ziegelbauweise ausgeführt (Frankenberger Str. 2–20, Rotenburger Str. 16–20). Das äußere Erscheinungsbild musste jedoch den Bauten Haeslers angepasst werden.

📍 zwischen Frankenberger und Malsfelder Straße, zwischen Hersfelder und Kirchhainer Straße

🏛 GWG Gemeinnützige Wohnungsbaugesellschaft der Stadt Kassel mbH

🔑 von außen frei zugänglich

ℹ Neue Fahrt 2, Tel. 0561 70001-0

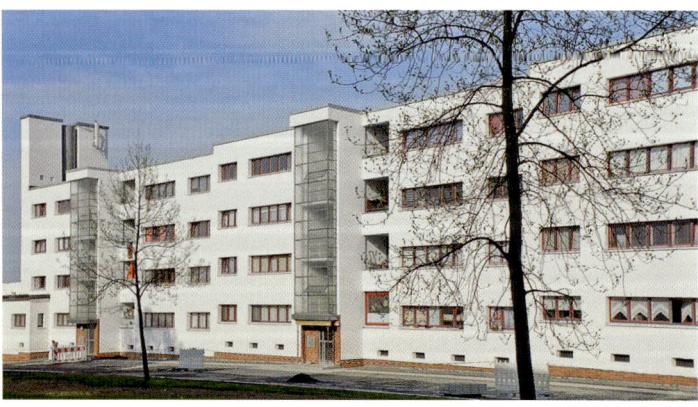

Häuserzeile an der Fritzlarer Straße mit Blick auf die Schornsteine des Heiz- und Waschhauses.

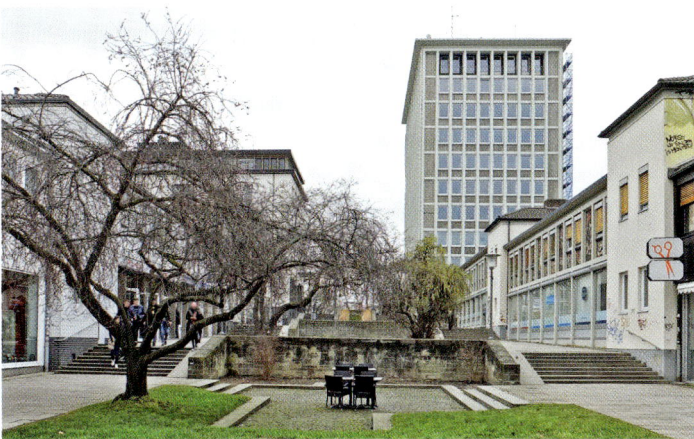

Kassel

Treppenstraße

Blick von der Treppenstraße auf das EAM-Hochhaus am Scheidemannplatz.

Pläne für eine städtebauliche Verbindung des Kasseler Hauptbahnhofs mit dem Friedrichsplatz hatte es bereits im 19. Jahrhundert gegeben. Aber erst nach den schweren Kriegszerstörungen konnte in den 1950er Jahren eine solche Achse nach Plänen des Kasseler Architekten Werner Hasper realisiert werden, wobei auf Planungen aus den 1940er Jahren zurückgegriffen wurde.

Grundsätzlich hatte man sich in dem zukünftig als Einkaufszentrum dienenden Innenstadtbereich für eine Trennung von Fußgängern und motorisiertem Verkehr, der auf breite Ringstraßen verlagert wurde, entschieden. Die 1953 fertiggestellte Treppenstraße gilt als erste Fußgängerzone der Bundesrepublik und war ein Vorzeigeprojekt des modernen Kasseler Neuaufbaus.

Am Hang gelegen, zeichnet sich die Verbindung vom Scheidemannplatz zum Friedrichsplatz durch einen Wechsel von Treppen und platzartigen Zwischenebenen aus. Sie beginnt mit einem oberen breiteren Abschnitt mit symmetrischen seitlichen Treppenläufen und zentral angeordneten Grünflächen. Am Scheidemannplatz entstand 1954/55 das zehnstöckige EAM-Verwaltungsgebäude. Mit seiner regelmäßigen Rasterfassade, den zurückgesetzten Fenstern im Obergeschoss und dem vorkragenden Flachdach weist es moderne Stilelemente der 1950er Jahre auf. Die anschließende, 1957 abgeschlossene Randbebauung der Treppenstraße besteht aus zweigeschossigen Gebäuden mit flachen Walmdächern, wobei sich langgestreckte Bauten mit höheren, schmalen Baukörpern abwechseln. Erstere weisen Glasfronten und teilweise offene Bereiche mit Säulen für die Geschäfte im Erdgeschoss auf, die Obergeschosse sind Büroräumen vorbehalten. Im Kreuzungsbereich Wolfsschlucht stehen miteinander korrespondierende, fünfstöckige Gebäude mit zurückgesetztem Obergeschoss und Flugdach. Obwohl die Treppenstraße seit den 1980er Jahren unter Denkmalschutz steht, haben Veränderungen der Fassaden, der Verlust zeittypischer Details sowie 2009 die Aufstockung des Gebäudes der Barmer Ersatzkasse den ursprünglichen Eindruck gravierend beeinträchtigt.

◉ Treppenstraße

🏛 Stadt Kassel

🕯 von außen frei zugänglich

Kassel

Wohnanlage Hebbelstraße und Fasanenhofschule

Während in den Seitenstraßen des neuen Stadtteiles Fasanenhof Einzel- und Doppelhäuser vorherrschen, wurde an der Hebbelstraße am Westrand des Areals eine nach Süden hin breiter werdende, bislang frei gebliebene Fläche mit lediglich zweigeschossigen, von Nordwest nach Südost ausgerichteten, fächerförmig angeordneten Wohnblocks gefüllt. Die Zeilen reichen über die gesamte Grundstücksbreite bis zur Schwabstraße. Die Erschließungswege verlaufen nördlich der Häuser, zwischen den Blocks liegen Grünflächen. Durch die leichte Kurve, die die Hebbelstraße beschreibt, ergibt sich, von der Fasanenhofschule aus betrachtet, eine reizvolle Staffelung der Häuser mit ihren modernen Eckfenstern.

Die in 52 Hausnummern geteilten Häuserzeilen mit Kleinwohnungen wurden sukzessive zwischen Dezember 1930 und Oktober 1932 bezogen. 1937 kamen noch die Häuser mit den Nummern 60 bis 70a hinzu. Bauherren waren die GEWOBAG, die Gemeinnützige Eigenheim-, Spar- und Wohnungsbau AG Frankfurt, später Neue Heimat und die Kasseler Wohnungsfürsorge, heute GWG.

Die Detailentwürfe stammten von einer Gruppe Kasseler Architekten.

Die von Fritz Catta & Otto Groth entworfene Fasanenhofschule in der Mörikestraße 66 von 1929/30 ist auch nach ihrem Wiederaufbau nach dem Krieg mit ihren horizontalen Fensterbändern und dem flachen Dach ein charakteristisches Beispiel des modernen, sachlichen Bauens geblieben. Sie bildet den eigentlichen Ausgangspunkt für die Wohnanlage, die nur durch den großen Schulhof beziehungsweise den Sportplatz von der Schule getrennt ist.

Die Gesamtkonzeption kann als selbstbewusste Alternative zu Otto Haeslers Rothenberg-Siedlung interpretiert werden. Hier wie dort wurde sich um eine möglichst rationale, einfache Bauweise bemüht, um die Wohnungsnot durch ein möglichst preiswertes Angebot zu lindern. Die Häuser mit ihren flachen beziehungsweise flach geneigten Dächern sind daher praktisch ohne gestalterischen Aufwand konzipiert und wirken vor allem als vollständige Siedlungsanlage.

⚲ Mörikestraße 66
und Hebbelstraße 36–136

🏛 diverse

🛇 von außen frei zugänglich

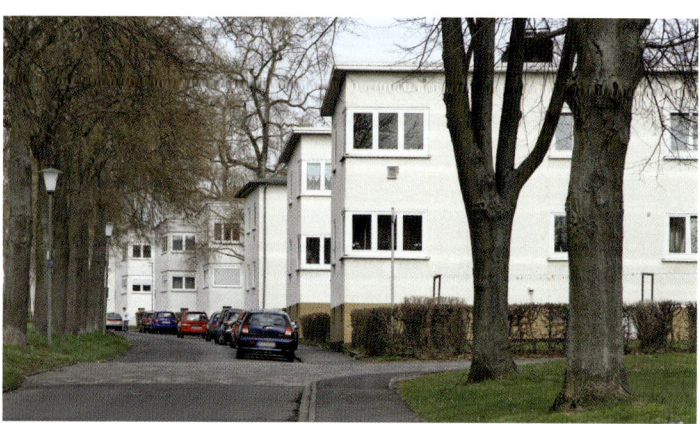

Wohnanlage Hebbelstraße.

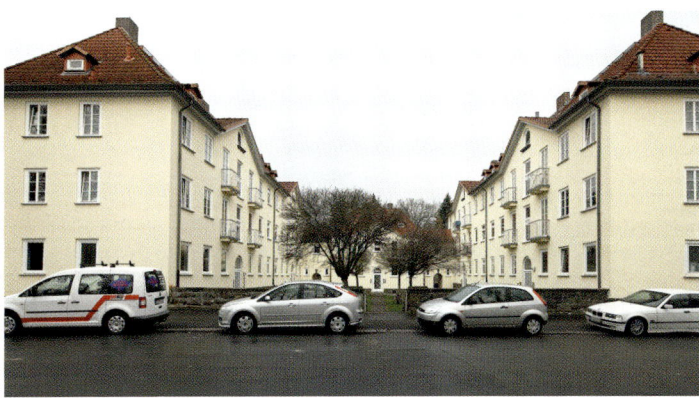

Kassel

Wohnanlage Mombachstraße 54-58.

Wohnanlage Mombachstraße

Die Wohnungsnot nach dem Ersten Weltkrieg zwang zu einer erhöhten Produktion von Kleinwohnungen, eine Herkulesaufgabe, die gemeinsam von Stadt, Industriebetrieben und Wohnungsbaugenossenschaften angegangen wurde. Das Ziel war mit Zinshauspalästen bisherigen Stils und Zuschnitts nicht zu erreichen. Der rationelle Kleinwohnungsbau bedeutete mit der Veränderung der Grundrisse und Anordnungen zugleich eine Abkehr vom Fassadenluxus. Licht, Luft und Sonne waren die Devise für eine entsprechende Ausrichtung unter Einschluss von Grünbereichen und Gärten. Im vom Stadtbauamt beeinflussten „aufgeklärten Traditionalismus" des Kasseler Kleinwohnungsbaus wurde eine gewisse Modernität und zweckmäßige Sachlichkeit realisiert. Die Mauern erhielten ein schlichtes und nüchternes Gewand unter Verzicht auf die überbordende Ornamentik der Gründerzeit und des Jugendstils. Dunkle Sockel, bescheidene Verdachungen, Traufgesimse, Türen und Türrahmen und die traditionelle Form des Walmdaches mit leicht geknicktem Fuß, Loggien, Balkone, Gaupen und geradlinige Erker gliedern die dezent durch Zuschläge gefärbten Putzfassaden und schließen an die barocken und klassizistischen Bauten der Kasseler Oberneustadt an. Dabei entsprachen die

Häuser innen dem neuesten Stand des Kleinwohnungsbaus.

Die reizvoll um einen Innenhof angeordnete, 30 Einheiten umfassende Wohnanlage der Kasseler Wohnungsfürsorge, heute GWG, in der Mombachstraße ist eines der frühesten Beispiele für den „aufgeklärten Traditionalismus". Der quasi prototypische Entwurf stammte von Ernst Rothe, Mitarbeiter des städtischen Hochbauamtes, und wurde 1920/21 realisiert. Besonders bemerkenswert ist, dass damals auch eine Kleingartenanlage für die Bewohner vorgesehen war – die Gärten sind südlich und westlich der Hausgruppe noch immer vorhanden und durch die beiden rundbogigen Durchgänge beiderseits des Mittelflügels erreichbar. In diesem Stil entstanden in den folgenden Jahren etliche weitere, bis heute beliebte Wohnanlagen in Kassel.

📍 Mombachstraße 54–58

🏛 GWG Gemeinnützige Wohnungsbaugesellschaft der Stadt Kassel

🔑 von außen frei zugänglich

Königstein

Haus der Begegnung

Das Albertus-Magnus-Kolleg in König-
stein entwickelte sich nach dem Zweiten
Weltkrieg zum Zentrum der etwa acht
Millionen heimatvertriebenen Katho-
liken. Internationale Kongresse zum
Thema „Kirche in Not" fanden statt, die
sich mit der Situation der verfolgten
Kirche in den kommunistischen Ländern
beschäftigten. Von hier aus fuhr ein
Kapellenbus in den Osten, um dort die
notleidende Kirche zu unterstützen. Im
Jahr 1954 wurde beschlossen, hier ein
„Haus der Begegnung" zu errichten. Der
Frankfurter Architekt Hans Busch entwarf das Gebäude. Für die künstlerische
Ausgestaltung war der Künstler und
Grafiker Jupp Jost aus Hattersheim verantwortlich. Am 15. September 1955
wurde das Haus eingeweiht. Der breit
gelagerte Multifunktionsbau in Hanglage
zeichnet sich durch seine klare Form
aus, die ganz in der Tradition des modernen Bauens der 1920er Jahren steht.
Das Obergeschoss mit seiner großen
Fensterfront, die typisch für die 1950er
Jahre in schmale hohe Segmente eingeteilt ist, beherbergt einen beein-
druckenden Konzert- und Kongressaal.
Jupp Jost zeigt in der zarten Sprossen-
verglasung mit farbigen eingelegten
Scheiben die ziehenden Wolken des
Himmels. Auf dem hellgrauen Außen-
putz fliegen als Sgraffitto zwei große
stilisierte Friedensengel, die sogenannten „Königsteiner Engel". Im Inneren ist
die gesamte Ausstattung der Zeit original
erhalten. Im großen Saal gestaltete Jost
eine ungewöhnliche Akustikdecke mit
grafischen Mustern aus blauen, weißen
und grünen Streifen. Nachdem der Bau
Ende des 20. Jahrhunderts an die Stadt
verkauft wurde und wegen unzumutbarer
Sanierungskosten abgerissen werden
sollte, hat eine Bürgerinitiative den
Abriss verhindert und er wurde 2010/11
denkmalgerecht saniert. Für die bei-
spielhafte energetische Sanierung, bei
der unter anderem die Originalfenster-
fläche in eine Dreifachverglasung
integriert und über dem abgedeckten
Originalputz eine Außenisolierung mit
Kopien der Jost'schen Engel angebracht
wurden, erhielt das Gebäude den von
der EU Kommission verliehenen „Green
Building Award". Heute dient es als
Kulturzentrum.

📍 Bischof-Kaller-Straße 3

🏛 Haus der Begegnung Betriebs-GmbH

👤 von außen frei zugänglich, sonst bei
Veranstaltungen und auf Anfrage

ℹ Tel. 06174 306-1
http://www.hdb-koenigstein.de

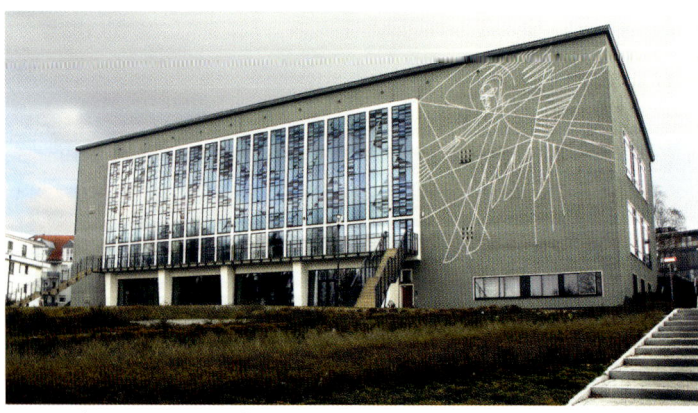

Das Haus der Begegnung von Süden.

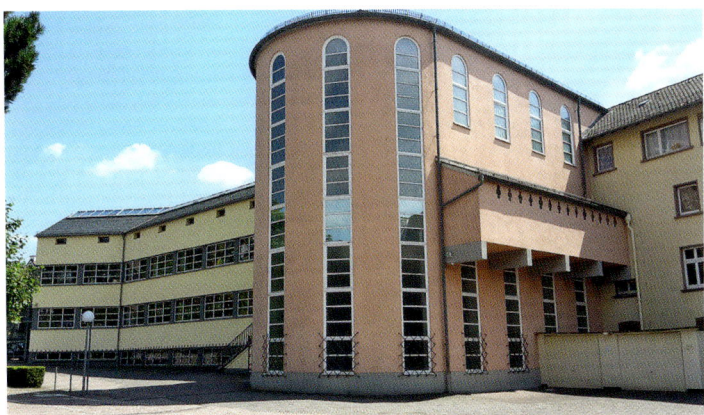

Erweiterungsbau von 1929.

Königstein

Sankt Angela-Schule

1884 wurde im ehemaligen „Hainbad" die Sankt Anna Schule – seit 1945 Sankt Angela-Schule – gegründet, die von Ursulinenschwestern aus Frankfurt geleitet wurde. Im Jahr 1918 erfolgte die Anerkennung der Schule zum staatlich anerkannten Lyzeum. Dies geschah allerdings unter der Maßgabe, noch fehlende Schulräume zu errichten.

Rund zehn Jahre später, 1928/29, wurde nach den Entwürfen der Oberin Mater Jacoba Kremers und des Frankfurter Kirchenarchitekten Martin Weber an das alte Schulgebäude der Erweiterungsbau angebaut. Martin Weber war damals bereits als Künstler und als Architekt bedeutender kirchlicher und weltlicher Bauten bekannt.

Nach nur 14 monatiger Bauzeit konnte am 23. Oktober 1929 der Neubau eingeweiht werden. Dabei handelte es sich um einen halbrunden zweigeschossigen, sich an das Klostergebäude anschließenden Kirchenbau, der in den aus einem trockengelegten Teich geschaffenen Hofraum hineinragte, und einen daran angebauten, in der Bauführung leicht geknickten dreigeschossigen Klassentrakt.

Der neue Gebäudekomplex rief damals schon Aufsehen hervor. Und so widmete ihm die Zeitschrift „Nassau-ische Heimat" im Jahr 1930 einen besonderen Artikel, in dem es heißt: „unten im vorspringenden Rundbau befindet sich der 21 m lange und 9 m breite Turnsaal, der mit allen neuzeitlichen Geräten ausgestattet ist. […] Vergessen wir nicht das Heiligtum des Hauses, die über dem Turnsaal liegende Kapelle. Wie der ganze Bau, so ist auch die Kapelle in Stil und Ausstattung modern gehalten. Durch hohe, in prächtigen Farben gehaltenen Fenster, flutet das Licht in diesen heiligen Raum und macht die schön gewürfelten Muster des Fußbodens lebendig."

Der halbrunde Bau der ehemaligen Kirche und Turnhalle ist gekennzeichnet durch schmale Rundbogenfenster. Am Klassentrakt fallen die durchlaufenden Fensterreihen auf. Bereits seit vielen Jahrzehnten befindet sich in diesem signifikanten Anbau die Schulaula, der „Neubau" von 1929 wird heute als „Altbau" bezeichnet.

📍 Gerichtstraße 19

🏛 Sankt Hildegardis-Schulgesellschaft des Bistums Limburg

🔑 von außen frei zugänglich und bei Schulveranstaltungen

Kronberg

Siedlung Roter Hang

Die Firma Braun hatte sich 1958 das Vorkaufsrecht für ein noch mit Behelfsheimen bestandenes Gelände im Norden Kronbergs gesichert, um dort eine Siedlung für Mitarbeiter und Gäste zu errichten. Mit ersten Planungen wurde Dieter Rams beauftragt, der später zum stilbildenden Chefdesigner des Elektrogeräteherstellers Braun, berühmt für seine funktionale, reduzierte Formensprache, avancierte. Seine von der Siedlung Halen bei Bern in der Schweiz inspirierten Vorstellungen blieben, wenn auch modifiziert, die Grundlage der späteren Bebauung, auch nachdem die Firma Braun sich aus diesem Projekt zurückgezogen hatte. Mitte der 1960er Jahre übernahm die Stadt Kronberg die Gestaltung des Areals und beauftragte 1968/69 das Architekturbüro Kramer, Königstein mit der weiteren Durchführung. Abermals wurde Dieter Rams in die Planung involviert. Im Interesse der Stadt lag eine sozial und wirtschaftlich gute Lösung, in der modernes Wohnen im exklusiven Kronberg gemeinschaftlich und erschwinglich zu gestalten war. Um auf Wohntürme zu verzichten, wurde die Bebauung auf Kosten gemeinschaftlicher Plätze und Einrichtungen verdichtet und auf freistehende Einfamilienhäuser verzichtet. Im Zentrum der Siedlung stehen in Gruppen zusammengefasste, terrassenförmig angeordnete Bungalows in L-Form. Am südlichen Rand wurden zweigeschossige Reihenbungalows gebaut und nördlich entstanden viergeschossige Mehrfamilienhäuser. Durch Sammelgaragen werden die Wege in der Siedlung, die auch durch vertikale Treppenwege verbunden sind, weitgehend autofrei gehalten. Bis 1974 war die Bebauung abgeschlossen. Jedoch zogen nur vier Mitarbeiter der Firma Braun in den Roten Hang. Zu den bekanntesten Bewohnern der Siedlung gehört, neben Dieter Rams, der Schriftsteller Peter Handke, der in den 1970er Jahren im Schirnbornweg lebte, und dessen Roman „Die linkshändige Frau" seinen damaligen Wohnort deutlich erkennen lässt.

📍 Am Forsthaus, Kellergrundweg, Schirnbornweg, Am Roten Hang

🏛 privat

🔒 von außen frei zugänglich

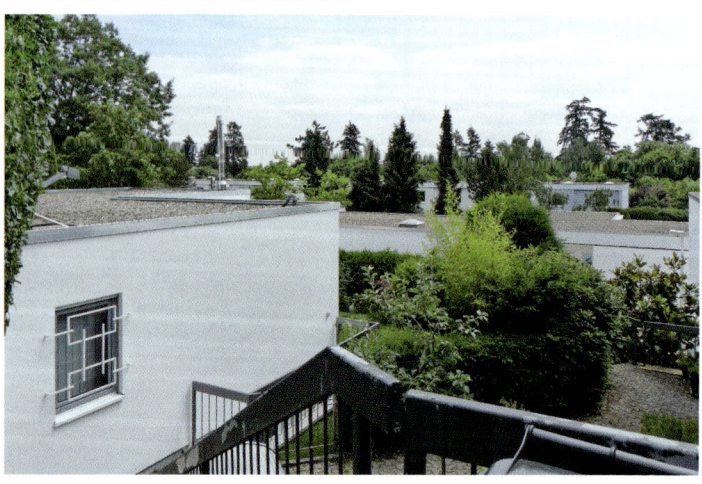

Terrassenförmig angeordnet: Bungalows der Siedlung Roter Hang.

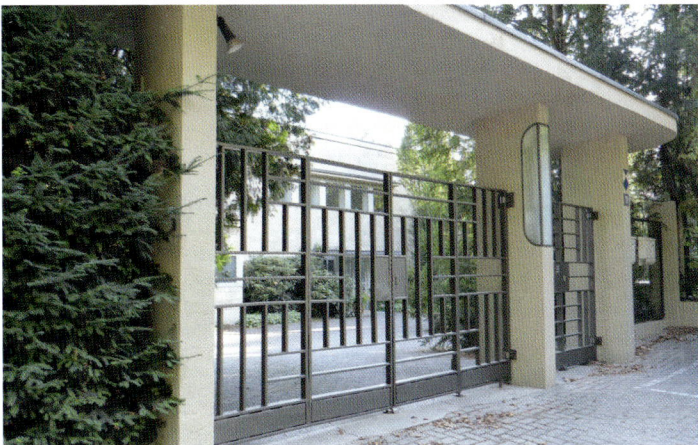

Kronberg

Gestaltetes Tor zur Villa.

Villa Clara Gans

Auch wenn sie heute als Villa Gans bezeichnet wird: Die Bauherrin Clara Gans selbst hat sie nie als solche bezeichnet und auch der Artikel in der Zeitschrift „Bauwelt", der 1932 dieses Gebäude für seine hohen Ansprüche würdigte, ist schlicht mit „Haus am Taunus Architekt: Professor Peter Behrens" überschrieben. Clara Gans war eine der Töchter des Frankfurter Industriellen Adolf Gans. Mit Peter Behrens entwarf sie zwischen 1928 und 1931 ein Haus, das den Ansprüchen ihres großbürgerlichen Lebensstils entsprach und bis ins Detail der Innenausstattung in höchster Vollkommenheit und in subtiler Ästhetik geplant war.

Der langgestreckte kubische Bau mit einer Verblendung aus Freyburger Sandstein und versetzten Terrassen ist eingepasst in einen Wiesenhang und bietet nach Süden einen weiten Blick über das weitläufige Gartengrundstück in die Rhein-Main-Ebene. Aufsehenerregend luxuriös und doch von schlichter Eleganz war die Innenausstattung der großen, ineinander übergehenden Räume. Die Vorräume waren mit Stuccolustro versehen, die Wände des Wohnzimmers hatten eine Verkleidung aus Ziegenpergament, die des Speisezimmers eine

Vertäfelung aus Rosenholz. Die Fußböden bestanden in der Wohnhalle aus Sumpfeiche mit Ahornintarsien, im Speisezimmer aus Mahagoni. Auch die technische Ausstattung des Hauses war außergewöhnlich. Die Fenster des Wohnraumes zur Terrasse konnten versenkt werden. Neben der zentralen Warmwasserheizung gab es auch eine separate Umluftheizung, damit kein Heizkörper den ästhetischen Eindruck störte.

Clara Gans war es nur wenige Jahre vergönnt, ihr Haus zu bewohnen. Im November 1938 wurde das Haus während der Novemberpogrome angegriffen und durch einen Brandsatz teilweise zerstört. Clara Gans kehrte nie wieder zurück, sie starb 1959 in der Schweiz. In der Folge diente das Gebäude verschiedenen Nutzungen, bis es nach Jahren des Leerstandes und zur Ruine verkommen 1974 unter Denkmalschutz gestellt und ein Abriss verhindert werden konnte. Saniert und umgebaut wird es heute von drei Parteien bewohnt.

📍 Falkensteiner Straße 19

🏛 privat

🔔 kein öffentlicher Zugang

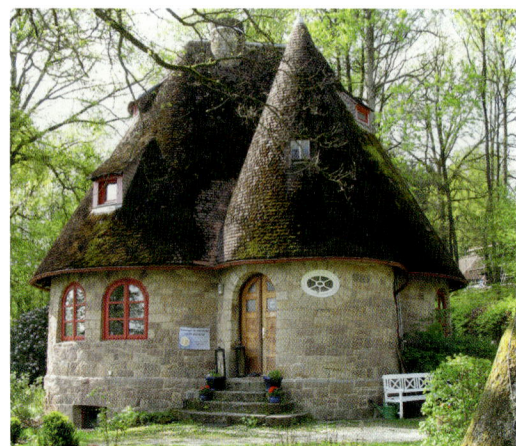

Anthroposophisch:
Das „Steinhaus" der
Siedlung Loheland.

Künzell-Dirlos

Siedlung Loheland

Die Siedlung „Loheland" wurde von den beiden Gymnastiklehrerinnen Louise Langgaard und Hedwig von Rohden, Mitglieder der Anthroposophischen Gesellschaft, 1919 in der weiten Landschaft der Rhön gegründet. Ihr Entstehen ist als Teil einer gesamteuropäischen Lebensreformbewegung zu sehen, die in der 2. Hälfte des 19. Jahrhunderts ihre Wurzeln hatte, nach neuen Lebensformen suchte und aus den Zwängen der patriarchalisch geprägten Gesellschaft ausbrechen wollte. Mit ihrer „Schule für Körperbildung, Landbau und Handwerk Loheland" wollten es die beiden Gründerinnen vor allem jungen Frauen ermöglichen, sich speziell unter anthroposophischen Gesichtspunkten neue Erfahrungsräume zu erschließen. Im Studium der Gesetzmäßigkeiten der Körperbewegung, in der Gestaltung von Werkstoffen, im Beobachten von Prozessen in Natur und Kunst sollten sich breite Fähigkeiten entwickeln. Zugleich konnten die Frauen berufliche Abschlüsse erwerben, um ihr Leben selbstbestimmt zu gestalten. Berühmt waren bis 1923 die expressionistischen Tänze der Loheländerinnen, mit denen sie in ganz Deutschland und auch am Bauhaus in Weimar auftraten. Die Handwerkspro-dukte Lohelands wurden auf Messen angeboten. Außerdem betrieb man eine eigene Landwirtschaft nach den Richtlinien Rudolf Steiners und war damit einer der ersten Demeterbetriebe Deutschlands. Loheland ist ein einzigartiges Projekt der Frauenemanzipation und Deutschlands älteste anthroposophische Siedlung.

Von den etwa 50 bis heute entstandenen Gebäuden stammen 16 aus der Zeit vor 1933. Davon sind der sogenannte „Rundbau" von 1919/20, das „Steinhaus", das „Evahaus" und der „Franziskusbau", alle 1924/25, von programmatischer Bedeutung. Sie wurden im Wesentlichen vom Büro des Hamburger Architekten Walther Baedecker mit dem Mitarbeiter Carl Hermann konzipiert und zeigen sich durch die Verwendung des regionalen Steinmaterials und in ihrer Formensprache eindeutig als durch die Reformarchitektur beeinflusst. Eines der jüngsten Gebäude ist die Rudolf-Steiner-Schule, die in den 1980er Jahren nach Plänen Klaus Rennerts errichtet wurde.

📍 Künzell-Loheland,
   50°30'34.43"N; 9°45'45.20"E

🏛 Loheland-Stiftung,
   36093 Künzell, Loheland 1

👤 Gelände frei zugänglich

Stilpluralismus
zu Beginn
des 20. Jahrhunderts

Überarbeitungsentwurf Max Meckels zur neugotischen Umgestaltung des Frankfurter Römers 1890.

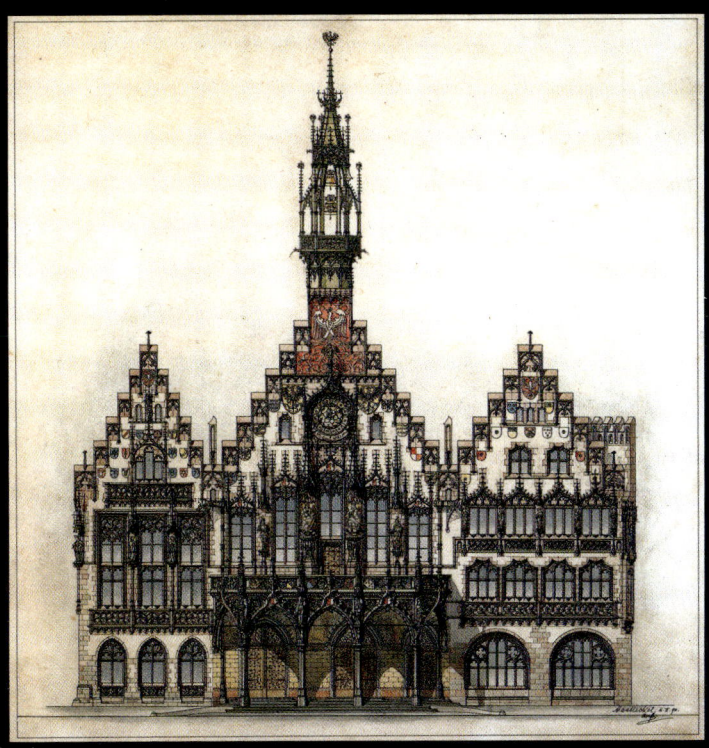

Betrachtet man die künstlerischen Entwicklungen der vergangenen 200 Jahre, die es in der bildenden Kunst, in der Architektur, in der Mode und in der Literatur gegeben hat, so fällt auf, dass im gleichen gesellschaftlichen Kontext oft mehrere Weltanschauungen existierten und unterschiedliche künstlerische Ausprägungen evozierten. Diese Erscheinung wird als Stilpluralismus bezeichnet: Mehrere – manchmal sich vermeintlich ausschließende – Stilrichtungen haben zeitgleich Objekte hervorgebracht, die heute als exemplarische Spitzenleistungen der Kunst-, Design- und Architekturgeschichte gelten.

In der ersten Hälfte des 19. Jahrhunderts gab es zeitgleich völlig konträre Strömungen, wie das eher in sich gekehrte Biedermeier und den revolutionären Vormärz, der auch die Bewegung des Jungen Deutschland hervorbrachte. Der Stilpluralismus beinhaltete oft Kräfte, die auf der einen Seite Herkömmliches bewahrten oder es neu propagieren wollten. Auf der anderen Seite bestand der Anspruch, das Althergebrachte und die ihm zugrunde liegenden Ideen zu überwinden. Im Laufe des 19. Jahrhunderts wechselten unterschiedliche Stilrichtungen ab und existierten nebeneinander. Mit dem Historismus und seinen Gegenströmungen erwuchs ein Eklektizismus, der sich bestehender Formen wie aus einem Baukastensystem bediente. In kunsthistorischer Betrachtung führte dies zu Formulierungen mit der Vorsilbe „Neo" wie einem Neobarock, einer Neorenaissance oder Neogotik. Das Fin de Siècle, eine kulturelle Bewegung der Wende vom 19. zum 20. Jahrhundert, versuchte neue ästhetische Wege zu gehen: Neben historisch verwurzelten Strömungen gewannen avantgardistische Ideen wie die des Symbolismus, des Jugendstils, des Impressionismus oder des Ästhetizismus an Bedeutung. Das Phänomen ist bis heute in der Architektur, der Malerei, der Musik und auch in der darstellenden Kunst der Zeit zu finden. Auch für die Moderne und die Postmoderne ist ein

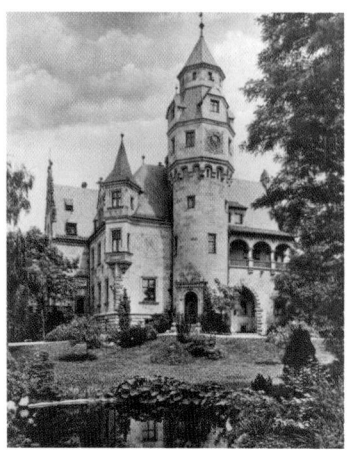

Die von Leonhard Romeis entworfene historistische Villa Liebieg in Frankfurt/M. (1896).

solcher Stilpluralismus charakteristisch.

Zu Beginn des 20. Jahrhunderts kamen neue Kunststile auf, die alles bisher Dagewesene revolutionierten. So entstand parallel zu den expressionistischen Bestrebungen in Deutschland in Frankreich der Kubismus, in Russland der Konstruktivismus, in den Niederlanden die Künstlervereinigung De Stijl. Die erste Hälfte des 20. Jahrhunderts führte Künstler verschiedener Nationalitäten weg von der gegenständlichen Malerei und vergangenen, zum Teil retrospektiven Stilen. Der Erste Weltkrieg und die Russische Revolution forderten auch in der Kunst Reaktionen. Mit dem Dadaismus entstand eine „Antikunst"-Bewegung, die bürgerliche Ordnungen negierte. „Jeder gehört zu uns, der unmittelbar und unverfälscht das wiedergibt, was ihn zum Schaffen drängt" formulierte der zunächst als Architekt ausgebildete Maler Ernst Ludwig Kirchner 1906 im Manifest der Künstlergruppe „Brücke", die als Wegbereiter des deutschen Expressionismus gilt.

Auch die Architekten der Zeit setzten sich mit den neuen Formelementen auseinander. Dabei spielte die englische Arts-and-Crafts-Bewegung eine wichtige Rolle, aber auch der formverliebte

Jugendstil und das umgebungs- und landschaftsorientierte organische Bauen.

Mit der Gründung des Deutschen Werkbundes 1907 fand die funktionsorientierte Produktion von Kunst und Architektur ihren festgeschriebenen Ausgang. „Form follows function" wurde zum Topos der Neuen Sachlichkeit und des Neuen Bauens. Mit dieser dem Historismus des 19. Jahrhunderts entgegenlaufenden Kunsttheorie wurde eine Epoche eingeleitet, die heute als „Moderne" bezeichnet wird und in der es keinen einheitlichen definierten Stil mehr gibt. Von Gemeinsamkeiten lässt sich sprechen, wenn es um die Verwendung des rechten Winkels oder die Kritik an der geschwungenen Form geht: Schon 1908 hatte der österreichische Architekt Adolf Loos einen Aufsatz unter dem Titel „Ornament und Verbrechen" veröffentlicht, wobei sich Loos gleichzeitig in ausgesprochener Distanz zum gerade gegründeten Werkbund, später auch zum Bauhaus positionierte. Materialien wie Beton, Glas und Stahl wurden als neue Baustoffe eingesetzt. Als Gegenbewegung zu der vielfältigen Stilimitation des 19. Jahrhunderts mit oft ornamentaler Überladung entwickelten sich Grundsätze modernen Bauens mit eigenen Ideen zu einer Stilrichtung, die insbesondere nach dem Zweiten Weltkrieg eine allgemeine Verbreitung fand. Wo Veredelungen von Bauwerken angemessen erschienen, wurde eher dem Material als der Form der Vorzug gegeben.

Die unterschiedlichen Stile innerhalb des Modernen Bauens lassen sich bis

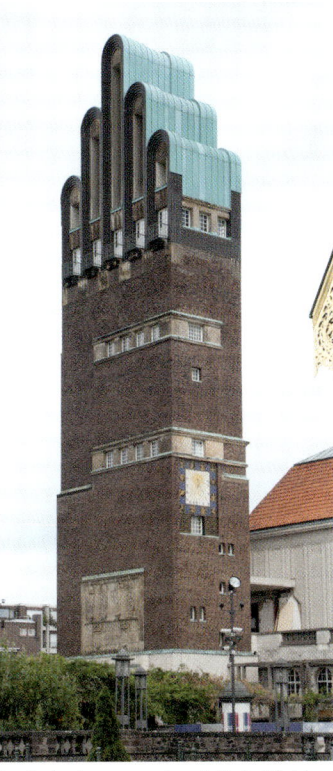

Der Hochzeitsturm von Joseph Maria Olbrich (1908) und das Haus von Peter Behrens (1901, unten links) auf der Darmstäder Mathildenhöhe.

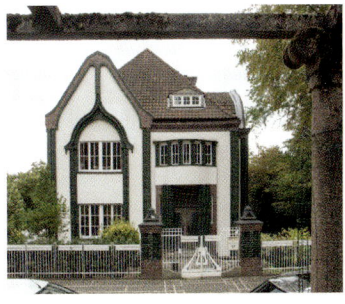

heute im Stadtbild ausmachen. Auch in Hessen sind Beispiele zu finden, die bei allem Stilpluralismus klare Formen von Stilrichtungen Neuen Bauens in den Vordergrund rücken.

Die fast ausschließlich in Deutschland vorkommende expressionistische Architektur ist bestimmt durch runde und gezackte Formen, die oft in Backstein oder grobem Naturstein gearbeitet wurden. Als Beispiels hierfür sind etwa Joseph Maria Olbrichs Hochzeitsturm oder das in rotbraunem Eisenklinker gehaltene Haus Behrens auf der Mathildenhöhe in Darmstadt zu nennen.

Auch Beton als relativ neues Baumaterial gewann an Bedeutung für die

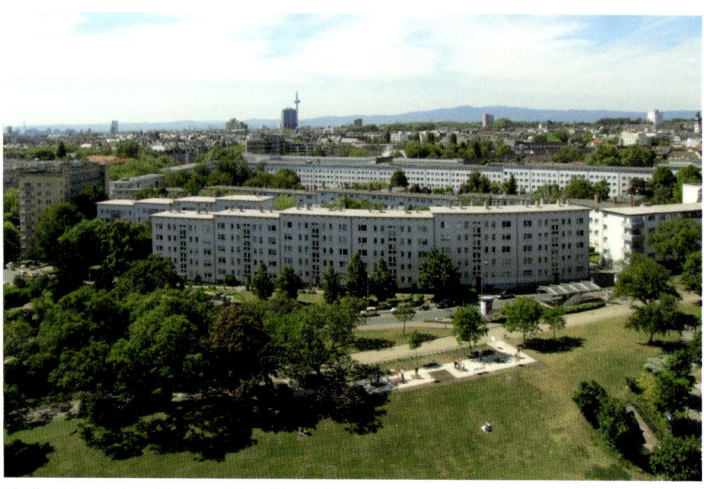

Siedlung Bornheimer Hang von Ernst May 1920.

Entwicklung neuer Bauformen. Die 1920er Jahre bildeten den Beginn des Neuen Bauens, das klare Formen in den Vordergrund rückte und Materialien wie Glas, Stahl, Beton und Backstein einsetzte. Ausschlag für die Entwicklung gab auch eine sozial geprägte städtebauliche Bewegung, die bis in die 1930er Jahre umgesetzt wurde. Die einfachen, meist kubischen Formen ließen sich kostengünstig realisieren. Das Stadtplanungsprogramm „Neues Frankfurt" gab 1925-1930 als erstes städtebauliches und soziales Projekt unter Oberbürgermeister Ludwig Landmann und dem Stadtbaurat und Architekten Ernst May ein bekanntestes Beispiel des Neuen Bauens.

Klare Formen lösten nach und nach die auf Harmonie von Architektur und (landschaftlicher) Umgebung fußende organische Bauweise und den Eklektizismus des 19. Jahrhunderts mit seinen formfreudigen, ornamentalen Stilmerkmalen ab. Die Architektur der neuen Sachlichkeit ist durch Zweckbauten geprägt, Industrie- und Bildungseinrichtungen zählen dazu, aber auch städtebauliche Projekte des Wohnungsbaus. Die Strömungen, die sich im Zuge des klaren Bauens feststellen lassen, greifen Bauhaus-Elemente auf. Der Stil wird oft auf-

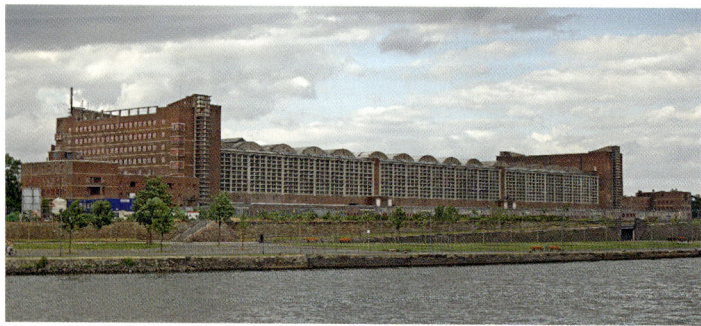

Großmarkthalle von Martin Elsaesser 1928, Foto 2007, noch vor dem Bau der EZB.

grund seiner weiten Verbreitung und Bedeutung mit „Moderner Architektur" gleichgesetzt. Das 1919 gegründete Bauhaus war prägend für die Stilentwicklung und -ausprägung der folgenden Jahre. Dennoch haben sich unterschiedliche Stilprinzipien nebeneinander entwickelt, sodass es problematisch ist, von einem einheitlichen „Bauhausstil" zu sprechen. Was den Strömungen in der Architektur gemein ist, ist die Aufwertung des rationalen Verwendungszwecks eines Gebäudes gegenüber rein ästhetischen Gestaltungsprinzipien.

Die Betrachtung des Stilpluralismus, von Mischformen ohne klare Abgrenzungen, Schwankungen in der Gestaltung und das Nebeneinander von Gewohntem und Neuem zeigt vor allem eins: Kunst und Architektur lassen sich nicht in Schubladen kunsthistorischer Begrifflichkeiten packen. Zu jeder Zeit sind gesellschaftliche Strukturen, politische Bestimmungen – nicht zuletzt aber auch der Geschmack – ausschlaggebend für die Entwicklung und Anwendung von Formen. Gebäude im historistischen Stil gelten heute in der Regel als geschmackvolle und zu erhaltende Paradigmen vergangener Zeit. Der Siedlungsbau der 20er und 30er Jahre des 20. Jahrhunderts wurde – wenn auch unter Denkmalschutz – in den vergangenen Jahrzehnten mitunter stiefkindlich mit Renovierungssubventionen bedacht. Die Zeugnisse der Nachkriegsjahre wurden nicht selten als notweniges Übel im Zuge der Wiederherstellung zerstörter Stadtarchitektur verschmäht. Und die funktionalen Zweckbauten des Brutalismus oftmals zwischenzeitlich entfernt, gelegentlich durch nachgebautes Historisches ersetzt: Ein Beispiel jüngerer Vergangenheit ist die neu errichtete Frankfurter Altstadt, wofür das ehemalige Technische Rathaus, Relikt des Brutalismus, weichen musste.

Brutalistisch: Ehemaliges Technisches Rathaus in Frankfurt vor dem Abriss, Foto 2008.

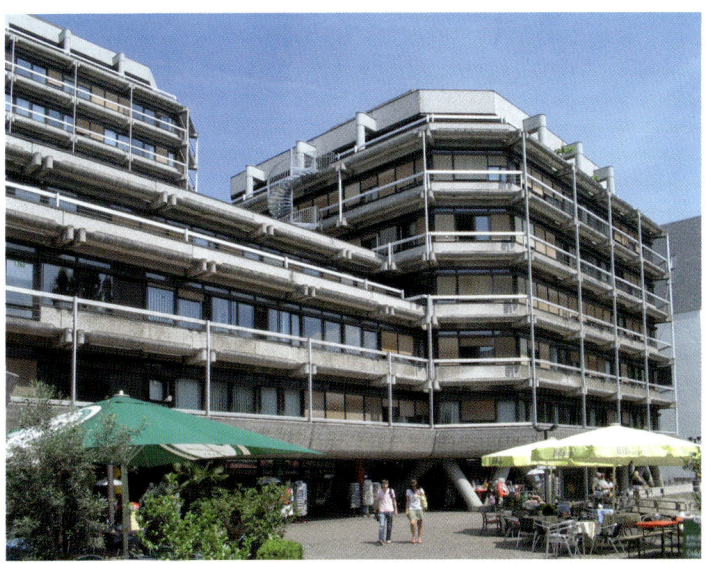

Limburg

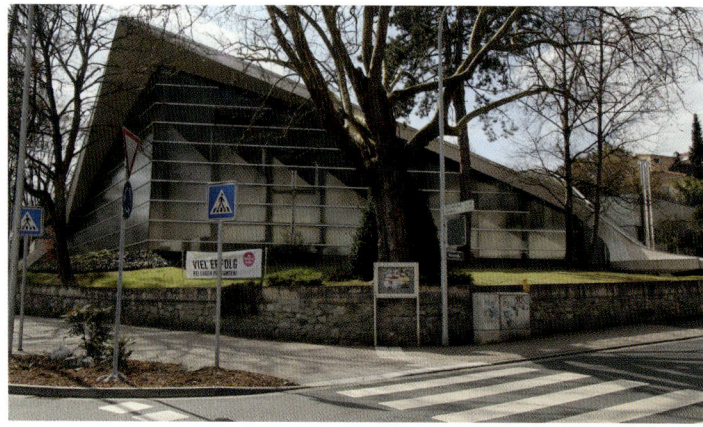

Seit 2005 auch Jugendkirche Crossover.

Limburg

Katholische Pfarrkirche Sankt Hildegard

Der erste Spatenstich zur katholischen Kirche Sankt Hildegard erfolgte am 30. Juni 1965, ihre feierliche Einweihung am 14. Oktober 1967. Sie gilt als Vorläufer der späteren Alsterschwimmhalle in Hamburg, die Architekt Walter Neuhäussers internationalen Erfolg und die Identifizierung seines Werkes mit dem Schalenbau einbrachte.

Die Kirche Sankt Hildegard erhebt sich auf ansteigendem Gelände mit fünf Metern Höhenunterschied. Das in den Schnittpunkt zwischen Parkstraße und Tilemannstraße ragende Zeltdach mit seiner höchsten nach Osten ausgerichteten Spitze bestimmt die Hauptansicht des Baus. Sie wirkt wie ein Fremdkörper im Umfeld der Nachbarbauten und ist – da ohne Turm – als Kirche schwer zu erkennen. Sie verarbeitet die Mystik ihrer Namensträgerin in der Flügelsymbolik der Dachkonstruktion. In der durchsichtigen Beton-Glaskonstruktion erinnert sie an einen Bergkristall, dessen heilende als auch schützende Eigenschaften von der Kirchenlehrerin in ihren Schriften beschrieben werden. Durch diese Glaswand strömt das Licht fast uneingeschränkt in den Innenraum.

Im Kirchenraum kommt die Schalenbautechnik aus zwei symmetrisch angeordneten, hyperbolischen Paraboloiden voll zur Geltung. Die hellen, glatten Wandflächen mit den nebeneinander gestaffelten und auf den Altar zustrebenden Aluminiumsegeln fokussieren den Blick auf den Altar, um den sich die Gemeinde im Halbkreis versammelt. Sie verstärken den Eindruck, als sei die Schwerkraft überwunden und der Bau von der Erde gelöst.

An den Kirchenraum schließt sich der rechteckige Kapellenbau mit Sakristei an. Altar, Tabernakel, heute Reliquienschrein, Ambo und Taufstein sind von dem Limburger Bildhauer Karl Matthäus Winter (1932-2012), der auch die beiden Flügel des Haupteingangsaltars schuf, deren Reliefdarstellungen Bildmotive aus der Scivias, dem Hauptwerk der Heiligen Hildegard, darstellen. Die zentrale Spitzmandorla ist umgeben von Bildern Christi am Kreuz und seiner Auferstehung.

📍 Tilemannstraße 9

🏛 Kirchengemeinde Sankt Hildegard

🚶 innen und außen frei zugänglich, Mo–So 9–17 Uhr

ℹ Tel. 06431 3712, E-Mail: St.Hildegard-Limburg@Bistum-Limburg.de

Limburg

Priesterseminar

Gut einhundert Jahre nach der Gründung des Bistums Limburg im Jahr 1827 wurden die Überlegungen für ein eigenes Priesterseminar verwirklicht. Ende Juli 1928 legte der Kirchenbaumeister Dominikus Böhm die Pläne vor.

So wurde auf der Dietkircher Anhöhe ein Komplex für 30 Seminaristen in Form von zwei miteinander verbundenen L-förmigen Trakten erbaut, denn Bischof Kilians Wunsch war eine zum Dom hin zweimal gebrochene Front. Die Endpunkte des Baus bilden im Westen die Bibliothek und im Osten die Kapelle. Der dem Gelände angepasste zwei- bis dreigeschossige, weiß verputzte Bau mit Walmdach wird durch eine gleichmäßige Fensteranordnung gegliedert, die der unterschiedlichen Raumnutzung entspricht und in den Treppenhäusern durch großzügige Fenster unterbrochen wird. Das einzige gerundete Detail sind die hohen Rundbogenfenster der Chorapsis.

Der Eingang befindet sich in einem Portikus mit schmalen Vierkantstützen an der Schmalseite des langgestreckten Haupttrakts. Vom lichtdurchfluteten Eingangsbereich führt eine Treppe in den ersten Stock. Entlang der einstigen Zimmer der Seminaristen führt der Flur zur Kapelle, dem Zentrum des Hauses. Die Kapelle erhält ihr Licht durch die Rundbogenfenster des Chors. Die ursprünglich gräulichen Fenster wurden nach dem Zweiten Weltkrieg durch sieben farbige ersetzt. Der ehemals dekorlose Raum erhielt 1979 Wandbilder von Hermann Gottfried.

Die vormalige Seminarbibliothek, die heutige Diözesanbibliothek, birgt einige Bücherschätze aus säkularisierten Klöstern, darunter über 370 Drucke aus der Inkunabelzeit. Sie und die vier kleinen Annexbauten sind zwischenzeitlich baulich verändert worden.

Dominikus Böhm baute in der Überlieferung der frühen Romanik, die für ihn der Zugang zu den architektonischen Urformen war. Mit dem Priesterseminar schuf er seinen einzigen Seminarbau und unterstrich mit den klaren und reduzierten Formen den Aufbruch des Bistums in eine neue Zeit.

📍 Weilburger Straße 16

🏛 Bistum Limburg

🚹 von außen frei zugänglich, Innen während der Dienstzeiten Mo–Fr 8–17 Uhr Führungen nach Absprache

ℹ Priesterseminar: Tel. 06431 200-70 Diözesanbibliothek: Tel. 06431 295-806

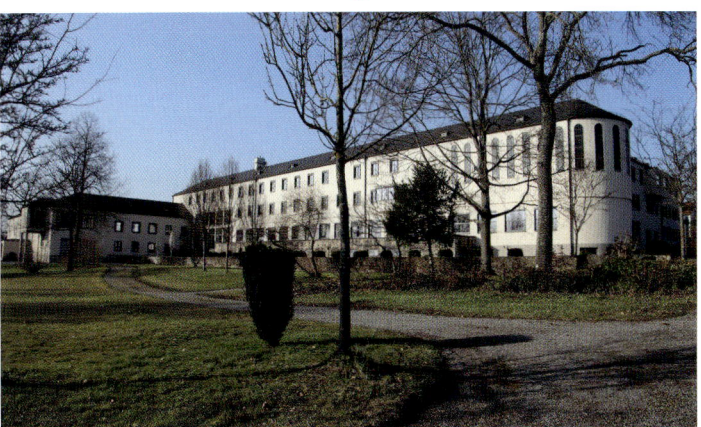

Das der Umgebung angepasste Priesterseminar inmitten einer parkähnlichen Grünfläche.

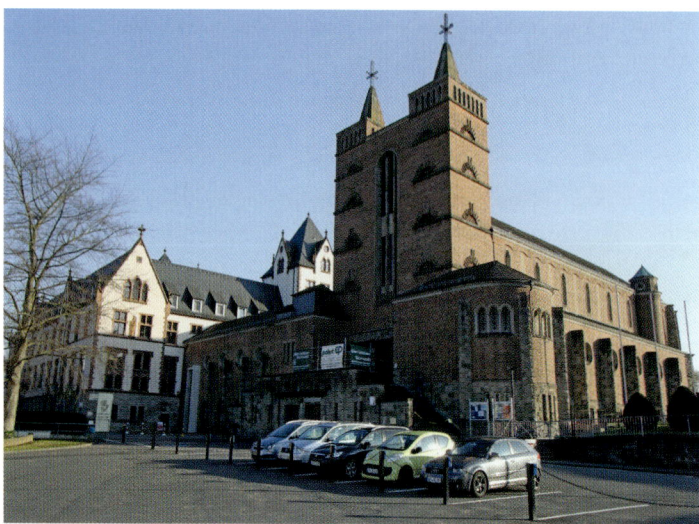

Limburg

Pallottinerklosterkirche mit Doppelturmfassade.

Sankt Marien

Die an der Ecke Frankfurter Straße/Wiesbadener Straße auf einer kleinen Anhöhe erbaute Pallottinerklosterkirche, gleichzeitig Pfarrkirche Sankt Marien, gilt als bedeutender und erster Kirchenbau des Expressionismus in der Limburger Region. 27 Stufen der doppelläufigen Treppe, seit 2001 geschmückt mit der Figur des Stifters Vincent Pallotti des Darmstädter Bildhauers Thomas Duttenhöfer, führen hinauf zu drei die gesamte Breite einnehmenden Portalen. Die Doppelturmfassade erinnert an romanische Kirchen, imitiert diese aber nur. Denn die beiden „Türme" sind durch ein zehn Meter hohes Mittelfenster miteinander verbunden. Beide werden von je vier Bögen, von denen Strahlen ausgehen und die mit Simsen unterfangen sind, aufgelockert und von bescheidenen kleinen Turmhelmen abgeschlossen.

Der burgartig schwer wirkenden, mächtigen Backsteinfrontseite schließen sich Langhaus und Chor an. Deren Wände sind aus Backstein gefertigt und mit Gestaltungselementen aus grauem, grob behauenem Werkstein, Strebepfeilern und Rundbogenfenstern gegliedert.

Im Kontrast zur Außenhülle steht der Innenraum des zweischaligen Baus. Hier hat Hubert Pinand seine Vorstellung von Funktionsgerechtigkeit, der Liturgie einen adäquaten Raum zu schaffen, architektonisch umgesetzt. Parabelbögen, die ohne Zäsur vom Boden aufsteigen, überspannen den am 2. Oktober 1927 geweihten Kirchenraum und erzielen mit ihrer Reihung und Faltung einen schwingenden Rhythmus. In das einschiffige Langhaus mit den Arkadenbögen zu den elf Seitenaltären dringt durch die tief in die Wand eingelassenen Fenster nur gedämpftes Licht. So wird der Blick auf den – sich perspektivisch verjüngenden – Chor mit dem Altarraum gelenkt, der durch seinen Umgang indirekt beleuchtet wird. Aus 98 Bögen dringt Licht in den Chorraum und auf den Hauptaltar aus Metall und Stein, den der mit den Innenarbeiten beauftragte Karl Baur 1930 schuf.

📍 Frankfurter Straße 56

🏛 Gemeinschaft der Pallottiner GmbH, Rektorat Limburg

🔓 von außen frei zugänglich

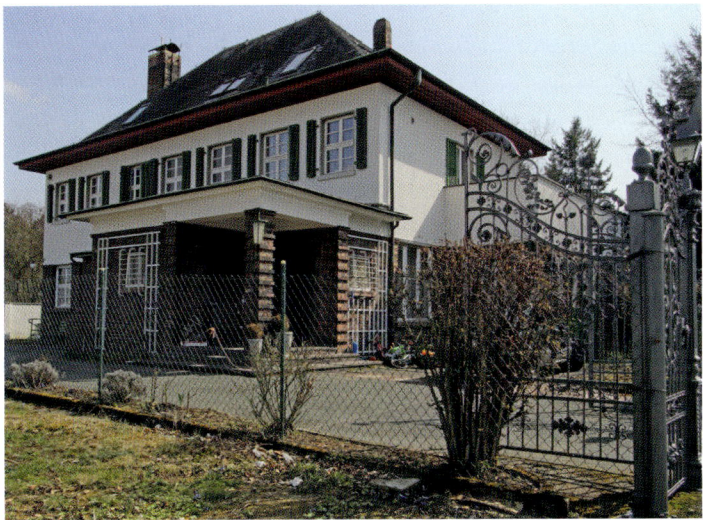

Die freistehende, großbürgerliche Villa Scheid.

Limburg

Villa Scheid

Zu Beginn der 1930er Jahre plante und baute der Limburger Architekt, Maschinen- und Straßenbauunternehmer Otto Scheid eine in einem parkartigen Gelände noch heute freistehende, zweieinhalb geschossige, großbürgerliche Villa.

Auffallend sind die gleichmäßig angeordneten Fensterachsen, die die harmonischen Proportionen des auf unregelmäßigem Grundriss basierenden Gebäudes verstärken. Einziges Schmuckelement an der Außenfassade ist die Klinkerverkleidung des Sockels. Dem Erdgeschoss tritt ein mächtiger Eingangsbau vor, dessen original erhaltene Tür von einem mit feinem Zahnschnittfries aus Holz unterhalb des vorkragenden Flachdachs geschützt wird. Große bis zum Boden reichende Fenster zwischen schmalen Wandstreifen lassen das Licht vom Garten in das Erdgeschoss einfließen. Ein großer Teil des Obergeschosses ist entlang der gesamten rückwärtigen Gartenfront mit einem Balkon ausgestattet. Ein Walmdach mit lang gezogenen Aufschieblingen überdeckt den Bau.

An der Straßenseite befindet sich ein aufwändig gestaltetes Schmiedeeisentor von 1875, das die ehemalige Werkseinfahrt in das Fabrikgelände „Im Schlenkert" markierte.

Im südöstlichen Teil des Parks steht ein Teehaus, ein vollständig erhaltenes expressionistisches Kleinod mit kleinteiligen Tür- und Fenstersprossen, das sich über einem viertelkreisförmigen Grundriss erhebt.

Der Park mit altem Baumbestand der ursprünglichen Bepflanzung kann für Veranstaltungen angemietet werden. Von hier hat man einen guten Blick auf die Gartenfront der Villa und das Teehaus.

In den Klostergärten 4

privat

von außen frei zugänglich, Park kann für private und geschäftliche Veranstaltungen angemietet werden

Tel. 06431 584060-7

Löhnberg

Löhnberg

Verwaltungsgebäude Selters Mineralwasser

Die wirtschaftliche Nutzung der Mineralwasserquellen im Gebiet der heutigen Gemeinde Löhnberg, darunter Selters und Neuselters, begann Ende des 19. Jahrhunderts mit der Fassung der Mineral- und Heilquelle. 1956/57 wurde die Produktionsstätte des seit 1905 am Standort Selters befindlichen Seltersprudels „Augusta Viktoria" durch einen zweigeschossigen flachen Bürobau verdeckt. Die streng von jeweils acht Fenstern pro Stockwerk gegliederte, im Skelettbau mit enger Stützenstellung errichtete Front wird durch das halbrund hervortretende verglaste Treppenhaus in der Mitte unterbrochen. Ein flachgeneigtes Satteldach schließt den Bau ab und stört die in unmittelbarer Nähe stehende Fabrikantenvilla von 1929 nicht. Das in Gestaltung und Material original erhaltene repräsentativ gewendete Treppenhaus mit Aufgang ist auch ohne Zutritt von außen zu sehen.

Der Architekt des Verwaltungsgebäudes, Lothar Heil, begann als Maurer und Betonbauer bei der Firma Gebrüder Lellmann in Limburg. Nach dem Ingenieurstudium am Polytechnikum in Gießen war Heil am Stadtbauamt Weilburg beschäftigt und arbeitete von Mitte der 1950er Jahre bis etwa 2005 als selbstständiger Architekt in Aumenau. Mit dem Objekt in Löhnberg gelang ihm ein geschichtliches, städtebauliches und künstlerisches Objekt von zeitloser Eleganz und Schönheit.

📍 Seltersweg 1

🏛 Selters Mineralquelle Augusta Victoria GmbH

👤 von außen frei zugänglich, während der Bürozeiten Mo–Fr 8–17 Uhr besteht die Möglichkeit, den Eingangsbereich und das Treppenhaus zu besichtigen

ℹ Tel. 06471 609-0, E-Mail: info@selters.de

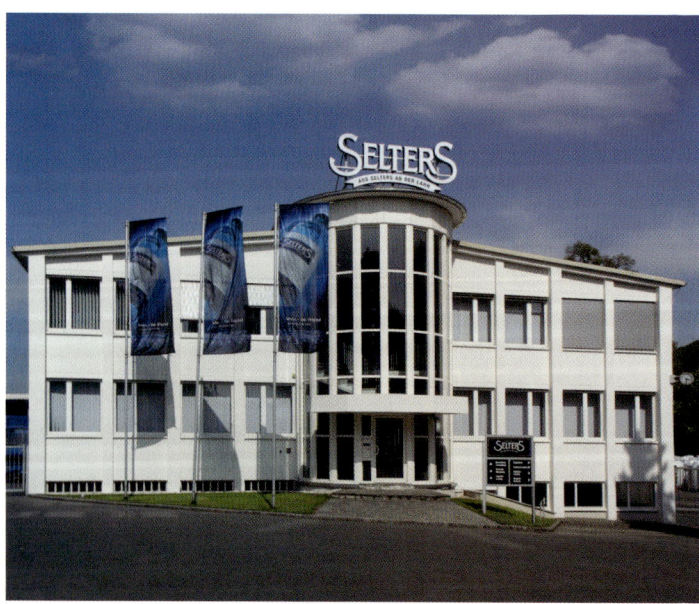

In typischer Architektur der 1950er Jahre erstellt: Das Verwaltungsgebäude des Seltersprudels „Augusta Viktoria".

Lorch

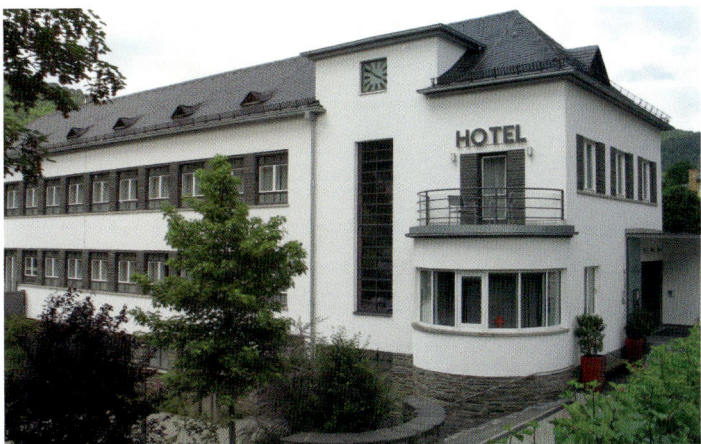

Lorch

Von der Volksschule zum Hotel.

Ehemalige Volksschule

Der erste Spatenstich für das heutige „Hotel im Schulhaus" in Lorch erfolgte im Juni 1932 und Ende Oktober 1933 wurde das Gebäude als Volksschule eingeweiht. Entstanden war ein langgestreckter, dreigeschossiger Baukörper mit einem flach geneigten Walmdach. Das seitlich gelegene Treppenhaus wird an der Fassade optisch von einer Uhr betont. Neben den klaren Linien fällt an der Straßenseite ein erkerartiger, runder Vorsprung auf, der gleichzeitig als Balkon für das obere Stockwerk dient. Eine gemäßigte Moderne mit Bauhaus-Elementen verbindet sich hier mit Bodenständigkeit.

Pläne zu einem neuen Schulbau kamen Mitte der 1920er Jahr auf, weil das alte Gebäude, das jetzige Lorcher Rathaus, als veraltet galt und keinen Pausenhof besaß. Weiterhin wurde bei dem erwarteten Wachstum der Schülerzahlen die Feuergefahr als sehr hoch eingestuft. Für den Neubau wurden zunächst vier mögliche Standorte geprüft, bevor die Entscheidung für das Grundstück an der Schwalbacher Straße fiel. Die Weltwirtschaftskrise hemmte jedoch den Fortgang des Projekts. Nachdem bei mehreren Architekten angefragt

worden war, übernahm schließlich das Preußische Hochbauamt Rüdesheim die Entwurfsfertigung. Der preußische Staat musste ohnehin die Hauptlast der Kosten tragen. Wurden zunächst 200 000 oder 250 000 Reichsmark als Bausumme genannt, sollten am Ende aber 140 000 Reichsmark genügen. Man platzierte den Baukörper so am damaligen Stadtrand, dass er den Schulhof vor dem Wind aus dem Wispertal schützte. Ziel der Planung war auch ein günstiger Lichteinfall in die Klassenräume. Bei acht Klassenzimmern hielt es der damalige Kreisarzt für denkbar, dass in jedem Raum bis zu 50 Schüler unterrichtet werden könnten.

Später wurde aus der Volksschule eine Grund- und Hauptschule und die Trägerschaft ging von der Stadt auf den Kreis über. 2006/2007 war, abgesehen von einer kurzen Zeit als Ausweichquartier, das letzte Schuljahr im Bauwerk. Nach dem Verkauf folgte 2012 und 2013 der Umbau zum Drei-Sterne-Superior-Hotel mit 88 Betten.

📍 Schwalbacher Straße 41

🏛 Breuer-Hadwiger Hotelbetriebs GmbH & Co KG

ℹ Tel. 06726 80716-0, info@hotel-im-schulhaus.com, www.hotel-im-schulhaus.com

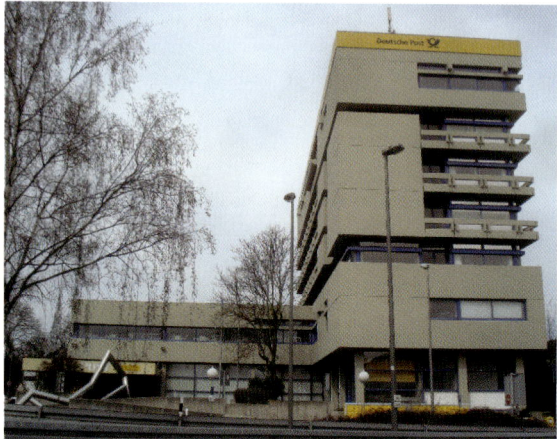

Die ehemalige Hauptpost im Bahnhofsviertel – Ikone der ‚Béton brut'- Architektur.

Marburg

Ehemaliges Hauptpostamt im Bahnhofsviertel

Die Post nahe der Stadtautobahn ist Landmarke im Lahntal. An aktueller holländischer und schweizer Architektur um 1970 (Broek en Bakema, Atelier 5), orientiert, gehört sie zu den stilbildenden Bauten des Hochbauamtes der Frankfurter Postdirektion um Johannes Möhrle. 1976 eröffnet, lehnten die Einheimischen sie ab, sie sanierten gerade ihre Fachwerkstadt.

Differenzierte Baumassen wirken wie eine vielansichtige Skulptur. Die Formensprache der 1920er Jahre ist aufgenommen. Die Betonwandflächen der Treppenhäuser in Vertikalschalung werden durch rückgesetzte Fensterbänder und auskragende Balkone aufgelockert. Die markanten Dachaufbauten der Haustechnik sind auf Fernsicht vom Hang angelegt. Die kleinen Nebengebäude der Kfz-Halle und des Hausmeisterhauses wirken noch skulpturaler. Leuchtend farbige Metalltüren, Fenster, Verladetore setzen einzelne, wirksame Farbakzente.

In die siebenstöckige Scheibe mit Verwaltungs- und Personalräumen scheint der zweigeschossige Flachbau für den Publikumsverkehr eingeschoben. Mit durchgezogenen Fensterbändern

und zurückspringender Erdgeschossverglasung zum Haupteingang im Südwesten wirkt er schwebend, einladend. Telefonzellen, Schalterhalle und Postfachraum waren von hier aus erreichbar. Die klare, kubische Innenausstattung aus hellem Holz und glänzend farbigen Metalloberflächen in Postgelb, Blau, Rot und Türkis bilden einen warmen Kontrast zum rohen Schalbeton. Erich Hausers abknickende und vergrabene, polierte Edelstahlröhren auf dem Eingangsplatz setzen als „nutzlose technische Form" im Weg der Passanten einen Kontrapunkt zur streng funktionalen Architektur.

Heute sind Telefonzellen, Brief- und Paketsortierung und die hofseitigen Packstationen überflüssig, die Schalterhalle ist geschlossen. Doch die bauzeitliche Einrichtung ist im Postfachraum noch zu entdecken. Aus Kostengründen wurde der Rohbeton der Fassade inzwischen überstrichen.

Den Wiederentdeckern des internationalen ‚Béton brut' gilt die Marburger Post als bedeutendes deutsches Beispiel.

- ⚲ Zimmermannstraße 2, Ecke Afföllerstraße
- 🏛 Deutsche Bundespost
- 🛈 Postfachanlage geöffnet Mo–Fr 6–18.30, Sa 6–12 Uhr

Marburg

Ökumenisches Gemeinde-
zentrum auf dem Richtsberg

Mehrere tausend Sozialwohnungen, gemischt mit Eigenheimen, entstanden ab den 1960er Jahren südöstlich der Altstadt im Stadtteil Richtsberg. Katholische und evangelische Christen arbeiteten von Anfang an zusammen und setzten ein ökumenisches Gemeindezentrum durch, das der bunten Mischung von Neubürgern ein Treffpunkt werden sollte. „Unterschiede sollen geachtet und nicht vertuscht, Gemeinsames jedoch mit Mut und Phantasie gesucht werden", hieß es zur Einweihung 1973.

Der eingeschossige Betonbau mit offener Holzträgerdecke bietet unterschiedliche Räume für Gemeinschaftsaktivitäten. Die Platzanlage setzt sich durch die sockelfreie Glasfensterfassade in das Foyer fort. Raumbreite Stufen hinunter zu den Gemeinderäumen können Treppe und Forum sein. „Das Haus ist Werkstatt und Sakralraum zugleich", kennzeichnete Johann Georg Solms von Theodor London Collective ihre unprätentiöse, offene Raumhülle aus schalungsgrauem Beton. Da die Kirchenleitungen eine gemeinsame Kirche nicht gestatteten, stehen nun Thomaskapelle und Thomaskirche Wand an Wand. Offene, holzverschalte Kuben überwölben die Kirchenräume, durch die platzseitigen Obergadenfenster entsteht ein diffuses, fast meditatives Licht. Außen treten die dunkel verschieferten Aufbauten optisch zu den Bäumen hinter dem Haus zurück: Das einladende freundlich rote Foyer steht im Mittelpunkt. Im rechten Winkel rahmt das zugehörige Jugendzentrum mit Bücherei den Platz. Rückseitig zum Tal wirkt das Ensemble bastionsartig geschlossen. Dadurch ist die Pfarrerwohnung im Untergeschoss als Privatraum gekennzeichnet.

Im Lauf der Zeit wurden die ehemals schmucklosen Gottesdiensträume mit sakralen Gegenständen ausgestattet. Auch der evangelische Mehrzweckraum ist inzwischen eindeutig eine Kirche, sein schlichtes gleichseitiges Altarkreuz aus schwarzen Latten schmückt nun das Foyer.

Das heute an der Rückseite eines kleinen Ladenensembles versteckt liegende Gemeindezentrum macht optisch und akustisch durch ein Glockenspiel auf hoher schlanker ‚Tanne' aus Edelstahl auf sich aufmerksam.

📍 Stadtteil Richtsberg, Friedrich Ebert-Straße 2, Ecke Chemnitzer Straße

🏛 Evangelische Kirche Kurhessen-Waldeck und Bistum Fulda

🔆 frei zugänglich

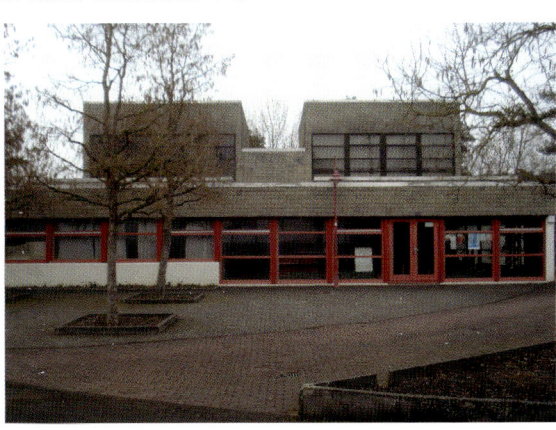

Treffpunkt ökumenisches Gemeindezentrum: Innen- und Außenräume für vielfältige Aktivitäten.

Studentenhaus und Mensa der Philipps-Universität Marburg

Vom Mensasteg über die Lahn führt der Weg direkt in das Hauptportal des Studentenhauses. Hier bekam die Universität 1962 mit dem Pavillonensemble zur Versorgung der wachsenden Studentenzahl, für das Studentenwerk und die studentische Selbstverwaltung ein neues, der Umgebung zugewandtes Gesicht. Der Betonskelettbau des demokratischen Wiederaufbaus mit seinen Flachdächern und vorgesetzten Glasfassaden orientiert sich an der Bauhausmoderne. Dem vierstöckigen fast schwebenden Hauptbau wurden mit Galerien und verglaster Brücke zwei niedrigere Gebäude angegliedert. Stahldrahtmobiliar von Charles Eames oder Arne Jacobsen unterstrich einst die Leichtigkeit und Klarheit des Gebäudes. Hier konnten täglich 8.000 Studierende preisgünstig mit der „empfohlenen Fettmenge" sowie „den erforderlichen Kohlenhydraten" versorgt werden.

Die Universität öffnet sich zur Stadt – nicht nur durch den grandiosen Ausblick auf Schlossberg und Fachwerkstadt. Speise-, Club-, Lese- und Schreibräume sowie Sitzecken in der gläsernen Treppenhalle sind als Aufenthaltsorte angelegt, ebenso die in den Auenwald gebetteten Freiflächen. Von den politischen Entscheidungsträgern gewollt, sollte so der Zusammenhalt gestärkt werden. Vorplätze, Lahnquerung und die Fußwege am Fluss verweben das studentische Leben mit dem Alltag der Marburger Bürgerschaft. Zur Bauzeit war der 1.000 Personen fassende Speiseraum mit Bühne und Empore der größte Veranstaltungssaal der Stadt.

Walter Freiwald hatte den Hauptbau über zurückgesetztem, offenem Untergeschoss aufgestelzt. Längst wurde ausgebaut, wurden Trennwände gezogen, Kegelbahn und Milchbar geschlossen, um weitere Räume zu schaffen. Ein mit roten Stahlblechen verkleideter Aufzug ist heute der glatten, horizontal gegliederten Glasfassade vorgesetzt. Das bis zur Dachkante reichende Betonrelief von Hermann Tomada über dem Haupteingang – allein durch Licht und Schatten Dynamik symbolisierend – hat man durch Anstrich verunstaltet. Die Stadt ist an das ursprünglich frei stehende Studentenhaus herangerückt, es liegt jetzt ‚mittendrin'.

📍 Erlenring 5, am Lahnufer, östlich der Brückenvorstadt Weidenhausen

🏛 Studentenwerk Marburg

🛗 nach Öffnungszeiten frei zugänglich, Mo–Fr 8–16, Ebene 0: 8:15–20, Sa 12–14 Uhr

ℹ www.studentenwerk-marburg

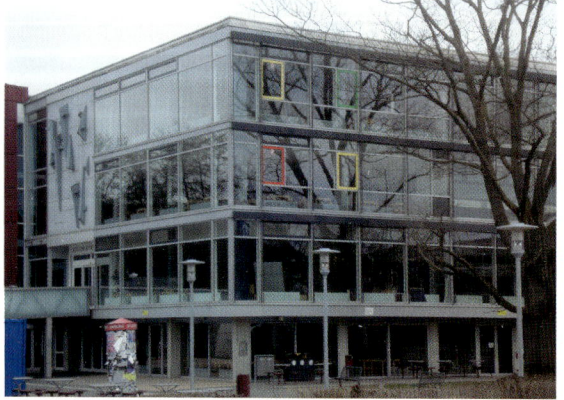

Das Studentenhaus an der Lahn: Hochschulbau in der neuen Demokratie.

*Ehemaliges
Hochschulbauamt,
Baujahr 1963.*

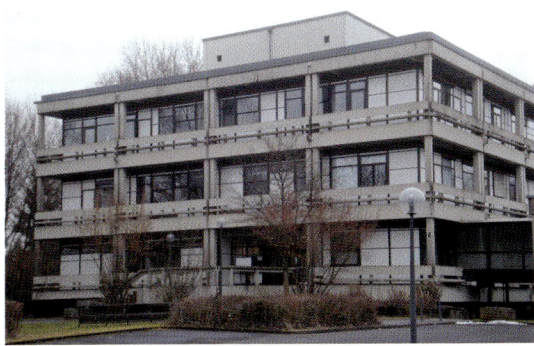

Marburg

Universitätscampus
Lahnberge

Zwischen 1961 und 1977 zogen die naturwissenschaftlichen Fachbereiche in den stadtnahen Wald, als erster Hochschulcampus der Nachkriegszeit. Hörsaalgebäude, Mensa, Rechenzentrum, Fernheizwerk und das Klinikum ergänzen die Anlage.

Um dem Mangel an Studienplätzen schnell und kostengünstig zu begegnen, entwickelte das Universitätsneubauamt um Helmut Spieker ein Modulsystem genormter Bauteile. Der Traum der 1920er-Jahre-Moderne, die Gesellschaft durch fortschrittliche Bautechnik, serielle Bauproduktion und zeitgenössische Materialien zu verändern, wurde hier umgesetzt. Richtungslose Module aus vier Stahlbetonstützen mit überkragender quadratischer Deckplatte lassen sich bedarfsgerecht addieren, stapeln sowie verändern. Eine Feldfabrik stellte die Betonteile vor Ort her.

Die Gebäude sind von innen nach außen, quasi von den Labortischen aus, geplant. Mit in das Betonskelett eingepassten schwarzen Stahlprofilen wurden Schränke, Türen, Wandplatten, Fenster sowie die weißen Kunststoffaußenwände variabel eingestellt. Die Ausstattung kam aus dem Katalog genormter Bauteile – vom Wasserhahn bis zum Treppenmodul. Versorgungsleitungen und Leuchtbänder liegen offen vor der Wand und bilden mit Stühlen, Türen oder Klinken den stark farbigen Dekor: form follows function. Die harmonische, durchdachte Fassadengliederung mit sorgsam profilierten Brüstungen vor den umlaufenden Fluchtbalkonen zeigt die gestalterische Qualität des Entwurfs. Die hier entwickelten Fertigbauteile wurden später auch andernorts zum Bau von Universitäten, Schulen, Verwaltungsgebäuden oder Raststätten genutzt. Jahrelange Vernachlässigung und neue gesetzliche Richtlinien machen dem Campus das Überleben schwer, während gleichzeitig Architekturstudenten aus der Schweiz und Japan zum „Marburger System" anreisen.

Im Süden steht der Gründungsbau, das ehemalige Hochschulneubauamt. Im benachbarten Neuen Botanischen Garten korrespondiert das Betonraster der Pflanztröge und Teichterrassen reizvoll mit den Pflanzungen. Günther Grzimek, Planer des Münchner Olympiaparks, hat ihn ab 1972 angelegt.

> Auf den Lahnbergen
> zwischen Karl von Frisch-Straße (S) und
> Hans Meerwein-Straße (N)
>
> Universität Marburg
>
> Universitätscampus frei zugänglich,
> Botanischer Garten:
> 15.4.–31.10.: 9–17, 4 € / 2,50 €,
> 1.11.–31.3.: 9–16,
> Gewächshäuser So 10–16 Uhr
>
> Tel. 06421 282-611-8

Michelstadt

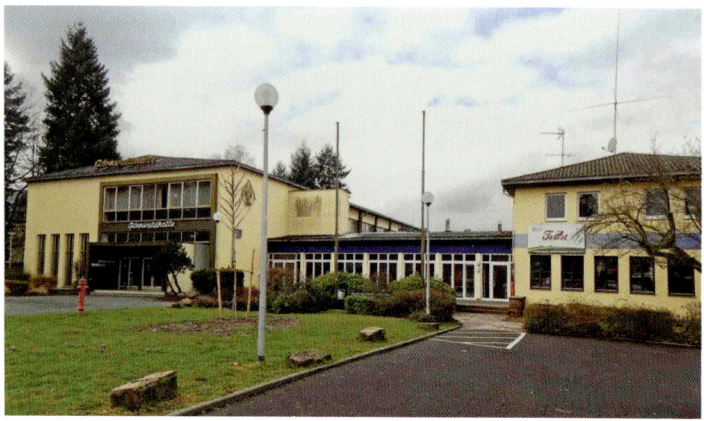

Michelstadt

Odenwaldhalle

Weitgehend originalgetreuer Zustand der 1950er Jahre.

Bereits 1949/50 formulierten Vereine und Bürger in Michelstadt den Wunsch nach einer Halle für Sport- und andere Veranstaltungen. Entwürfe örtlicher Architekten wurden aufgrund fehlender Mittel wieder verworfen. 1954 führte eine zweitägige Hallenbesichtigungsfahrt des Magistrats zu konkreten Plänen durch den Architekten Bechtold. Vorgesehen waren ein großer Saal mit Bühne, ein Foyer mit Schauvitrinen für Odenwälder Firmen, Nebenräume mit Umkleide- und Sanitäranlagen sowie ein Seitenanbau mit Gaststätte. Im Obergeschoss sollten ausreichend Räume für Vereine und Tagungen entstehen. Darüber hinaus waren zwei Wohnungen und ein Lese- und Wärmeraum geplant, der insbesondere den älteren Bürgern zur Verfügung stehen sollte.

Mit dem Bau der Sport- und Kulturhalle wurde 1957 begonnen, allerdings schritten die Arbeiten wegen begrenzter finanzieller Mittel nur langsam voran. Das hessische Landesprogramm zur Förderung von Gemeinschaftshäusern brachte 1959 die Bauarbeiten mit einem Zuschuss wieder voran. Die festliche Einweihung fand am 17. Dezember 1961 statt.

Das Förderprogramm bestand seit Beginn der 1950er Jahre und begünstigte zunächst Dorfgemeinschaftshäuser, später auch Mehrzweckhallen im städtischen Bereich. Sie dienten nicht nur für Veranstaltungen und Feste, sondern es standen auch Waschküchen oder Tiefkühltruhen zur Verfügung, die in privaten Haushalten noch nicht selbstverständlich waren. Je nach Bedarf in den Gemeinden wurden gelegentlich auch Bäder oder Kindergärten angegliedert. Der Hessische Rundfunk stiftete für jede Einrichtung einen Fernsehempfänger. Die Förderung von durchschnittlich 50 Prozent der Kosten wurde von zahlreichen Gemeinden angenommen.

Die Odenwaldhalle ist ein typischer Vertreter der Architektur der 1950er Jahre und in weiten Teilen im Originalzustand erhalten, darunter insbesondere zahlreiche Details. Im Außenbereich ist die zeittypische Springbrunnenanlage noch vorhanden. Seitlich des Gebäudes bereicherte ursprünglich eine Minigolfanlage das Michelstädter Freizeitangebot.

📍 Erbacher Straße 33

🏛 Magistrat der Stadt Michelstadt

🔑 von außen frei zugänglich, innen nur bei Veranstaltungen

Mörfelden-Waldorf
Neutrasiedlung

Anfang der 1960er Jahre konzipierte der österreichisch-amerikanische Architekt Richard J. Neutra die Siedlung aus 42 ein- und zweigeschossigen Einfamilienhäusern. Sie wird von der heutigen Richard-Neutra-Straße erschlossen, von der aus Stichstraßen zu den Gebäuden führen.

Jedes dieser zwischen 1962 und 1964 entstandenen Häuser ist von einem kleinen Garten umgeben, der zu den Nachbarn eher vermittelt, als abgrenzt. Neutra, der vor allem in den USA als ein wichtiger Vertreter des modernen Internationalen Stiles gilt, plante die Anlage in Kalifornien und wollte den Menschen im schnell wachsenden Rhein-Main-Gebiet einen „Wohnankerplatz" geben, der das umgebende Gelände nicht nivellierte und den vorhandenen Baumbestand möglichst integrierte.

Insgesamt wurden neun verschiedene Haustypen mit einer Wohnfläche zwischen 97 und 160 Quadratmetern realisiert. Es überwiegen Doppelhäuser, bei denen eine hohe Ziegelmauer den Sichtschutz zum Nachbarn gewährleistet. Nur neun Häuser stehen einzeln auf ihren Parzellen.

Im Inneren entsprechen die Räume konsequent der Bauphilosophie Neutras: filigran-schwerelos, durch mächtige Glasfronten zur Natur geöffnet, offen, großzügig und kommunikativ gestaltet, hoher Komfort und – gemessen an der Zeit – hochmoderne Technik. Der Garten diente als Bindeglied zwischen den Häusern und der Natur, aber auch als grüne Enklave innerhalb bebauter Umgebung. Standortgerechte Bepflanzung, oft unterbrochen durch kleine Wasserbecken und die Verwendung von bereits vorhandenen Steinen vermittelten ein lebhaftes Bild von Natur. Dieses Konzept wurde in der Zwischenzeit vielfach durch Anpflanzen von hohen Hecken und anderen Gewächsen konterkariert.

Von Anfang an sah sich Neutra mit Eigenheiten deutscher Bauherren konfrontiert: auf einen Keller wollte man ebenso wenig verzichten wie auf einen Windfang oder eine Garage, statt derer zunächst ein schlichter, ebenfalls offener Carport geplant war.

Von den ursprünglich projektierten Häusern in Mörfelden-Walldorf wurden nur 42 ausgeführt.

Die Neutra-Siedlung wird begrenzt von den Straßen Richard-Neutra-Ring, Am Oberwald, Alexander-Besser-Weg und Fasanenweg.

📍 Richard-Neutra-Ring, Amselweg, Drosselweg, Meisenweg, Fasanenweg, Finkenweg, Am Oberwald 14

🏛 privat

🔦 von außen frei zugänglich

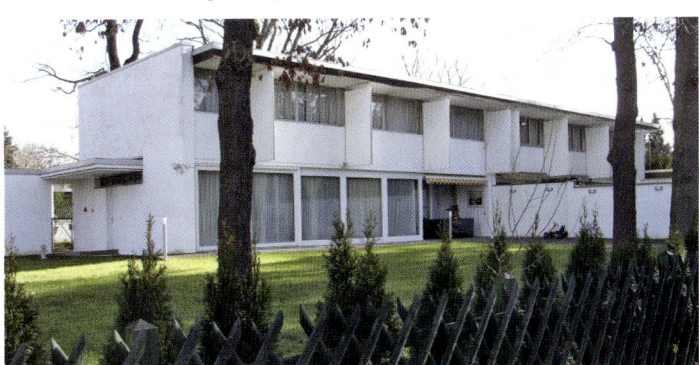

Große Glasflächen öffnen die Neutrahäuser zum Garten.

Neu-Isenburg

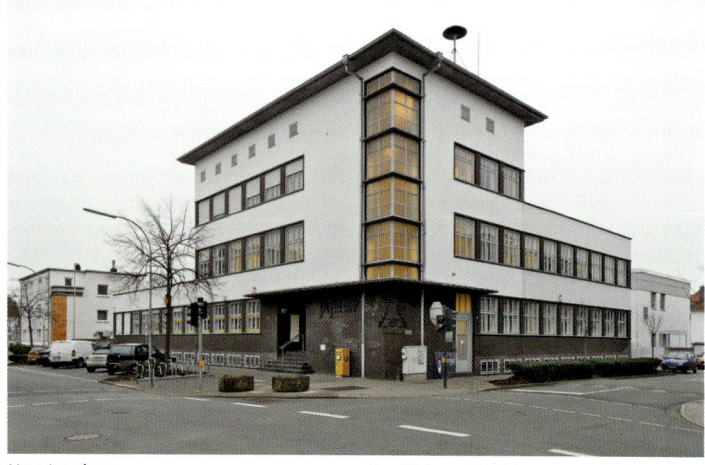

Neu-Isenburg

Postfiliale und Stadthaus unter gleichem Dach.

Neue Post

In der Weimarer Zeit nahm der Postverkehr stark zu, was eine größere Poststelle für die Stadt Neu-Isenburg erforderlich machte. Um ein solches Projekt zu ermöglichen, fanden 1927 erste Gespräche zwischen der Reichspost und der Stadtverwaltung Neu-Isenburg statt. Bedingt durch vielfältige Unstimmigkeiten über die Fragen, wer denn Bauherr und wer Eigentümer werden solle, zogen sich die Verhandlungen bis in das Jahr 1930 hin. Am 7. April beschloss der Gemeinderat, das Gebäude selbst zu errichten und an die Post weiter zu vermieten. Nachdem das investierte Kapital wieder an die Stadt zurückgeflossen war, sollte es in das Eigentum der Post übergehen.

Im August desselben Jahres stimmte der Reichspostminister dem Bau an der Hugenottenallee, Ecke Rheinstraße, unter den vorliegenden Absprachen zu. Der erste Spatenstich erfolgte am 23. Oktober 1930, die Eröffnung fand am 23. April 1932 statt.

Das Postgebäude entstand im Stil des Neuen Bauens nach Plänen des Postbaurat Dipl. Ing. Freund. Der Eckbau bildet einen Winkel entlang beider Straßen. Markant ist die Klinkerverblen-

dung insbesondere im Erdgeschoss mit abgestumpfer Ecke, in die das Relief des Reichsadlers eingearbeitet wurde. Die langen waagerecht eingebauten Fensterbänder sowie das an der Hausecke verlaufende vertikale Fensterband des Treppenhauses sind typische Gestaltungsmerkmale. Diese und die klare Gliederung der Kuben sind angelehnt an die expressionistische Strömung im Neuen Bauen.

Das neue Postamt ist ein außerordentlich moderner, heller Bau, der bereits mit einer Zentralheizung ausgestattet war. Auch kam eine Selbstwahlanlage für den Telefonverkehr zum Einsatz.

Heute befindet sich das Gebäude, welches unter Denkmalschutz steht, im Eigentum der Stadt Neu-Isenburg. Es beherbergt neben einer Postfiliale auch die Stadtkasse der Stadtverwaltung.

📍 Hugenottenallee 59

🏛 Stadt Neu-Isenburg, Hugenottenallee 53

👤 frei zugänglich zu Öffnungszeiten:
Mo, Di, Do, Fr 8–12, Mi 8–17 Uhr

ℹ Telefon: 06102 241-0
www.neu-isenburg.de

Offenbach am Main

Offenbach am Main

Atelierhaus Zollamt Studios

Das Gebäude der Bundeszollverwaltung wurde 1952 im Stil der Nachkriegsmoderne erbaut, der Architekt ist nicht bekannt. Heute befinden sich in den Räumen Ateliers für Künstler und Kreative. Es handelt sich um einen siebengeschossigen Bau mit rasterförmig angelegten Fensterwaben, die über hellen Brüstungen auf dunklen Bändern aufsitzen. Rechts erscheint ein vertikaler Streifen, dem auf der Seitenfront ein vertikales, aus quadratischen Glasscheiben gegliedertes Treppenhaus in gleicher Proportion entspricht. Ein Risalit springt links aus der Hauptfassade hervor und schafft einen weichen Anschluss an die vorhandene Wohnbebauung. Das Verwaltungsgebäude aus der Ära der frühen Bundesrepublik zeigt sich in seinem äußeren und inneren Erscheinungsbild unverändert authentisch. Nach Jahren des Leerstands befinden sich seit dem Jahr 2014 Ateliers in dem architektonisch wertvollen, durch seine Schnörkellosigkeit leicht übersehbaren Gebäude. Die Gemeinnützige Baugesellschaft mbH Offenbach (GBO) hat das Gebäude in städtischem Auftrag für fünf Jahre vom Eigentümer, der Bundesanstalt für Immobilienaufgaben, angemietet und gemeinsam mit der Offenbacher Wirtschaftsförderung sowie einem Beirat das Konzept der Atelierhausnutzung entwickelt. Damit wird der Feststellung Rechnung getragen, dass sich Offenbach am Main zur Kreativstadt entwickelt und entsprechende Raumangebote zur Verfügung stehen müssen. Über 50 Studios, Ateliers und Büroräume wurden seitdem bezogen. Das Gebäude befindet sich direkt gegenüber dem Deutschen Ledermuseum und hat die dortigen Grünflächen als unverbaubaren Vorplatz. Ein Nutzungskonzept nach dem Ende des fünfjährigen Mietvertrages 2019 steht bislang aus.

📍 Frankfurter Straße 91

🏛 Bundesanstalt für Immobilienaufgaben

🎫 während Veranstaltungen und nach Voranmeldung bei den Mietern

ℹ www.zollamtstudios.de/mieter/uebersicht/

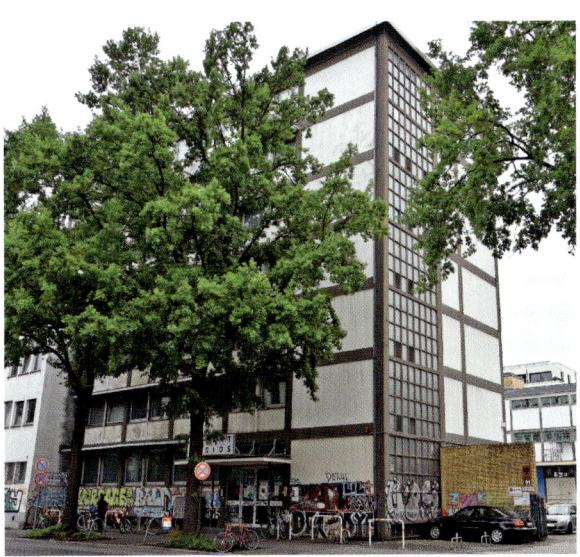

Ehemaliges Zollamt – Offenbacher Wunderkammer der Kunst und Kreativität.

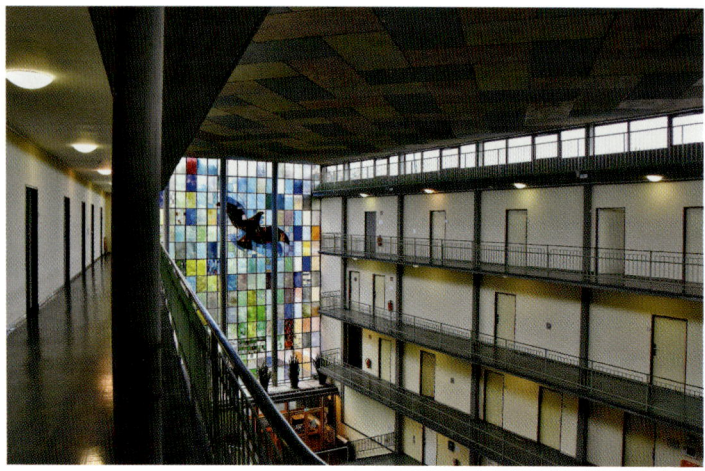

Offenbach am Main

Bundesmonopolverwaltung für Branntwein

Wie aus dem Bilderbuch – Nachkriegsmoderne der frühen Bundesrepublik.

Die Bundesmonopolverwaltung für Branntwein wurde 1953/54 nach einem Entwurf von Stadtbaurat Adolf Bayer auf den Fundamenten der im Zweiten Weltkrieg zerstörten Friedrichschule erbaut. Der Entwurf für das Glasfenster in der Eingangshalle des Gebäudes stammt von Grafiker Hans Leistikow, der ab 1925 gemeinsam mit Ernst May am Projekt Neues Frankfurt arbeitete. Die Eingangshalle besitzt vier Galerien, die über eine Spiraltreppe am Ende der Halle, eine freischwebende Betontreppe, miteinander verbunden sind. Die viergeschossige Fassade besteht aus gelbem Klinker und rotem Sandstein, die Fensterbrüstungen sind aus grauen Natursteinplatten gesetzt. Ein einziger Fenstertyp wiederholt sich bei diesem Bauwerk 529 Mal, jedoch wirkt die Fassade nicht monoton. Die Hauptfassade in der Saligstraße wird durch den vorspringenden, komplett verglasten Sitzungssaal aufgebrochen, der sich über zwei Geschosse erstreckt. Die Fenster auf der Südseite besitzen Sonnenblenden aus Beton. Es gibt bis heute keine Veränderungen des Gebäudes, die das Erscheinungsbild der frühen 1950er Jahre geschmälert hätten. In den Jahren nach seiner Erbauung wurde das Gebäude in einer Vielzahl Offenbacher Publikationen und Zeitungsartikel als gelungenes Beispiel repräsentativen modernen Bauens vorgestellt, zumal die Stadt Sitz einer Bundesbehörde geworden war. Auch die besondere Herausforderung, auf Fundamenten der Vorkriegszeit zu bauen, die in der Sockelzone sogar noch erkennbar sind, wurde gelobt. Die Wichtigkeit jener Bundesbehörde erscheint allerdings mit der Aufgabe staatlicher Wirtschaftsmonopole obsolet. Mit der Aufhebung des Branntweinmonopolgesetzes am 31. Dezember 2017 sind die operativen Aufgaben der Behörde entfallen, womit die Auflösung der Bundesmonopolverwaltung für Branntwein zum 31. Dezember 2018 ansteht. Behördliche Nutzer sind dann das Hauptzollamt Darmstadt und die Generalzolldirektion.

📍 Friedrichsring 35

🏛 Bundesministerium der Finanzen

👤 nach Voranmeldung

ℹ www.bfb-bund.de, Tel. 069 830-21
E-Mail: poststelle@bfb.bfinv.de

Offenbach am Main

Haus Volk

Das Zusammenwirken eines Grundstücks mit historischem Baumbestand und eines außergewöhnlich konsequenten Entwurfs der Klassischen Moderne machen das von Rudolf Schwarz 1933-34 erbaute Haus Dr. Volk zu einem der repräsentativen Privathäuser dieser Stilrichtung und Epoche in der Rhein-Main-Region. In der Zeitschrift ‚Die Schildgenossen' wurde sogar noch 1940 die Qualität des Hauses mit dem Dessauer Bauhausgebäude verglichen.

Das sehr flach angelegte Pultdach nahezu ohne Dachüberstand stellt den Eindruck eines kubischen Korpus her, der dennoch mit praktischen Momenten herkömmlichen Bauens ausgestattet ist. Die unterschiedlichsten Formate der straßenseitigen Fenster wirken auf der ansonsten sehr schlichten Fassade ebenso klar wir spielerisch. In den Garten hinein ist das Gebäude L-förmig angelegt und weist großzügige Fensterflächen auf.

Von 1925 bis 1927 war Rudolf Schwarz, der in Offenbach unter anderem auch das ebenfalls repräsentative Arzthaus Dr. Frühauf gestaltete, Mitarbeiter von Dominikus Böhm an den Technischen Lehranstalten Offenbach, der heutigen Hochschule für Gestaltung. Bauherr Dr. Georg Volk, der ältere Bruder von Kardinal Hermann Volk, war ihm über das gemeinsame Engagement in der Liturgischen Bewegung Romano Guardinis im Quickbornbund verbunden.

Den Intentionen Volks gemäß sind die Funktionsbereiche Wohnen und Arztpraxis ineinander übergehend konzipiert. So war einer der lichtesten Räume im Obergeschoss für Gespräche des Arztes mit seinen Patienten vorgesehen. Auch die Fenster der Sprechzimmer öffnen sich großzügig in den Garten. In der vielfach erhaltenen Bebauung des vorwiegend zu Ende des 19. und Anfang des 20. Jahrhunderts entstandenen Offenbacher Westends setzt Schwarz' Fassade einen auch heute noch prägnanten Akzent. Nach Kriegsschäden, die das Haus erlitten hatte, wurde das Gebäude auf Basis der ursprünglichen Baupläne wiederhergestellt.

📍 Frankfurter Straße 110a

🏛 privat

🚶 von außen frei zugänglich

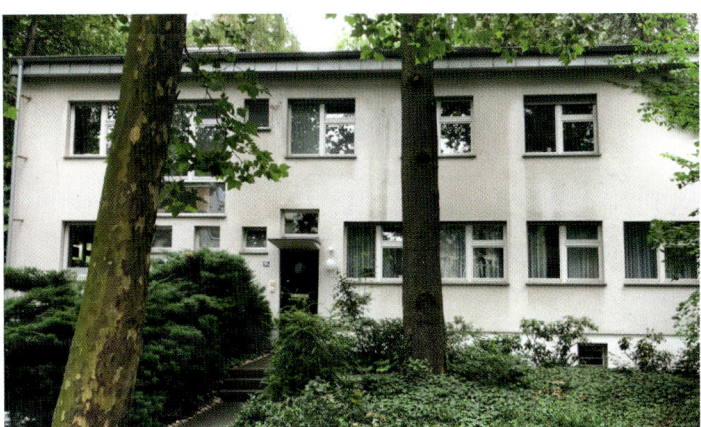

Vielfalt in der Schlichtheit bei der Fassadengestaltung.

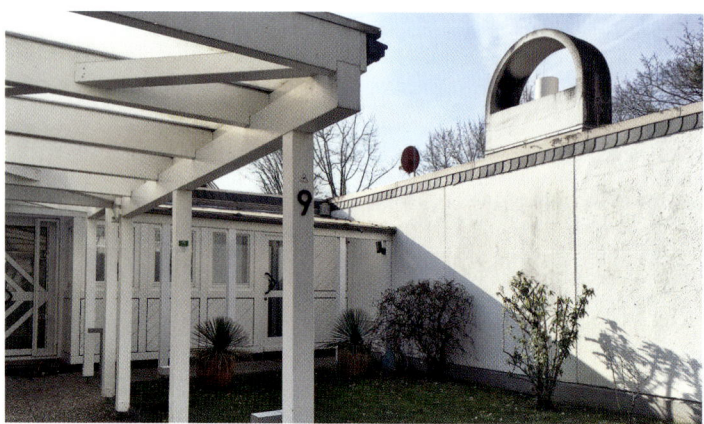

Offenbach am Main

Neckermann Musterhäuser

Der Eingangsbereich mit Wirtschaftshof eines der Musterhäuser.

Nachdem Egon Eiermann 1961 die Zentrale der Josef Neckermann KG in Frankfurt fertiggestellt hatte, wurde er mit der Entwicklung von Fertighäusern für die Neckermann Eigenheim GmbH beauftragt. Er plante vier eingeschossige Atriumhäuser mit drei unterschiedlichen Grundrissen, die jeweils einen Wirtschafts- und einen Wohntrakt besaßen. Die nur teilweise unterkellerten Häuser bestanden aus Betonmischplatten unter Walmdach. Die Vorteile dieser Bauweise lagen in ihrer gleichzeitig variablen und ökonomischen Konstruktion. Die Einrichtung der vier Häuser entwarf seine Ehefrau Charlotte Eiermann. Ab dem 27. November 1965 konnten diese besichtigt werden. Ursprünglich waren 95 Häuser vorgesehen, jedoch hatte man sich seitens Neckermann wohl bei den Baukosten verkalkuliert und so gingen die Häuser nicht in Serie.

Die Häuser mit den Nummern 7 und 9 weisen mit jeweils 145 Quadratmetern die größte Wohn- und Nutzfläche auf, die Nummer 11 bietet den Bewohnern 122 Quadratmeter und die Nummer 13 noch ganze 74 Quadratmeter. Der Eingangsbereich liegt immer an einem kleinen Wirtschaftshof, an dem sich auch der Kelleraufgang befindet. Unmittelbar daran schließen sich die Küche und eine Einlie

gerwohnung an. Bei den beiden größeren Grundrisstypen kommt man direkt in den ineinander übergehenden Ess- und Wohnbereich, dem sich unmittelbar der davon abgetrennte rechtwinklige Wohntrakt mit Schrankflur anschließt, von dem dann das Elternschlafzimmer und die Kinderzimmer abgehen. Dieser Gebäudeteil liegt parallel zu dem ummauerten Gartenhof und die Fenstertüren seiner Räume öffnen sich alle in diesen Innenhof. Der große Haustyp beherbergt drei Kinderzimmer und zwei Badezimmer, der mittlere analog dazu nur zwei Kinderzimmer und ein Badezimmer. Der kleinste Haustyp ist im Grundriss so gestaltet, dass sich Wohn- und Schlafzimmer an Küche und Eingangsbereich direkt anschließen und der Gartenhof dahinter quergelagert ist.

Alle vier 1965 errichteten Musterhäuser wurden mit der Zeit von deren Besitzern leicht bis sehr stark verändert, sodass die ursprüngliche Anmutung heute nur noch im Ansatz nachvollziehbar ist.

⚲ Johann-Strauß-Weg 7-13

🏛 privat

⚲ von außen frei zugänglich

Offenbach am Main

Synagoge der Jüdischen Gemeinde Offenbach am Main

Die Synagoge der Jüdischen Gemeinde Offenbach stellt ein wichtiges Beispiel im deutschen Synagogenbau nach 1945 dar und ist gleichzeitig in ihrer späteren Integration in einen neuen Gemeindekomplex ein Musterbeispiel im Umgang mit Baudenkmälern. Der von dem in Frankfurt niedergelassenen Architekten Hermann Zvi Guttmann entworfene Bau ist die erste nach Kriegsende gebaute Synagoge in Hessen und überhaupt eine der ersten in Deutschland nach 1945.

Bedeutungsvoll ist auch die Lage der 1955/56 gebauten Synagoge: Sie liegt gegenüber der imposanten ehemaligen Reformsynagoge von 1916, dem heutigen Capitol Theater. Guttmanns Bau ebenso wie die spätere Umbauung durch Alfred Jacoby sind in einer Achse an der Kuppel der gegenüberliegenden einstigen Synagoge ausgerichtet. Diese Achse geht synagogenseitig von dem als Davidsstern gestalteten Fenster zentral in der Westfassade aus.

Wie auch auf einem im Deutschen Historischen Museum erhaltenen Architekturmodell deutlich zu erkennen, vermeidet Guttmanns ursprünglicher Bau jegliche repräsentative Funktion. Die Synagoge ist 30 Meter von der Straße zurückgerückt und das frühere Gemeindehaus noch dahinter disponiert.

Hermann Zvi Guttmanns Synagoge besteht in einem Bau mit prinzipiell rechteckiger Grundform, dessen Wände jedoch nach außen gewölbt und die Gebäudeecken zeittypisch gerundet sind. Die nördliche und die südliche Seitenwand des 90 Personen fassenden Gebäudes waren durch große Fensterflächen geöffnet. Das Dach erweckt den Eindruck eines Flachdachs, ist jedoch leicht nach außen geneigt.

1995–1997 wurde der historische Synagogenbau durch Alfred Jacoby, Professor am Bauhaus in Dessau, mit einem Gebäudekomplex umbaut, der gegenüber der deutlich den 1950er Jahren angehörigen Stil des Guttmann-Baus noch stärker auf die klassische Moderne zurückweist. Als Kernstück hat Jacoby die Synagoge gewissermaßen ikonisch eingeschlossen und mit tiefblauen Fensterflächen einen charismatischen Innenraum wie eine berührende Außenwirkung geschaffen.

Kaiserstraße 109

Jüdische Gemeinde Offenbach

Tel. 069 8200360
www.jgof.de

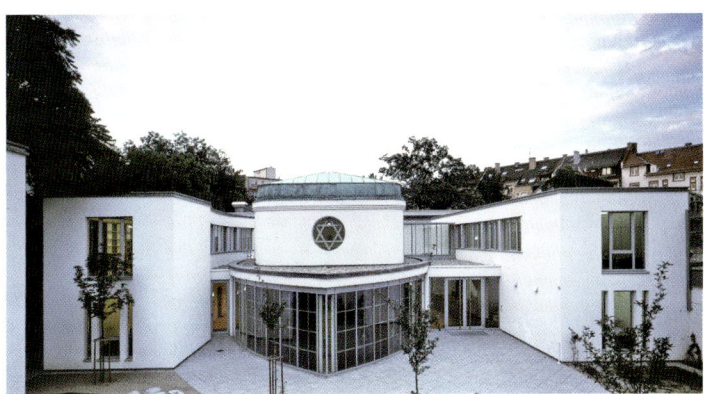

Wie ein Juwel ist die 1956 vollendete Offenbacher Synagoge vom jüngeren Gebäudekomplex umschlossen.

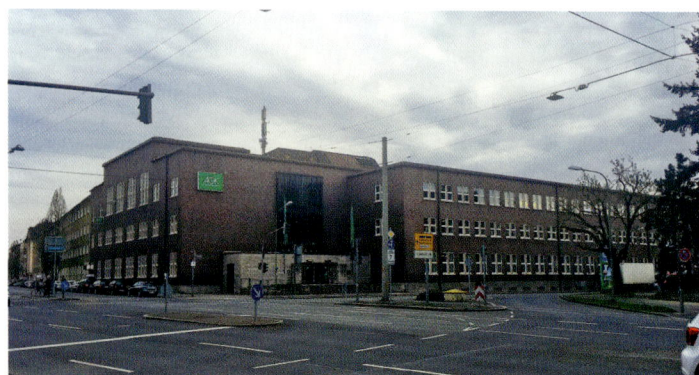

Offenbach am Main

Verwaltungsgebäude der AOK

Seltenes Beispiel eines Verwaltungsgebäudes aus den 1920er Jahren.

Das am 31. Januar 1932 eröffnete Gebäude der AOK wurde von Professor Hugo Eberhardt im Stil der Neuen Sachlichkeit entworfen. Es stellt ein seltenes Beispiel eines Verwaltungsgebäudes aus den 1920er Jahren dar. Das äußere Erscheinungsbild ist weitgehend erhalten, das Innere ist mit den Jahren komplett umgebaut worden. Der monumental und breit gelagerte Baukörper zeichnet sich durch zwei versetzte, dreigeschossige, flach gedeckte Gebäudeteile aus. Der Eingangsbereich weist noch heute eine breite Freitreppe auf, darüber sieht man den verglasten Erker des Treppenhauses. Die dunkelrote Klinkerverblendung gibt dem Bau, dessen Sockel in Kalksteinverplattung abgesetzt ist, eine gewisse Schwere. Im Inneren galt das Gebot der Zweckmäßigkeit. Es wurden moderne Baustoffe verwendet, die eine besondere Wirkung von Licht und Farbe erzeugten.

Von besonderer Bedeutung ist die Geschichte des Innenlebens. Neben den Büroräumen für die Verwaltung beherbergte das Gebäude einen Vortragssaal, Behandlungsräume für Zahnbehandlungen, Räume für Inhalationen, Bestrahlungen und Heilbäder. Diese Besonderheit war der Verarmung der Kassenmitglieder geschuldet und dem damit einhergehenden Rückgang der Kassenbeiträge. Jedoch lief vor allem die Offenbacher Zahnärzteschaft zusammen mit den Nationalsozialisten gegen das Ansinnen Sturm und mit der Machtergreifung 1933 wurde das Projekt mit Hilfe eines tendenziellen Gutachtens eingestellt. Aus den Heilbädern wurde das privat betriebene Römerbad, welches zunächst Dampf-Kohlensäure- und Schlammbäder anbot und ab 1956 auch eine Sauna. Sein Betrieb wurde 1986 eingestellt, da sich die Kosten für die Renovierung der in die Jahre gekommenen Einrichtung nicht mehr lohnten. Aus dem Heilbad wurden Büroräume.

Unmittelbar nach dem Krieg wurde das Gebäude zunächst von den Amerikanern für die Briefzensur und von 1947 bis 1948 von der „Verwaltung für Verkehr des vereinigten Wirtschaftsgebiets" genutzt, bevor die AOK wieder in ihre Räume ziehen konnte und den regulären Betrieb aufnahm.

1980 erhielt die Krankenkasse im Untergeschoss einen modernen Schalterraum, der seitdem in seinem Erscheinungsbild dem aktuellen Zeitgeist angepasst wird.

 Friedrichsring 2

🏛 AOK – Die Gesundheitskasse in Hessen

👤 frei zugänglich,
Mo-Fr 8:30–16:30, Sa 9–13 Uhr

ℹ Tel. 06404 924200-0

Offenbach-Bieber

Lutherkirche

In der Bieberer Lutherkirche treffen Elemente des Neuen Bauens auf außergewöhnlich dichte Weise mit solchen der Heimatschutz-Stilistik zusammen. Der massive, vor der Giebelfassade auf rechteckigem Grundriss querstehende Turm ist in großer Strenge und Gradlinigkeit angelegt, wobei die imposanten, die rechteckigen Schallöffnungen überlagernden Zifferblätter der Kirchturmuhr diesen Eindruck sogar eher verstärken als mindern. Das schlichte, große Kreuz an der Turmfassade unterstreicht den Eindruck der Monumentalität. Auch der Innenraum ist klar gegliedert, fast mit der Anmutung eines Konzert- oder Theatersaals.

Die Züge des Traditionellen stellen sich demgegenüber im Wesentlichen in der Innenausstattung und einigen wenigen Zügen im Außenbau dar, so den Rundbogentoren des Haupteingangs.

Die Lutherkirche wurde 1934/35 von dem zuvor in Offenbach ansässig gewesenen Darmstädter Architekten Adolf Weißhaar errichtet. Die hölzerne Kassettendecke und die Wandtäfelungen in Verbindung mit den Solnhofener Platten des Bodens verleihen dem Raum bereits durch das Material eine traditionelle Wirkung.

Die künstlerische Ausgestaltung stellt eines der erschreckendsten noch erhaltenen Kircheninterieurs des Nationalsozialismus dar. Das betrifft insbesondere die Ausmalung des Altarraums durch den Mainzer Maler Hans Kohl, die sich unter anderem in der Darstellung des bösen Schächers nach den Judenkarikaturen des ‚Stürmer' der Parteiideologie anbiedert. Auch die von dem Offenbacher Bildhauer Ernst Edgar Unger gestaltete Sandsteinkanzel mit auf ein Schwert gestütztem Ritter, Bauer und Pferd, Mutter und Kind weist in diese Richtung.

Der Orgelprospekt der Gebrüder Link aus Giengen zeigt eine qualitätsvolle Freipfeifenstellung, die leicht expressionistische Anmutungen mit abstrahiert barocken Zügen verbindet.

📍 Aschaffenburger Straße 52

🏛 Evangelische Kirchengemeinde Bieber

ℹ Tel. 069 891916
www.evangelisch-in-bieber.de

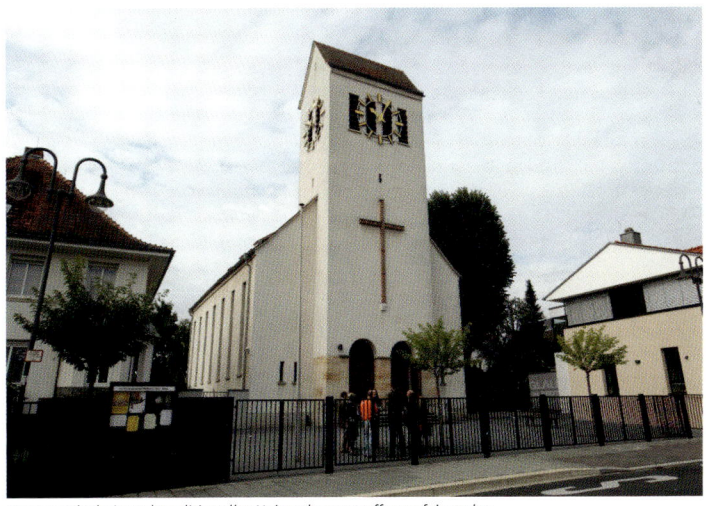

Strenge Klarheit und traditioneller Heimatbezug treffen aufeinander.

Pfungstadt

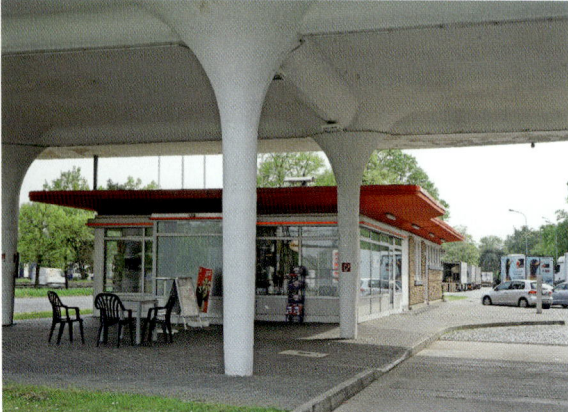

Die Tankstelle fertigt bis heute unter dem uverwechselbaren Dach LKWs und PKWs getrennt ab.

Pfungstadt

Autobahnraststätte Pfungstadt-Ost

Anfang der 1950er Jahre erfolgte eine Musterplanung für Tank- und Rastanlagen, die zwar auf die Regelentwürfe aus der NS-Zeit zurückgriff, diese aber an das erhöhte Verkehrsaufkommen anpasste sowie den LKW- und PKW-Verkehr künftig separierte. Die Musterplanung sollte gewährleisten, dass Autofahrer an jeder Raststätte den standardisierten Ablauf Tanken, Parken, Rasten vorfinden. Dabei ging es aber keineswegs um Typisierung. Vielmehr sollten individuelle Entwürfe eine Beziehung zur Landschaft herstellen.

Vor diesem Hintergrund übernahm der Bauhaus-Schüler und -Professor Ernst Neufert, der durch seine „Bauentwurfslehre" weltbekannt geworden war und inzwischen in Darmstadt lehrte, die Planung für Pfungstadt. In mehreren Bauabschnitten entstanden dort 1951 eine Tankstelle, kurz darauf eine Raststätte und zuletzt 1953 ein Motel. Die Verwendung ockerfarbener Klinker und die Entscheidung für Flachdächer binden sämtliche Bauwerke ästhetisch zusammen. Materialwahl und Staffelung der Baukörper erinnern an Neuferts Verehrung des US-amerikanischen Architekten Frank Lloyd Wright.

Das auf acht pilzförmigen Pfeilern ruhende Dach über den Zapfsäulen versinnbildlicht die Dynamik, die Autofahrten damals noch vermittelten. Dahinter platzierte Neufert einen eingeschossigen Bungalow mit weit ausgreifendem Flachdach und Klinkerausfachungen. Dieser nimmt neben den Tankstellenräumen im hinteren Bereich die Sanitärräume auf. Etliche Meter von Autobahn und Tankstelle zurückgesetzt folgt die Raststätte mit vorgelagerter „Bierschwemme", die ein über Eck geführtes Fensterband akzentuiert. Im von der Autobahn abgewandten Bereich liegen das Restaurant mit Café und Terrasse. Durchgehende Fenster geben die Aussicht auf die parkartige, von imposanten Kiefern bewachsene Außenfläche frei. Bullaugen im Cafébereich ermöglichen einen Blick in den Garagen- und Wirtschaftshof des dreistöckigen, schon am Waldrand liegenden Motels. Ein zentraler Kellnergang diente der rationellen Bedienung. Der parallel zur Autobahn ausgerichtete zweistöckige Küchentrakt nahm auch die Wohnung des Pächters auf.

⚲ BAB 67 Richtung Norden

🏛 Autobahn Tank & Rast Gruppe GmbH & Co. KG

🍴 durchgehend geöffnet

Rüdesheim am Rhein

Rathaus

„Dem Preisgericht ist eine größere Anzahl Flaschen edlen Rüdesheimer Weines zur Verfügung gestellt. Aus dieser Spende sollen Trost- und Zusatzpreise verteilt werden" – so das „Zentralblatt der Bauverwaltung" aus dem Jahr 1928 zum Architektenwettbewerb für das Rüdesheimer Rathaus. Dem Vorhaben waren zwei Unglücksfälle vorausgegangen: eine Explosion im Keller, der als französisches Munitionsdepot genutzt wurde, und die am 9. April 1920 vier Menschen das Leben kostete, sowie ein Feuer im Ober- und Dachgeschoss am 27. Dezember 1927. Die starken Schäden am Rathaus, das vorwiegend aus dem 18. Jahrhundert stammte, ließen einen Neubau erforderlich erscheinen. Um das Projekt bewarben sich 308 Teilnehmer, darunter auch Personen aus dem Umfeld des Neuen Bauens: Gottlob Schaupp, nach dem Krieg am Wiederaufbau der Paulskirche beteiligt, und Walter Schwagenscheidt, bekannt für sein „Raumstadt-Konzept". Den ersten Preis erhielt der Frankfurter Architekt Franz Hermann Willy Kramer, genannt H.F.W., mit K. Graef, beziehungsweise Gräf. Kramer hatte in den 1920er Jahren zunächst für Schaupp gearbeitet, dann unter Martin Elsaesser an der Frankfurter Großmarkthalle mitgewirkt. Erfolgreich beteiligte er sich um 1930 an Wettbewerben, so erhielt er beispielsweise1930 mit Gottlob Schaupp den ersten Preis für den nicht umgesetzten Entwurf für die Pädagogische Akademie in Kassel. Für Rüdesheim wählte Kramer nicht den kantigen Flachdachstil der Frankfurter Großstadt, sondern eine gemäßigte Moderne. Immerhin lag der Neubau am historischen Marktplatz, gegenüber der Kirche Sankt Jakobus, nahe dem Rheinufer. Auf einem hakenförmigen Grundriss gruppierte er die kommunalen Funktionen um einen zentralen Saal. Nach außen erhielt der Putzbau historisch anmutende Elemente wie Satteldach und Sprossenfenster. Das neue Rathaus wurde am 22. März 1929 eingeweiht und überstand auch den Zweiten Weltkrieg – abgesehen von einem ausgebrannten Dachstuhl – fast unbeschadet.

📍 Marktstraße 16

🏛 Stadt Rüdesheim am Rhein

🕯 werktags 8–12 Uhr,
nachmittags nach Vereinbarung

ℹ 65385 Rüdesheim am Rhein
Tel. 06722 408-0
stadt.ruedesheim.de

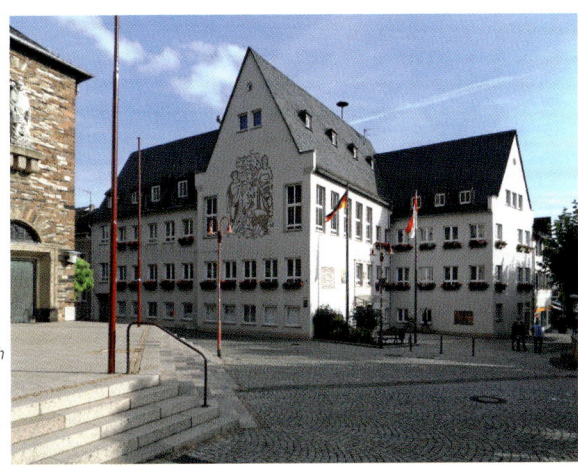

Mit Satteldach und Sprossenfenstern fügt sich das moderne Rathaus behutsam in die Umgebung ein.

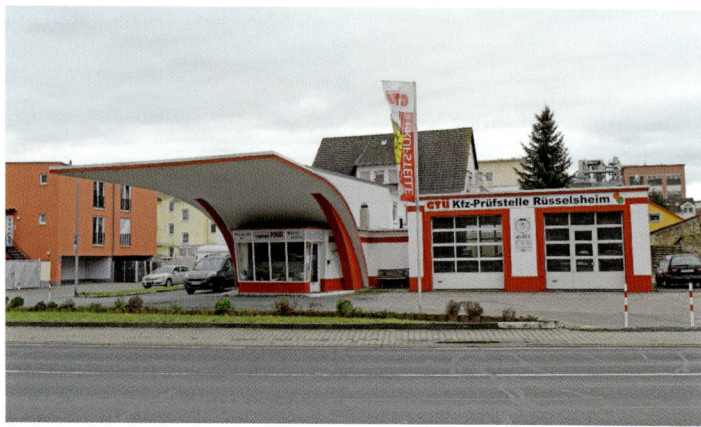

Rüsselsheim

Original erhaltenes Tankstellenensemble.

Ehemalige Caltex-Tankstelle

Die 1958 in Betrieb genommene Rüsselsheimer Tankstelle steht gemeinsam mit der in Hofgeismar (siehe Seite 117) beispielhaft für insgesamt sechs in Hessen erhaltene ehemalige Caltex-Tankstellen. Kurz zuvor hatte die Caltex Tank-Kraft Mineralölgesellschaft mbH mit Sitz in Frankfurt am Main bereits Anlagen gleichen Typs in Offenbach und Seligenstadt errichten lassen. Nachdem das Unternehmen 1956 erstmalig in Europa in Hessen innovative Produktionsmethoden für Kraftstoffe und Flugzeugtreibstoffe einführte, war Caltex seit 1964 mit einer Erdölraffinerie in Raunheim ansässig.

Der Rüsselsheimer Entwurf stellt als „Tankwarthaus mit langem Dach" den Typ 3 der standardisierten Tankstellen der California-Texas-Oil-Company dar, entworfen von Willy H. Weisensee. Bei diesem Typus handelt es sich um eine elegante geschwungene, weit auskragende Spannbeton-Dachkonstruktion mit integriertem Tankwarthaus, die die Stromlinienform des Verkehrs aufnimmt. Das Häuschen mit einer Gesamtnutzfläche von 18 Quadratmetern besteht aus einem Raum für Tankwart und Kunden, zwei rückwärtigen Toilettenräumen sowie einem kleinen Werkstattgebäude. Die auf die Zapfsäulen ausgerichtete Gebäudeseite besitzt eine

großflächige Glaswand. Diese besteht aus seitlich abgewinkelten und nach oben schräg ausgestellten Fensterflächen, die durch fein profilierte Stahlrahmen gegliedert sind. Die Gebäudewände wurden gefliest und im Laufe ihrer Nutzung bei Umfirmierung in neuen Farben des jeweiligen Mineralölkonzerns gefasst. Neben der prägnanten Flügelform des freikragenden Daches verstärkte den beabsichtigten Wiedererkennungseffekt eine Anstrichvorschrift mit einem Farbkonzept in Grün-Weiß. Mit der schwebenden Leichtigkeit der hauchdünnen, außergewöhnlichen Dachform sowie der Transparenz der Verglasungen des Tankwarthauses vertritt die Tankstelle zeittypische Merkmale einer wagemutigen Architektur der 1950er Jahre.

Die heutige Nutzung als GTÜ-Prüfstelle zeigt noch die bauzeitliche Kombination aus Kassenhäuschen, Dach und Wagenpflegehalle eingebettet in die gestaltete Grünanlage.

 Mainzer Straße 82

 Ingenieurbüro Mahr, GTÜ-Prüfstelle

von außen frei zugänglich

i http://www.ing-mahr.de

Wasserhäuschen –
Kult- und Kunstobjekt

Wasserhäuschen in Offenbach am Main vor dem Klinikum.

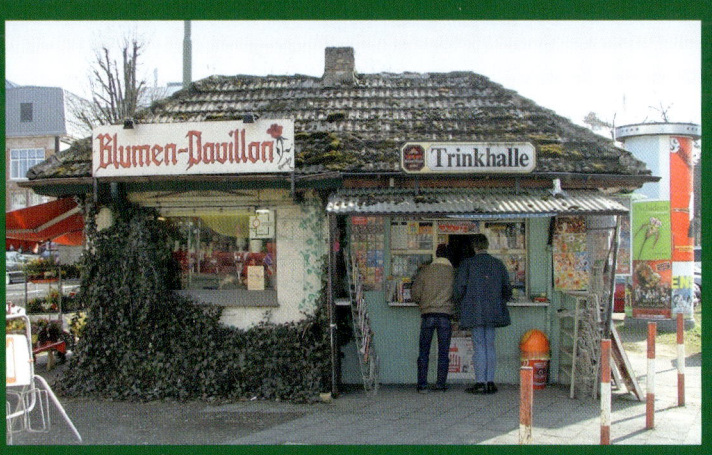

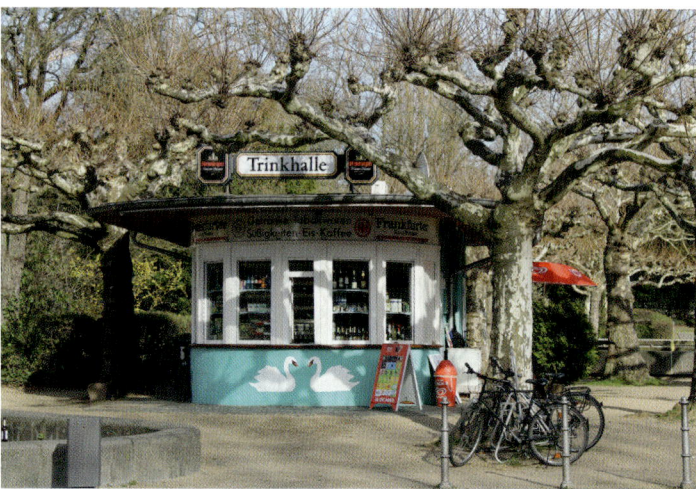

Kiosk, Büdchen, Trinkhalle, Wasserhäuschen ... es gibt viele Namen für die kleinen Verkaufsstände, die im 19. Jahrhundert entstanden und in der ersten Hälfte des 20. Jahrhunderts ihre Blütezeit erlebten. Die kleinen Büdchen finden sich hauptsächlich im Frankfurter Raum; es gibt sie auch anderswo, aber nur in Frankfurt haben sie den Namen „Wasserhäuschen". Ihr amtlicher Name ist „Trinkhalle". Sie sind ein Produkt industrieller Entwicklung. Architektonisch sind keine Regeln auszumachen: Das Wasserhäuschen passt sich seit seiner Entstehung in die Architektur seiner Errichtungszeit ein, ohne mit der Umgebung in Konkurrenz zu treten. Städtebaulich betrachtet bilden Wasserhäuschen freistehend oft Akzente an Verkehrskreuzungen und –übergängen, an Plätzen, innerhalb von Wohnanlagen, in Industriegebieten, an Bahnhöfen, in Parkanlagen. Sie finden sich aber auch eingebettet in Häuserzeilen. Sie wurden dort angesiedelt, wo sie zur Zeit ihrer Entstehung ihre Kundschaft fanden. Da sich das Angebot im Laufe ihrer Existenz stark gewandelt hat, ist heute ein Wasserhäuschen fast nirgendwo mehr fehl am Platz.

Mit einer verstärkten Begeisterung für das Neue Bauen und Stilmerkmale

Unter Platanen: Franz-Rücker-Allee, Frankfurt.

der Architektur der 1920er Jahre haben sich Wasserhäuschen im 21. Jahrhundert zu Kultobjekten entwickelt, zu Treffpunkten für alle Bevölkerungsschichten, zu ästhetischen Highlights im Stadtbild. Insbesondere die in den 1920/30er Jahren konzessionierten Jöst-Häuschen erfreuen sich heute großer Beliebtheit. Ihr runder Hauptraum mit gleichmäßiger Fensterfront und auskragendem Dach macht ihren Charme aus. Die Flächen wurden im Laufe der zweiten Hälfte des 20. Jahrhunderts mannigfaltig gestaltet, mit farbigen Kacheln, Anstrichen oder Bemalungen sowie Werbetafeln an den Freiflächen.

Von 800 im Laufe der vergangenen rund 120 Jahren konzessionierten Trinkhallen gibt es in Frankfurt heute noch über 200, viele von ihnen bieten ein vielseitiges Sortiment an Getränken und Süßwaren, Snacks und Zigaretten und sind ein Treffpunkt für die Nachbarschaft.

Wasserhäuschen waren zunächst dafür gedacht, die Bevölkerung mit frischem Trinkwasser zu versorgen, das aus Eisenblechbehältnissen glasweise ausgeschenkt wurde. Seit der zweiten Hälfte des 19. Jahrhunderts ist der amtliche Begriff der Trinkhalle belegt, was auf seine ursprüngliche Funktion als Verkaufsstelle von Heilwasser zurückzuführen ist. Ein entscheidender Durchbruch für das Wasserhäuschen und seine Ausbreitung war das Abfüllen von Mineralwasser in Flaschen, zuerst praktiziert durch die Mineralwasserfabrik Erkelenz. Die Flaschen wurden mit einer Glaskugel, dem sogenannten „Klicker", verschlossen, der besonders beliebt bei Kindern war, da er nach Leeren der Flasche die Murmelsammlung ergänzte. Der Zusatz von Kohlensäure erhöhte die

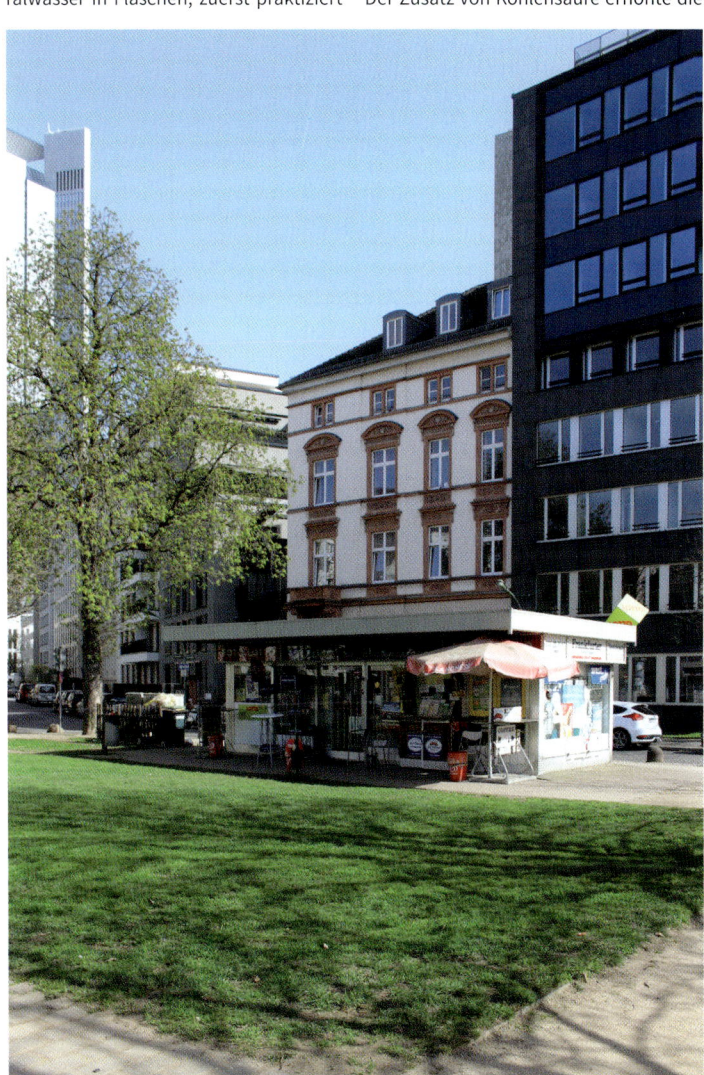

Grüne Oase: Ecke Fürstenberger Straße / Grüneburgweg in Frankfurt.

Haltbarkeit des Wassers. Das Wasser, entsprechend „Klickerwasser" genannt, war das einzige, das an den Trinkhallen verkauft wurde, sodass sich der Name „Wasserhäuschen" neben „Trinkhalle" verstetigte. Insofern war das Wasserhäuschen in seiner ursprünglichen Funktion ein Ort, der die Konsumenten – in erster Linie aus der Arbeiterschaft – vom Alkoholkonsum abhalten sollte. Diese Begleiterscheinung erleichterte das Erlangen von Konzessionen im Gegensatz zu Kiosken, die auch Alkohol verkauften.

In der Folge wurden Wasserhäuschen noch beliebter. Immer mehr wurden aufgestellt, ein Teil des gesellschaftlichen Lebens der Arbeiterschaft fand hier statt, sie waren wichtige Zentren zum Austausch von Nachrichten und Gesprächen mit Nachbarn. Zum Wasser traten weitere Sortimentsbestandteile, zunächst Limonade, bald auch Bier. Zu Beginn des 20. Jahrhunderts etablierte sich das Wasserhäuschen als Treffpunkt, insbesondere derjenigen, die sich regelmäßige Gaststättenbesuche nicht leisten konnten. Marktführer waren nach der Jahrhundertwende die Mineralwasserfabrik Gebrüder Krome aus Offenbach, 1912 kam die Firma Jöst dazu, die neben Mineralwasser auch andere antialkoholische Getränke herstellte, nach 1945 sogar eine Jöst-Cola.

Mit der weiteren Ausbreitung der Wasserhäuschen wuchs ihr Angebot. Vermutlich wurde bereits zu Beginn des 20. Jahrhunderts auch Alkohol an einigen Wasserhäuschen verkauft. Die Behörden reagierten darauf kritisch. Ebenso wurden die Wasserhäuschen als optischer und sozialer Störfaktor empfunden. Gastwirte und Einzelhändler sahen – insbesondere mit dem wachsenden Angebot – in den Wasserhäuschen eine Konkurrenz und versuchten, deren Errichtung in ihrer Umgebung zu verhindern. In der Folgezeit wurde an Genehmigungen gespart. Oftmals war ein längerer Schriftwechsel vonnöten, um eine Lizenz zu erlangen. Dabei spielte zum einen der Bedarf an dem Aufstellungsort eine Rolle, zum anderen galt das Wasserhäuschen als eine soziale Absicherung des Betreibers. Ende der 1920er Jahre hatte eine Protestkundgebung der Einzelhändler gegen Wasserhäuschen dafür gesorgt, dass die Behörden weitere Lizenzen ablehnten. Die Firma Jöst aber ließ diese Entscheidungen nicht auf sich beruhen und setzte unter Hinweis auf

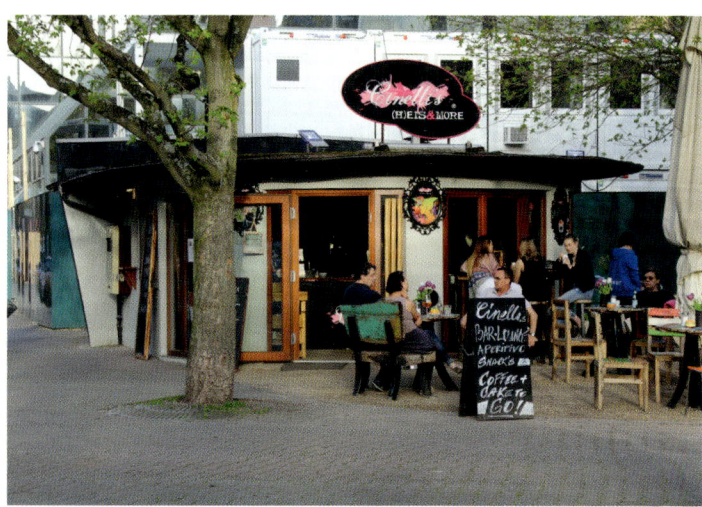

Gut besucht: „Cinellis" am Westendplatz in Frankfurt.

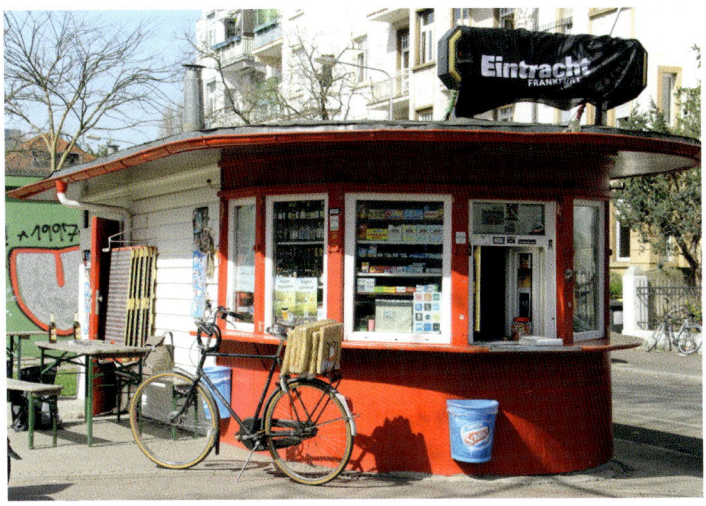

Eintracht-Fan: Trinkhalle in der Holbeinstraße, Frankfurt.

die Bedürfnisse die Aufstellung weiterer Wasserhäuschen durch. Die Beharrlichkeit und die juristischen Möglichkeiten dieser Firma sorgten in den Folgejahren für eine Ausbreitung von Jöst-Büdchen, die Privatpächter nahezu verdrängten. In der Zeit des Nationalsozialismus verschärfte sich die Situation: Nach Vorstellung der Nationalsozialisten galten die Wasserhäuschen als Schandflecken im Stadtbild, die am besten gänzlich verschwinden sollten. Gleichwohl wurde Lizenzgesuchen von NSDAP-Mitgliedern Wohlwollen entgegen gebracht. Auch die Firma Jöst hatte einflussreiche Fürsprecher. Die Situation kehrte sich nach Kriegsende um: Um eine Lizenz zu erlangen, wurde auf Bedürftigkeit hingewiesen, auf Kriegsversehrtheit und langjährige, treue SPD-Mitgliedschaft. In den Nachkriegsjahren spielte erneut die Funktion der Wasserhäuschen als Ort der Kommunikation und Geselligkeit sowie der vergleichsweise kostengünstige Konsum von Getränken eine Rolle. Hinzu trat die Auflage – insbesondere für Wasserhäuschen-„Ketten" wie Jöst und Krome – Trinkhallen mit weiteren Funktionen auszustatten, wie öffentliche Bedürfnisanstalten und Fahrkartenver-

kaufsstellen. Mit den zusätzlichen Funktionen wurde die Grundlage für weitere Lizenzen gelegt. Die Wasserhäuschenzahl stieg auf über 300 an und mit ihr die Vielfalt des Angebots. Auch die Zahl der privaten Pächter stieg in den folgenden Jahrzehnten. Den praktischen Nutzen von Wasserhäuschen würdigten die einen, die anderen sahen in ihnen weiterhin einen Makel ihrer Wohn- oder Arbeitsumgebung. Dafür Ausschlag gebend war der zunehmende Verkauf alkoholischer Getränke und die damit verbundene Klientel, deren Aufenthalt am Wasserhäuschen die kurze Pause früherer Zeiten überstieg. Der schlechte

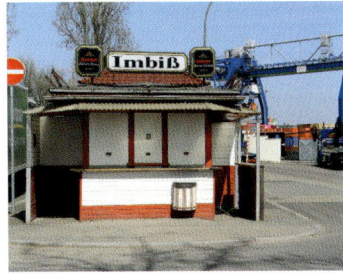

Heute geschlossen: Imbiss am Franziusplatz im Osthafen, Frankfurt.

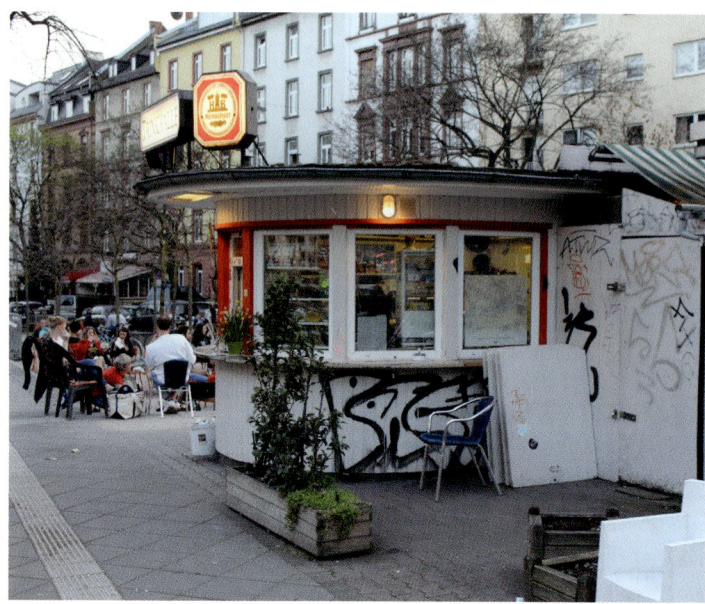

Happy Hour: Matthias-Beltz-Platz in Frankfurt.

Ruf des Wasserhäuschens hielt sich über die Wende zum 21. Jahrhundert hinaus. Seit etwa zehn Jahren erleben Wasserhäuschen eine Renaissance. Sie sind Treffpunkte, oftmals mit Charakter und Sortiment eines Cafés oder Bistros. Ästhetische Aspekte werden vor allem bei den Wasserhäuschen gewürdigt, die Formen des neuen Bauens aufgreifen. Klare Linien und ansprechende Farbabgrenzungen entsprechen der aktuellen Begeisterung für sachliche Architektur und Design. Wasserhäuschen haben sich ohne den Anspruch optischer Attraktivität entwickelt, verbreitet und etabliert. Ihr Erscheinungsbild ist geprägt von klaren Formen bei Theke und Unterstand. Sie haben sich ihrem architektonischen und städtebaulichen Kontext angepasst und allenfalls einen Bezugspunkt zu diesem gesetzt – und zwar in sozialer wie in architektonischer Hinsicht. Das Wasserhäuschen als Kultobjekt erfährt wachsendes Interesse und Popularität. Zeitungsartikel über seine Verbreitung und Ausbreitung häufen sich, der „Linie 11 – Wir lieben Wasserhäuschen e.V." hält aktuelle Informationen auf seiner Website bereit, Wasserhäuschen-Stadtführungen werden angeboten, ein Wasserhäuschen-Quartett schon mit einem zweiten Teil und damit weiteren 32 Wasserhäuschen wird verkauft. Wasserhäuschen sind begehrte Kleinodien: Für Hipsters, die sich mit der Übernahme einen Traum erfüllen, ebenso wie für die Kundschaft, die Foren jenseits des Mainstreams schätzt.

Schmitten-Arnoldshain

Schmitten-Arnoldshain

Tagungshaus
Martin Niemöller der EKHN

Der Kirchenpräsident Martin Niemöller war der Initiator für den Bau des Rüstzeitenheims der Evangelischen Kirche in Hessen und Nassau. Entworfen wurde es von dem deutschen Architekten und Hochschullehrer für Baukonstruktion an der TU Darmstadt, Professor Theo Pabst. Typisch für seine Entwürfe sind die strengen Formen des Skelettbaus, die zugleich leicht und elegant wirken. Am 1. August 1953 erfolgte die Grundsteinlegung des am Hang gelegenen Komplexes aus zwei länglichen Gebäuden und einer Kapelle. Nur zwei Jahre später, 1955 erhielt er die Auszeichnung für vorbildliche Leistung. Besondere Merkmale sind die großen Fensterfronten, die viel Licht ins Innere lassen und einen beinahe unbegrenzten Blick ins Freie mit Ausrichtung zum Großen Feldberg gewähren. Die Klarheit des Gebäudes wird durch den gelben Anstrich und die weiß umrahmten Fenster sowie die feine Linienführung, unterstützt.

Frontalansicht des Tagungshauses.

Nach Vorlagen des Künstlers Helmut Uhrig entstanden das Kreuz, das Altarrelief, die Außentür sowie die drei bunten Glasfenster im Flur. Das Kreuz und das Altarrelief sind in Messing geprägt, die Tür aus Kupfer. Die Malereien an den Fenstern illustrieren Motive aus dem Matthäusevangelium. Den Entwurf der Darstellung „Chaos und Ordnung" an der Kanzel legte Eberhardt Schlotter vor. 1984 wurde das Rüstzeitenheim nach seinem Initiator in „Martin-Niemöller-Haus" umbenannt.

Das Haus wurde 2015 von der Architekten- und Stadtplanerkammer Hessen im Rahmen des Tages der Architektur der Öffentlichkeit vorgestellt. Das nun „Tagungshaus Martin Niemöller" genannte Hotel verfügt über 70 Zimmer mit 84 Betten, mehrere Tagungs- und Veranstaltungsräume inmitten des schönen Taunuswaldes.

📍 Am Eichwaldsfeld 3

🕑 Von außen zu besichtigen, Innenbesichtigung nach Absprache

ℹ️ www.tagungshaus.ekhn.de
office@martin-niemoeller-haus.de
Tel. 06084 944-0

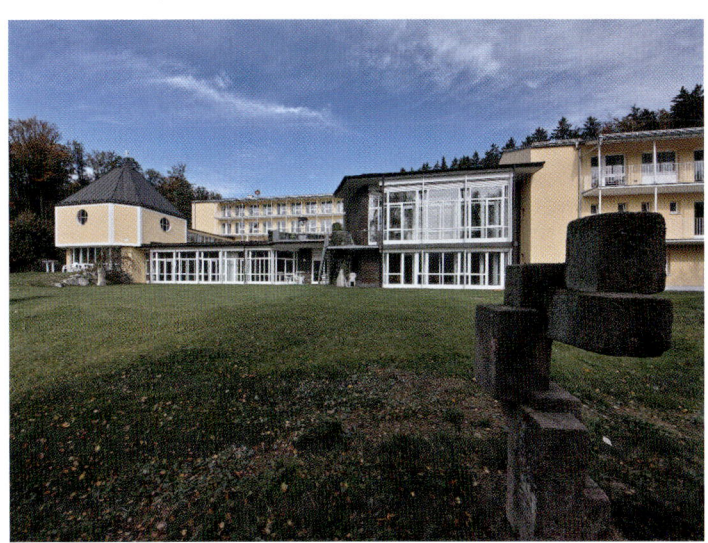

Schwalbach am Taunus

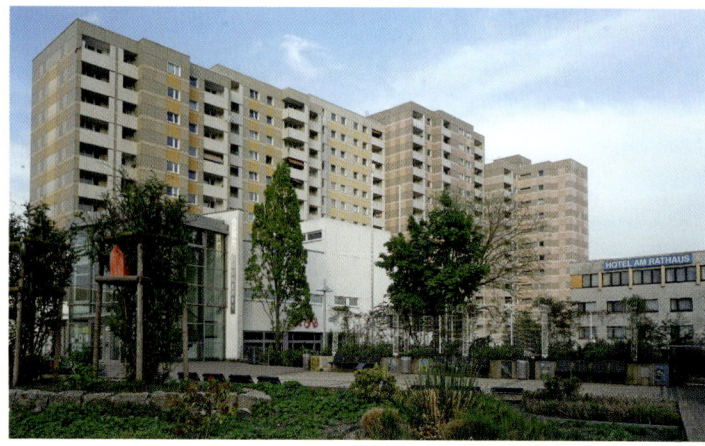

Schwalbach am Taunus

Limesstadt

Der Hochhauspulk in der Limesstadt und die neue Stadtmitte.

Die Limesstadt ist ein typisches Beispiel für eine Modellstadt der 1960er Jahre auf der „grünen Wiese".Geplant für rund 10.000 Bewohner veränderte sie die Struktur der Gemeinde Schwalbach, die 1958 nur 4.014 Einwohner gezählt hatte, grundlegend: 1970 erhielt sie Stadtrechte. Anders als bei späteren Schlafstädten gehörten hier von Beginn an zentrale Infrastruktureinrichtungen wie Geschäfte, Rat- und Bürgerhaus, Schulen, Sport- und Freizeitangebote sowie S-Bahnanschluss zum Konzept, was der Entwicklung zum sozialen Brennpunkt entgegenwirkte.

Hans Bernhard Reichow hatte den 1959 ausgelobten städtebaulichen Wettbewerb für sich entschieden und übernahm die Planungen. Sein Entwurf war der „idealen organischen Stadtlandschaft" verpflichtet, wie er sie während der NS-Zeit für die „Ostkolonisation" vorgeschlagen hatte. Die kreuzungsfreie Verkehrserschließung war eine zentrale Grundidee, wobei Auto- und Fußgängerverkehr strikt getrennt sein sollten. Die Häuser fasste Reichow in durchgrünten Einheiten überschaubaren Maßstabs zusammen, die über eine Ring- und Stichstraßen erreichbar sind. Ein Rad- und Gehweg führt in der Mittelachse des reinen Wohngebietes zum Marktzentrum. Die Bebauung der Limesstadt mischte nicht nur die Eigentumsformen, sondern auch Geschosswohnungen, Wohnhoch- und Einfamilienhäuser.

Nachmittagssonne in den Hauptwohnräumen und mindestens einem Kinderzimmer erklärte Reichow zum Prinzip für die Ausrichtung der Gebäude. Ein Hochhauspulk beim Marktzentrum gab der Limesstadt ihre charakteristische Silhouette. Die Gebäude entstanden überwiegend in Großtafelbauweise. Innerhalb der Ringstraße erhielten sämtliche Bauten Flachdächer, die außerhalb gelegenen Einfamilienhäuser graue, um 25 Grad geneigte Dächer. Anders als beim Neuen Frankfurt waren die Reiheneigenheime bunt gestaltet. Das Individuelle wurde gegenüber dem Kollektiven hervorgehoben. Unabhängig davon stand die Limesstadt in ihrem Bemühen um soziale Integration und Verbesserung der Wohnverhältnisse für viele Menschen noch stark in der Tradition der 1920er Jahre.

📍 Limesstadt

🏛 Privatbesitz, Nassauische Heimstätte

🔓 von außen frei zugänglich

Schwalmstadt-Trutzhain

Maria Hilf

Lange kam das Glockengeläut in Trutzhain von der Schallplatte: Die 1949 geweihte Notkirche rief die katholischen Gläubigen noch mit Verstärker und Lautsprecher zu den Messen. 1939 war die Barackensiedlung bei Ziegenhain als Kriegsgefangenenlager eingerichtet worden, ab 1948 fanden hier Flüchtlinge eine Heimat. Erst am 23. Mai 1965 erhielt der Ort eine neue katholische Kirche. Maria Hilf entstand nach Entwürfen des Kasseler Architekten Josef Bieling, der sich in Nordhessen als führender katholischer Kirchenbauer der Nachkriegszeit etabliert hatte. Für Trutzhain wählte er eine zeltähnliche Nurdachform auf rechteckigem Grundriss, der sich von Südosten nach Nordwesten erstreckt. Der Kirchenbau wird von Pfarrhaus und Kapelle zur einen, von Glockenturm und Gemeindehaus zur anderen Seite begleitet. Den südöstlichen Dreiecksgiebel der Kirche überzieht ein rautenförmiges Raster aus dreieckigen Betonformsteinen, die auch das Hauptportal umfangen. Im Inneren wird der Besucher, unter der Orgelempore hervortretend, von drei Bankblöcken zum gestuften Altarraum im Nordwesten verwiesen. Nur an seinen zum Dach zeigenden Rändern wird der Dreiecksgiebel hier durch ein Betonformstein-Band eingefasst. Der freistehende Altartisch, das Tabernakelpodest und das Taufbecken wurden vom örtlichen Steinmetz Herbert Heidenreich gefertigt, während die farbige Glasgestaltung der Betonformsteine und der Kreuzwegfenster in den Sockelmauern vom Künstler Manfred Lausmann stammt. Maria Hilf gilt als einzige Wallfahrtskirche Nordhessens. Aus Quinau im böhmischen Erzgebirge, heute Květnov/Tschechien, hatten die Flüchtlinge ihre Tradition einer Marienwallfahrt mitgebracht. Die erste Madonna, heute in der Kapelle aufgestellt, wurde 1949/50 in Auftrag gegeben. Seit 1987 wird zur Wallfahrt eine zweite, vom Holzschnitzer Anton Reinelt geschaffene Marienfigur hervorgeholt. Beide Skulpturen ähneln ihrem Vorbild in Quinau.

 Am Spielplatz 3

 Katholische Pfarrkuratie Maria Hilf

🕯 Öffnungszeiten bitte beim Pfarramt erfragen

ℹ Katholische Pfarrkuratie Maria Hilf, Am Spielplatz 3, 34612 Schwalmstadt-Trutzhain, Postanschrift: Steinweg 51 34613 Schwalmstadt, Tel: 06691 3227 maria-hilf-trutzhain@web.de www.maria-hilf-trutzhain.de

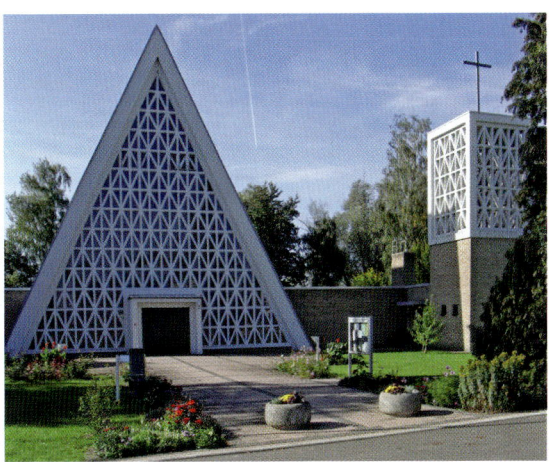

1951 wurde Trutzhain zum selbstständigen Dorf erhoben, das seit 1970 zu Schwalmstadt gehört.

Steinau an der Straße

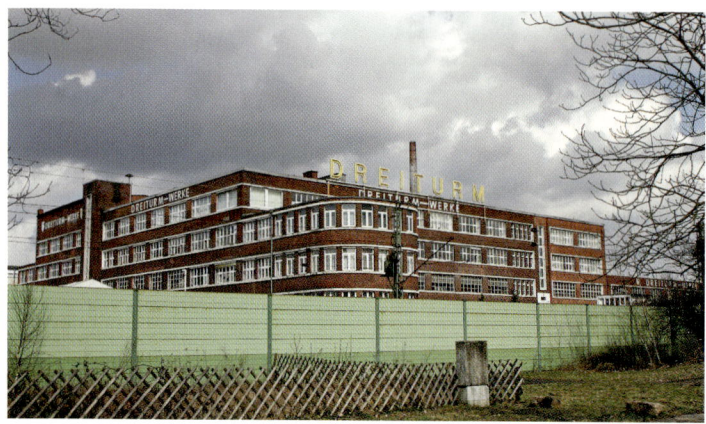

Steinau an der Straße

Die Dreiturmwerke von Süden.

Fabrikations- und Verwaltungsgebäude der Dreiturmwerke

Die 1825 von A.V. Wolf in Schlüchtern gegründeten Dreiturm-Werke, in denen Körperpflege- und Reinigungsmittel hergestellt wurden, verlagerten ihren Produktionsstandort 1930 in das benachbarte Steinau. Dort wurde oberhalb des Bahnhofs in den Jahren 1929/30 nach den Plänen des Hanauer Architekten Fritz Meusert ein beeindruckender Produktions- und Verwaltungsbau im Stil der Moderne mit Anklängen an den repräsentativen Expressionismus errichtet. Obwohl ein großer Teil der Anlage den Bomben zum Opfer fiel, ist mit den verbliebenen viergeschossigen Klinkerbauten unter Flachdächern, den hell abgesetzten Fensterbändern, dem eingestellten schlank aufragenden Treppenturm und dem halbrunden, vorgeschobenen dreigeschossigen Kopfbau ein bedeutendes Beispiel der modernen Architektur der 1920er Jahre erhalten geblieben, das jedem Bahnreisenden und Besucher der Stadt Steinau sofort ins Auge fällt.

Die Dreiturm-Werke wurden zum größten Arbeitgeber der Region und die Besitzerfamilie spielte vor allem dank ihres sozialen und kulturellen Engagements eine wichtige Rolle im „Bergwinkel". Nach der Machtübernahme durch die Nationalsozialisten begannen wegen angeblicher Kontakte zu Sozialdemokraten und Kommunisten sehr bald die Angriffe auf die jüdische Familie Wolf. Nach massiven Terroraktionen aufgrund von Denunziationen aus dem nächsten Umfeld wurde Max Wolf trotz seiner guten Kontakte nach Berlin 1934 verhaftet und schließlich enteignet. Er konnte mit seiner Familie nach England entkommen. Ab 1948 übernahm sein Sohn Gerald Wolf das Unternehmen, der seine Geschäftsanteile weiter veräußerte. Heute noch sind die Dreiturm-Werke die größten Arbeitgeber im „Bergwinkel". Von der kulturellen Vorreiterrolle in der abgeschiedenen Region zeugen die beiden architektonischen Hinterlassenschaften der Familie Wolf, das private Wohnhaus im Bauhausstil in Schlüchtern und das Produktions- und Verwaltungsgebäude im Stil der Neuen Sachlichkeit in Steinau.

📍 Dr.-Rudolf-Hedler-Straße 1

🎟 von außen frei zugänglich, nach Absprache

ℹ Tel. 06663 970-0

Weilburg

Weilburg

Katholische Pfarrkirche Heilig Kreuz

Am 11. April 1956 entschied ein Preisgericht bestehend aus drei Protestanten und drei Katholiken, den Zuschlag für den Bau einer neuen Kirche, die auf Grund des starken Zustroms von Heimatvertriebenen notwendig geworden war, an die Tarnnummer 1504 zu vergeben. Hinter dieser Nummer verbarg sich der Wiesbadener Architekt Johann Paul Johannbroer. Zuvor waren große Hindernisse zu überwinden. So musste der Naturschutz für die obere Terrasse des Friedhofs aufgehoben werden. Der von Johannbroer für 500 Sitzplätze entworfene Kirchenbau wurde am 24. Mai 1959 von Bischof Wilhelm Kempf aus Limburg wegen der Nähe zur Heiliggrabkapelle zur Heilig-Kreuz-Kirche konsekriert. Dieser Neubau – gefertigt aus Bruchstein mit grünen Schalsteinen zur Betonung der Ecken – mit freistehendem Turm ist dem ansteigenden Gelände angepasst.

Der Kirchenraum hat die Form eines gekürzten Ellipsoids mit einem dreiseitigen Anbau. Die Beton-Skelettrahmen-Konstruktion wird von einer giebelreihigen Holzbalkendecke überspannt, die sich leicht zum Altarraum senkt. Die Seitenschiffe werden durch Säulen vom Hauptschiff getrennt und vermitteln so den Eindruck einer durchgehenden Halle. Licht bezieht der Raum durch ein sich darüber hinziehendes Fensterband am Lichtgaden, das zu beiden Seiten des Chores bis zum Fußboden herabgeführt wird. Die Buntglasfenster des Glaskünstlers Johannes Beeck, Hinsburg-Nettetal (1927-2010) thematisieren in ihrem Bilderzyklus Szenen aus dem Alten und dem Neuen Testament. Sie begegnen sich auf der Westseite in der Darstellung des Opferlamms Jesu. Das Farbspiel dieser Buntglasfenster verleiht dem Kirchenraum bei Sonnenschein einen ganz besonderen Effekt.

Im Gegensatz zum hellen Kirchenraum wirkt der Chor mit fensterloser Apsis und den unverputzten Natursteinen in Brauntönen aus dem Weiltal dunkel. Die Chorbank, die den Kirchenraum von der niedriger liegenden kleinen Werktagskapelle abgrenzt, ist aus dem gleichen Stein gemauert wie die Chorwand. Der Innenraum hat nach Abschluss der Wiederherstellung 2015 seine original bauzeitliche Farbgestaltung wiedergewonnen.

- 📍 Frankfurter Straße 8
- 🏛 Katholische Kirchengemeinde Heilig-Kreuz Weilburg
- 🚶 frei zugänglich vom Parkplatz über den Haupt- und Seiteneingang, auch von innen
- ℹ http://heiligkreuz-weilburg.de/ Tel. 06431 295-0

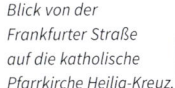
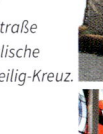

Blick von der Frankfurter Straße auf die katholische Pfarrkirche Heilig-Kreuz.

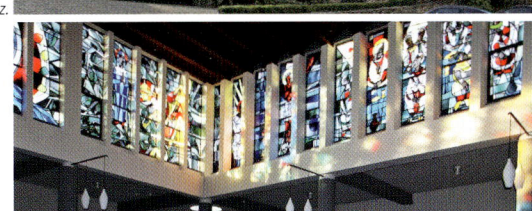

Großzügige Lichtzone mit farbigen Glasfenstern in Beton-Skelettrahmen.

Weinbach-Gräveneck

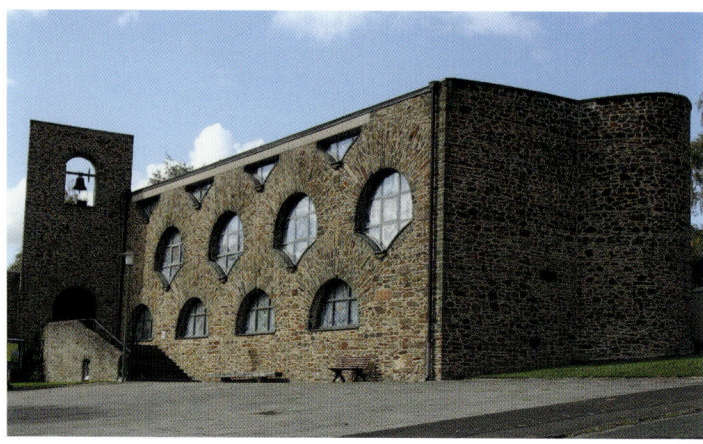

Weinbach-Gräveneck

Eindrucksvoll gestaltete Südfassade.

Katholische Pfarrkirche Christ-König

Am 11. April 1965, einem Palmsonntag, wurde der Grundstein für die Kirche Christ-König gelegt. Bereits 1956 hatten Mitglieder des Kirchenvorstandes Geld für den Bau eines Gemeindesaals, einer Pfarrwohnung und der Kirche gesammelt. Entworfen wurde sie von Rudolf Schwarz, der sich vorwiegend dem Kirchenbau widmete. Er war geprägt durch ein katholisches Elternhaus, hatte zeitweise Religionswissenschaften studiert, über den Sakralbau promoviert, gehörte der katholischen Jugendbewegung Quickborn an und war mit Romano Guardini befreundet. Um 1930 noch Avantgardist des Kirchenbaus, kam ihm nach 1945 das Renommee eines Meisters zu. In den letzten 15 Jahren seines Schaffens formte Schwarz eigene ältere Entwicklungsformen um. So griff er auf Rundbogenfenster zurück, mit denen er sich schon in den frühen 1920er Jahren in Aquarellzeichnungen beschäftigt hatte. Nach seinem Tod setzten seine Witwe Maria und ihr Mitarbeiter, Hubert Friedl, seine Pläne um.

Die aus zwei Reihen übereinander gemauerten Bögen der Südseite der katholischen Pfarrkirche Christ-König, deren Zwischenflächen hell verglast

sind, ziehen den Besucher an, wenn er sich auf die Anhöhe der Neubausiedlung hinbewegt. Sie sind die einzige Lichtquelle im einschiffigen Kirchenraum des ansonsten fensterlosen Baus. An der Südseite führt eine Außentreppe durch den Glockenturm, der die Verbindung zu Pfarrhaus und Pfarrsaal bildet, das in Nord-Süd-Richtung liegt und als erster Bauabschnitt vollendet wurde. Das Gebäude ist von allen anderen Seiten schwerlich als Kirchenbau zu erkennen. Nur der Orgelerker an der Nordwand und die freihängende Glocke deuten darauf hin. Der gesamte Gebäudekomplex ist aus Bruchstein gemauert und die Ecken werden mit grünem Lahnschiefer, sogenanntem grünen Schalstein, betont.

Auch im Kircheninneren dominiert Bruchstein. Der Tabernakel wurde von den Goldschmieden Fritz Schwert und Hubertus Förster, Aachen, geschaffen.

📍 Mittelstraße 7

🏛 Katholische Kirchengemeinde Christkönig Weinbach-Gräveneck

🚶 von außen frei zugänglich, zur Besichtigung ist eine Anmeldung erforderlich

ℹ Tel. 06471 4923-0
pfarrbuero@heiligenkreuz-weilburg.de

Wetzlar

Bullenstall

Im 19. Jahrhundert befanden sich auf der Parzelle des späteren Bullenstalls mehrere Gebäude, die in den 1920er Jahren abgerissen wurden. Die Pläne für den Stallbau fertigte der Architekt Jean Schmidt im Auftrag der gegenüber liegenden Brauerei Waldschmidt an. Das 1930 fertiggestellte Gebäude dominiert bis heute mit seinem geschwungenen, dem Straßenverlauf folgenden Baukörper und der Ausführung in rotem Backstein die enge Güllgasse.

Die schlichte Formensprache der Neuen Sachlichkeit schlägt sich in der Fassadengestaltung nieder. Als Quadrat erhebt sich der großzügig gestaltete Stallzugang im nördlichen Gebäudebereich. Ihm schloss sich der Stallbereich an, für dessen Belüftung ein horizontal verlaufendes Fensterband aus quadratischen Fenstern Sorge trägt. Ober- und unterhalb fassen Ziegelbänder die Öffnungen zusammen und verstärken die bandartige Wirkung, die der geschwungenen Gebäudekubatur folgt. Das zackenförmig aus hängenden Dreiecken gebildete Traufgesims nimmt den Rhythmus des Fensterbandes auf. Dazwischen liegt mittig über jedem vierten Fenster ein Schlitzfenster. Am südlichen Ende des Gebäudes erhebt sich ein dreigeschossiger Treppenhausrisalit, der die Traufgestaltung durch einen Zackenfries aufnimmt. Zwischen 1963 und 1968 wurde der Stall im Innern umgebaut und stellt heute, nach weiteren Umbauten in den 1990er Jahren, eine beliebte Wohnanlage dar.

Der ehemalige Stall ist ein einzigartiges Zeugnis eines Wirtschaftsgebäudes aus der Zeit der Neuen Sachlichkeit in Wetzlar. Gerade im Gegensatz zu den Fachwerkgebäuden, welche die Gestaltung der Altstadt prägen, beeindruckt der ehemalige Stall durch seine klare Fassadengliederung mit einer monumental wirkenden geschlossenen Backsteinfläche, die von einem flachen Fensterband im Erdgeschoss geöffnet und im Kontrast dazu von wenigen schießschartenartigen Fenstern im Obergeschoss bestimmt wird.

 Güllgasse 14a-c

🏛 Wetzlarer Wohnungsgesellschaft mbH

👤 von außen frei zugänglich

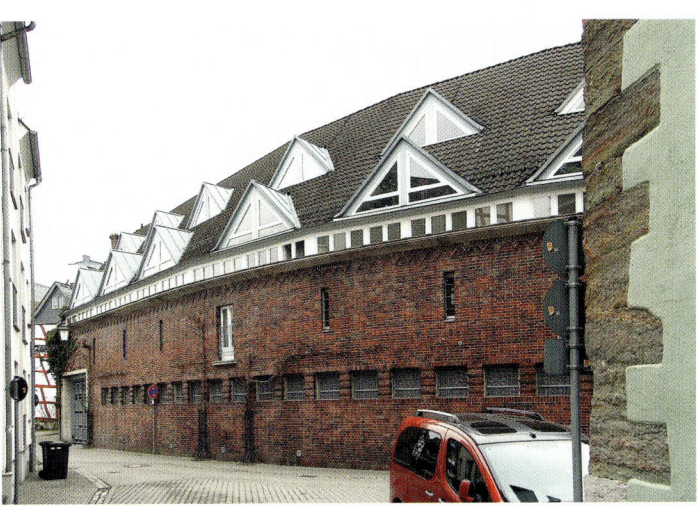

Mit elegantem Schwung dominiert der ehemalige Stall den Straßenverlauf der kleinen Gasse.

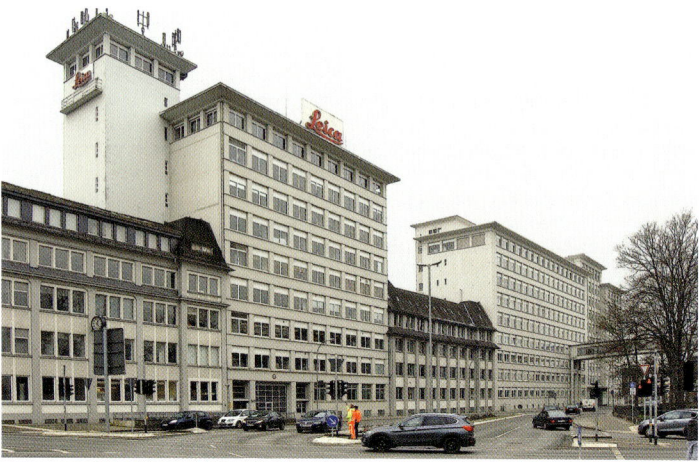

Wetzlar

Flair einer erfolgreichen Produktionsstätte.

Firmengebäude der Firma Leitz

Mit den Werksgebäuden der Firma Leitz entstanden die ersten Hochhäuser der Stadt Wetzlar, welche beispielhaft die Verbindung von Funktionalität und Formgebung in der Architektursprache des Funktionalismus und der Neuen Sachlichkeit aufzeigen. 1907 zunächst in historisierender Formensprache geplant, kam ein Entwurf des Architekten Jean Schmidt zur Ausführung, der in neuartiger Betonskelettbauweise auf eine schlichte Fassadengestaltung setzte. Dieses, östlich des Ensembles gelegene Gebäude, prägen sechs Fensterachsen, die über drei Geschosse durch gliedernde Wandvorlagen in einer Art kolossaler Ordnung zusammengefasst werden. Ein viertes Geschoss mit Mansarddach erhebt sich deutlich abgesetzt über diesem Unterbau.

Bereits 1911 ließ Ernst Leitz ein weiteres viergeschossiges Hochhaus durch Jean Schmidt errichten. In seiner Gliederung nimmt der zehn Achsen umfassende Bau Bezug zum älteren Gebäude, hier jedoch in moderner Eisenbetonkonstruktion. Der Raum zwischen den beiden Hochhäusern sollte bereits Anfang der 1930er Jahre geschlossen werden. Baubeginn des in Größe und Konstruktion

neuartigen achtgeschossigen Gebäudes war 1938 die ausführende Firma Dyckerhoff&Widmann. Jean Schmidt entwarf dafür ein schlichtes Hochhaus in Beton-/ Eisenbetonkonstruktion nach dem Vorbild der Produktionshallen von Opel in Rüsselsheim und Zeiss in Jena. Von Betonbändern getrennte Fensterbänder unterstützen die horizontale Wirkung der Fassade. Ein als offene Loggia ausgeführtes neuntes Geschoss mit auskragendem Flachdach wurde später geschlossen, wodurch die Leichtigkeit des oberen Gebäudeabschlusses an Wirkung verlor. Ein separater Treppenturm überragt das Gebäude, in welchem die Produktion der Leica untergebracht war. 1950 wurde westlich ein drittes Hochhaus errichtet, das in seiner Architektursprache Bezug zu diesem Bau der Neuen Sachlichkeit nimmt. Wieder dominieren Fensterbänder die schlichte Fassadengestaltung, lediglich ein zurückspringender Gebäudeteil unterbricht die Gebäudeflucht.

📍 Ernst-Leiz-Straße 17–37

🏛 Firma Leica Microsystems

 von außen frei zugänglich

 www.leica.de

Wetzlar

Freiherr-vom-Stein-Schule

Die Freiherr-vom-Stein-Schule wurde in den späten 1950er Jahren errichtet. Sie dokumentiert eine der typischen Bauaufgaben jener Zeit, den verstärkten Schulbau. Der Architekt Ernst Hegel ließ 1958 einen dreigeschossigen Klassentrakt mit nach Nordwesten ausgerichteten Klassenräumen errichten. Die Hauptansicht dieses Betonrahmenbaus dominieren großflächige Fensterbänder, deren Brüstungen sich mit kleinteiligen Keramikmosaiken vom schlichten Betonrahmen absetzen. Auf der gegenüberliegenden Längsseite befinden sich zwei vollständig verglaste Treppenaufgänge, von denen der im Südosten weit herausragt. Sie gliedern den Klassentrakt in drei Abschnitte. In südöstliche Richtung verbindet ein überdachter Pausenhof den Klassentrakt mit der Hausmeisterwohnung. Ein rundes Glaskuppeloberlicht belichtet diese zur Straße hin offene Halle, deren rückwärtige Wand ein Mosaik mit spielenden Kindern vollständig ausfüllt. Es wurde vom Wetzlarer Maler Hermann Seibert angefertigt. Der Einsatz von Spannbeton ermöglichte diesen großzügigen, überdachten Pausenhof, der lediglich von drei filigranen Rund-

stützen untergliedert wird. Er bietet den Aufenthalt im Freien auch bei schlechtem Wetter an und verbindet beispielhaft Funktionalität mit Design. Die Schaffung überschaubarer strukturierter Außenräume als Charakteristika des Schulbaus der 1950er Jahre zeigt dieser Schulkomplex deutlich auf. Bereits 1959 wurden nordöstlich ein weiterer Klassentrakt und die Turnhalle, die über einen verglasten Gelenkbau mit dem ersten Klassentrakt verbunden ist, angebaut. 1972 und 1976 entstanden unter der Leitung des Architekten Ernst Klös süd- und nordöstlich der Pausenhalle zwei zusätzliche Erweiterungsbauten.

Der Schulbau zeigt in seiner Architektursprache die kompromisslose Umsetzung der Formensprache der 1950er Jahre, die mit ihren schlichten, funktionalen Baukuben – der Belichtung über Fensterbänder, der Umsetzung praktischer Funktionalität durch neue Baumaterialien wie dem Spannbeton – wesentliche Elemente des Neuen Bauens aufnimmt.

 Stoppelberger Hohl 89

 Stadt Wetzlar

von außen frei zugänglich

www.wetzlar.de

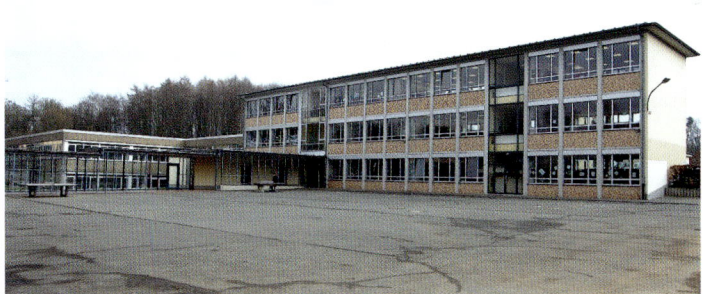

Die Gestaltungen des Klassentraktes mit seinen lichtdurchfluteten Räumen unterliegen der reinen Funktionalität.

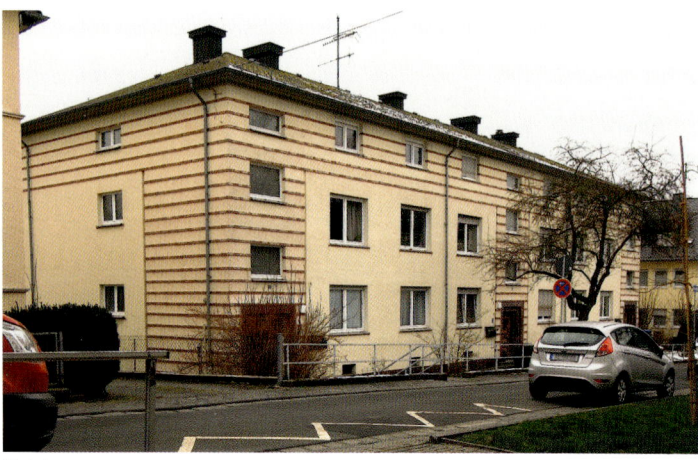

Wetzlar

Gesamtanlage
Reinermannstraße

Fassadengestaltung mit Akzentuierung des Treppenaufgangs durch schmale Ziegelbänder.

Bereits 1906 lagen Bebauungspläne für den Bereich „An der Brühlsbach" vor, doch entstand erst zwischen 1924 und 1927 die heutige Straßengliederung mit der in einen kleinen Platz einmündenden Reinermannstraße. Die Bebauung mit stark vom Bauhaus beeinflussten Mehrfamilienhäusern erfolgte ab 1928 nach Plänen von Schmidt&Rudiger sowie Robert Günther. Bauträger war der Wetzlarer Spar- und Bauverein. Zunächst entstand das Doppelhaus Nr. 10/12, ihm folgten das Dreierwohnhaus Nr. 13-17 sowie die Nr. 14 und 16. Zeitgleich entstand von privaten Trägern das Doppelwohnhaus Auf der Platte 1/2.

Die Siedlung umfasst einheitlich gestaltete, zweigeschossige, unterkellerte Mehrfamilienhäuser mit Attikageschoss unter Walmdach. Die Anlage war von Beginn an auf gehobenen Wohnanspruch ausgerichtet. So erstreckten sich die Wohnungen in der Reinermannstraße ausschließlich über Drei- und Vierzimmerwohnungen, die beiden Vorkopfbauten Auf der Platte 1/2 sogar über Sechszimmerwohnungen.

Der gehobene Anspruch erlaubte eine aufwändigere, modernere Fassadengestaltung. Schmale, rote Ziegelbänder heben die Attikazonen und Treppenhäuser der hell verputzten Bauten hervor. Lediglich am ersten Doppelhaus, Nr. 10/12, wirkt der Treppenaufgang durch eine kräftige Akzentuierung in gelbem Sandstein monumentaler. Die Fensteröffnungen rhythmisieren die Baukörper und verfügen über ein querrechteckiges Format. Ursprünglich besaßen sie eine vertikale Viererteilung und ein kleinteiliges, liegendes Scheibenformat. Die Gestaltung der Wohnbauten folgt den Ideen des Neuen Bauens, dessen erstes umfassendes städtebauliches Projekt, das Neue Frankfurt, bereits 1925 begonnen hatte. Die Form des Einzelgebäudes tritt hinter der städtebaulichen Gesamtkonzeption zurück. Durch Rationalisierung und Typisierung und unter Berücksichtigung der Sozialverantwortung mit Einbezug der Natur als Umfeld in Form von umgebenden Gartenflächen entstand eine Siedlung als Gesamtkonzept in der die Ansprüche des Neuen Bauens umgesetzt wurden.

📍 Reinermannstraße 10, 12–17,
   Auf der Platte 1, 2

🏛 Wetzlarer Spar- und Bauverein, privat

🔔 von außen frei zugänglich

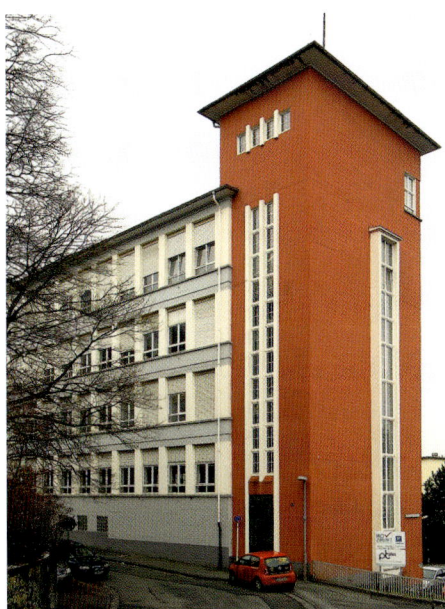

Wetzlar

Magazingebäude der Firma Leitz

Ernst Leitz war in den letzten Jahrzehnten des 19. Jahrhunderts mit seinen Produktionsstätten an den Hang des Kalsmunt gezogen. Nach der Jahrhundertwende expandierte die Fertigung optischer Geräte so stark, dass neue Produktionsstätten im Bereich zwischen Kalsmuntstraße und Ernst-Leitz-Straße entstanden.

Südlich der Werksgebäude der Firma Leitz und des Verwaltungsgebäudes an der Ernst-Leitz-Straße befindet sich das Magazingebäude der Firma Leitz. Dem Verlauf der Kalsmuntstraße folgend erhebt sich der 1936 von der Firma Dyckerhoff&Widmann erstellte Magazinbau als viergeschossiger Betonrahmenbau. Dominant erhebt sich am östlichen Ende der Treppenturm, dessen hell gefasste vertikale Fensterbänder sich wirkungsvoll von der dunklen Grundfarbigkeit des Treppenturms abheben und so dessen Vertikalität

unterstützen. Zur Kalsmuntstraße hin verweist am Turmfuß ein Bronzerelief mit Allegorien zur Optik auf die Funktion des dahinter liegenden Gebäudekomplexes. Um dem Magazingebäude einen Rahmen zu geben, ist die westliche Fassade in gleichem dunklem Rot gehalten wie der Turm am anderen Gebäudeende. Ähnlich dem nur wenig später im Jahr 1938 durch das gleiche Bauunternehmen errichteten Hochhaus der Firma Leitz bestimmt die Rasterfassade des Magazins entscheidend das Erscheinungsbild des Gebäudes. Fensterbänder sorgen für eine notwendige Belichtung des Magazingebäudes. Hell gefasste Betonstützen trennen die einzelnen Fenster und rhythmisieren gleichzeitig die lang gestreckte Fassade. Farbig dunkler gehaltene Betonbänder bilden einen Ruhepol zwischen den einzelnen Fensterbändern und unterstützen die horizontale Wirkung der rasterhaften Fassade. Deutlich zeigt das Gebäude in seiner Architektursprache der Neuen Sachlichkeit die Funktionalität als Magazingebäude mit benötigter großflächiger Belichtung auf und setzt mit dem markanten und doch schlicht gehaltenen Treppenturm einen städtebaulichen Akzent im Stadtbild.

📍 Kalsmuntstraße 14

🏛 Firma Leica Microsystems

🧍 von außen frei zugänglich

ℹ www.leica.de

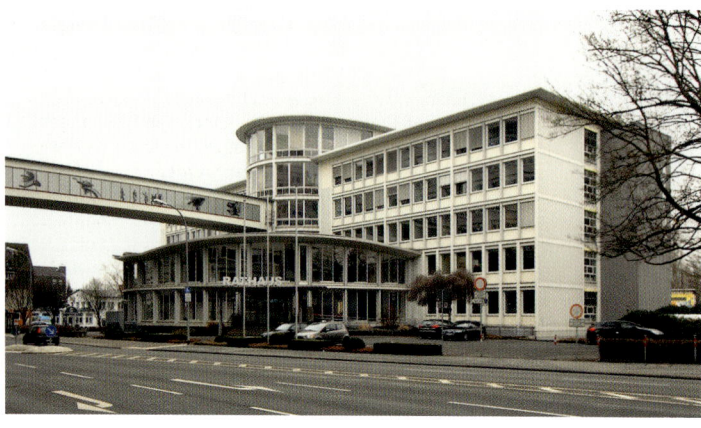

Wetzlar

Verwaltungsgebäude der Firma Leitz, Rathaus

Im Blickpunkt des Verwaltungsgebäudes steht das elegant geschwungene Foyer.

Gegenüber ihrer Produktionsstätten entstand zwischen 1952 und 1957 unter Leitung von Ludwig Leitz, nach Plänen der Architekten Friedrich Groß und Otto Keune ein Verwaltungsgebäude der Firma Leitz. Aufgrund rückgehender Konjunktur wurden von der ursprünglich vierflügeligen, leicht geschwungenen Anlage nur der West- und der Südflügel verwirklicht. Hauptmerkmal des langgestreckten Hauptbaus im Süden ist die durch schlanke Stützen gebildete Rasterfassade des Betonrahmenbaus. Über fünf Geschosse wirkt die vertikale Gliederung der Stützen der starken horizontalen Akzentuierung der Fensterbänder entgegen und verleiht der Fassade eine filigrane Leichtigkeit. Auch das mittig der Fassade vortretende und den Bau überragende Treppenhaus verhindert eine rein statische Ausstrahlung. Dem Treppenhaus ist ein zweigeschossiges Foyer mit seitlich leicht aufschwingendem Dach vorgelagert. Beide Eingangsbauten öffnen sich über großzügige Glasfassaden nahezu vollständig. Eine glasverkleidete Überführung verbindet das Verwaltungsgebäude mit den Produktionsgebäuden. Den Westflügel charakterisiert ein konkav gekrümmter Baukörper mit Rasterfassade, die in Fünfersegmente eingeteilt ist, und ein dezentral vorspringender Treppenturm. Damit erinnert sie an Bauten von Walter Gropius im Berliner Hansaviertel. Während die Gebäudebereiche, in denen Büro und Verwaltung untergebracht waren, sich nach außen durch die stark durchfensterte Rasterfassade zu erkennen geben, heben sich funktionale Bereiche der Gebäudetechnik und der Nebentreppenaufgänge durch geschlossenere Betonfassaden ab. Bemerkenswert ist das Foyer im Innern mit einer sanft geschwungenen, frei schwebenden Wendeltreppe und einer Empore.

Die schwingende Linienführung und filigrane Verarbeitung des neuen Baustoffes Spannbeton orientiert sich hier an dem Foyer des Hessischen Rundfunks in Frankfurt. Seit seiner Sanierung im Jahr 1994 beherbergt das ehemalige Verwaltungsgebäude der Firma Leitz die Stadtverwaltung Wetzlars.

📍 Ernst-Leitz-Straße 30

🏛 Stadt Wetzlar

👤 Gebäude frei zugänglich: Mo, Di, Do, Fr 7.30–18, Mi 7.30–12.30 Uhr

ℹ www.wetzlar.de

Wiesbaden

Arbeiterdenkmal

Zum Gedenken an jene drei Bauarbeiter, die bei einem Projekt des kommunalen Wohnungsbaus im Rheingauviertel ums Leben kamen, ließ die Stadt Wiesbaden im Jahr 1924 ein Denkmal errichten. Mit den Arbeiten wurde Carl Wilhelm Bierbrauer beauftragt, der bekannteste Wiesbadener Bildhauer seiner Zeit. Er hatte bei Ferdinand Luthmer und anschließend an der Städelschule in Frankfurt studiert und war in der Kaiserzeit mit plastischen Arbeiten am Landeshaus und am Südfriedhof, an der Landesbibliothek sowie der Hauptverwaltung der Nassauischen Sparkasse bekannt geworden.

In der Formensprache der Zeit gestaltete Bierbrauer eine Gruppe von drei Arbeitern, denen jeder portraithafte Zug fehlt. Überlebensgroß, athletisch im Körperbau und in selbstbewusster Haltung steht die Gruppe für ein neues Selbstbewusstsein der Arbeiterbewegung in der Weimarer Republik: Links steht ein Maurer, der in seiner linken Hand einen Ziegelstein schultert, während er in der rechten eine Kelle hält. Zentral tritt ein Vorarbeiter hervor, mit dem Bauplan in der Rechten. Rechts steht ein Zimmermann, der mit seiner rechten Hand ein geschultertes Seil hält und in der linken eine zu Boden gerichtete Axt.

Deutschlandweit bekannt wurde Carl Wilhelm Bierbrauer vor allem durch häufige erfolgreiche Wettbewerbsbeteiligungen. So reichte er 1932 einen Entwurf zu dem in Bad Berka bei Weimar geplanten, schließlich aber nicht ausgeführten Reichsehrenmal für die Gefallenen des Ersten Weltkriegs ein. Von insgesamt 1.828 eingegangenen Vorschlägen zählte derjenige Bierbrauers zu den 20 prämierten. Sein Entwurf gehörte zu denen, die zur weiteren Bearbeitung vorgeschlagen wurden.

In der Nazizeit spielt Bierbrauer in Wiesbaden eine sehr ambivalente Rolle. Auf der einen Seite schuf er eine Reihe von Hitlerbüsten, die in Wiesbaden und darüber hinaus Aufstellung fanden, auf der anderen Seite stammt von ihm die Totenmaske des unter Ausstellungsverbot leidenden Malers Alexeij von Jawlensky, der 1941 in Wiesbaden starb.

📍 Loreleiring/Ecke Oestricher Straße

🏛 Landeshauptstadt Wiesbaden

👤 frei zugänglich

ℹ Tel 0611 31-0
www.wiesbaden.de/microsite/
stadtlexikon/a-z/Bierbrauer__Carl_
Wilhelm.php

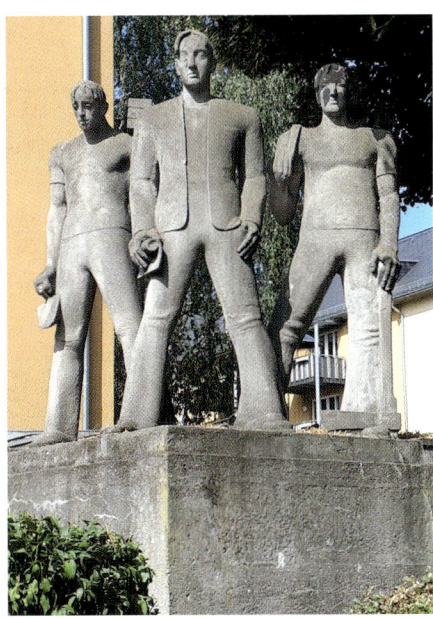

„Wann sie schreiten Seit' an Seit'" – Denkmal am Loreleiring für die bei einem Unfall ums Leben gekommenen drei Bauarbeiter.

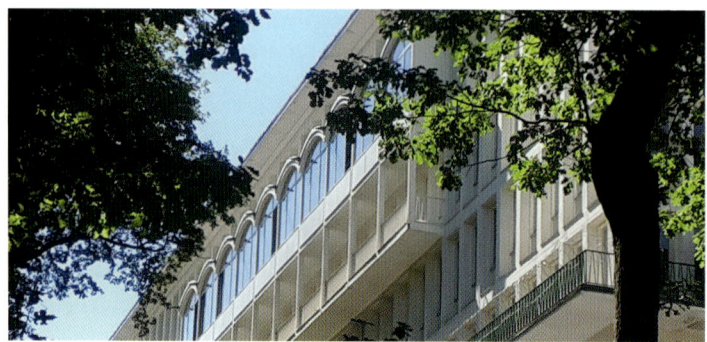

Wiesbaden

Bundeskriminalamt

Die „Rimpl-Welle" prägte die Architektur des Bundeskriminalamts in Wiesbaden.

Am 15. März 1951 wurde in der Bundesrepublik Deutschland per Gesetz ein Kriminalpolizeiamt des Bundes eingerichtet. Als Standort hatte man Wiesbaden gewählt. Mit dem Statistischen Bundesamt und der Wehrbereichsverwaltung IV sollten in den nächsten Jahren noch weitere personalstarke obere Bundesbehörden in die Stadt ziehen.

Für das Bundeskriminalamt plante man einen Neubau in der Verlängerung des Geisbergs, einem Höhenzug am Südhang des Taunus in direkter Nachbarschaft zum Neroberg, dem Hausberg Wiesbadens.

Als Architekt für den Neubau wurde Prof. Herbert Rimpl ausgewählt. 1902 geboren, studierte er unter anderem bei Theodor Fischer in München, dem Architekten des Wiesbadener Landesmuseums. 1929 wechselte er an das Büro des Kölner Kirchenbaumeisters Dominikus Böhm. In den 1930er Jahren wurde er zum wichtigsten Industriearchitekten des Dritten Reiches und schuf beispielsweise die Heinkel-Werke in Oranienburg und die Hermann-Göring-Werke in Salzgitter. 1943 wurde ihm von Adolf Hitler der Professorentitel verliehen. Seit 1950 leitete Rimpl ein Büro in Wiesbaden.

Als wiederkehrende Kennzeichen in seinem Werk gelten die Gliederung durch Raster und die rhythmische Reihung von Parabelbögen, beziehungsweise Wellen als Dachkonstruktion. Beides findet sich auch in seinem Entwurf für das Bundeskriminalamt in Wiesbaden von 1953. Damit löste er sich von der Dominanz der neoklassizistisch geprägten Architektur und verband die Ideen des Neuen Bauens der 1920er Jahre mit den Tendenzen der Baurationalisierung der 1930er Jahre.

Der Saalbau und die Loggien des BKA-Gebäudes sind als Stahlbetonskelettbau erstellt, die Außenflächen bestehen aus Sichtbeton mit Mineralfarbanstrich, die Brüstungen sind in Kunststein ausgeführt. Charakteristisch für die Arbeit Rimpls sind auch beim BKA-Bau die Dächer, die als Schalendächer auf Wellblechschalung ausgeführt sind. Skulptural behandelte Dachformen als Gegensatz zu strenger Gebäudekubatur sollten bald so typisch für seine Entwürfe von Verwaltungsbauten werden, dass in Wiesbaden rasch von der „Rimpl-Welle" gesprochen wurde, die auf jedem seiner Häuser zu finden sei.

⚲ Tränkweg

🏛 Bundesrepublik Deutschland (Bundesinnenministerium)

⚑ zugänglich nur zu besonderen Anlässen und nach Anmeldung

ℹ Tel. 0611 550
www.bka.de

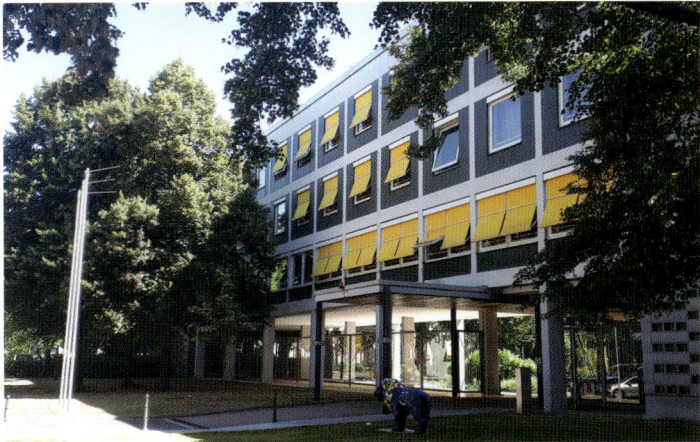

Wiesbaden

„Rücksichtsvolle Zurückhaltung".

Finanzministerium

Als am 28. März 1945 die Amerikaner in Wiesbaden einmarschierten, begann für die ehemalige nassauische Residenz- und Weltkurstadt, die den Krieg teilzerstört überstanden hatte, ein neues Kapitel ihrer Geschichte: Die amerikanischen Besatzer erklärten Wiesbaden zur Hauptstadt des 1946 gegründeten Bundeslandes Hessen. Die Stadt entwickelte sich daraufhin zur Behörden- und mit dem Bau der Rhein-Main-Hallen ab 1956 auch zur Kongressstadt, wie sie sich auch heute noch in weiten Teilen präsentiert.

Waren die Dienststellen des Landes zunächst auf das gesamte Stadtgebiet zerstreut, sollten diese aus Rationalisierungs- und Kostengründen bald zusammengelegt werden. In diesem Zusammenhang entstand in den Jahren 1958 bis 1960 zwischen der Friedrich-Ebert-Allee und der Auguste-Viktoria-Straße das hessische Finanzministerium, geplant und erbaut durch die Landesbauabteilung der Oberfinanzdirektion Frankfurt und dem Staatsbauamt in Wiesbaden. Das Gebäude bewahrt auch heute noch ein hohes Maß an Authentizität: Ein Atriumbau öffnet sich im Erdgeschoss mittels Luftgeschossen zu den beiden genannten Straßen. Die Pfeilerstellung folgt dem weiten Raster des Betonskeletts. Eine „Ministerialvorfahrt" ist integriert.

Die Stützen des Stahlbetonskelettes wurden in Sichtbeton ausgeführt, die Ausmauerungen der Fassade sind mit dunkelgrünem Glasmosaik belegt und entsprechen damit der häufig kunstgewerblich bestimmten Ästhetik der 1950er Jahre. Die vier Flügel werden in den Ecken durch Treppenhäuser erschlossen, die jeweils die Fenster- von den Stirnseiten trennen.

1995 schrieb der Regierungsbaumeister und Baudirektor a. D. Paulgerd Jesberg in einem Architekturführer zu Wiesbaden: „Der Bau besitzt jene einfühlende und rücksichtsvolle Zurückhaltung, die gute Bauten auszeichnet, die zu Ende der fünfziger Jahre geplant wurden und noch einen ausgeprägten Sinn für liebevolle Details und angemessene Gestaltung besaßen."

⚲ Friedrich-Ebert-Allee 8

🏛 Land Hessen

👤 nur zu besonderen Anlässen und im Rahmen des Dienstbetriebes

ℹ Tel. 0611 32-0
www.finanzen.hessen.de

Wiesbaden

Hilde-Müller-Haus

Wer durch das Wiesbadener Rheingau-viertel spaziert, wird sich wundern, dass er in dem zwischen 1900 und 1910 ent-standenen Stadtviertel, das in der Regel von Gebäuden im Stil des späten Histo-rismus' oder Jugendstils geprägt ist, einen Bau aus den zwanziger Jahren findet, der heute als Bürgerzentrum genutzt wird und schon deshalb für das Stadtquartier von ganz besonderer Bedeutung ist. Noch dazu stammt der Bau von einem Wiesbadener Architek-ten, Wilhelm Lücke, der weit mehr für seine historistischen und neoklassizisti-schen Villen in der Stadt bekannt ist, als für Bauten der Moderne.

1929 stellte die Firma Andreae-Noris-Zahn, ein Drogeriegroßhandel, einen Antrag für den Bau eines Geschäfts- und Lagerhauses, das schließlich in Wiesbaden zu den wenigen Beispielen funktionalistischen Bauens gehören sollte: Das dreigeschossige Gebäude mit seiner entlang des Platzes gewölbten Front und seinem Flachdach wurde durch Fensterbänder gegliedert, die, ursprünglich mit Metallsprossenfen-stern versehen, den Bau mit seiner gewerblichen Nutzung kennzeichnen. Zu seinem kaiserzeitlichen Nachbargebäude vermitteln eine sogar viergeschossige Treppenhausachse und Seitenachse, über die auch die Dachterrasse erschlos-sen ist. Auf der Gegenseite befindet sich eine nur dreigeschossige Treppenhaus-achse. Dies ist sicher auch der Tatsache geschuldet , dass es hier keinen Bauan-schluss gab, nach dem sich der Architekt hätte richten müssen.

Im Treppenhaus finden sich noch die original Betontreppe und auch die gemauerte Brüstung mit einem aufge-setzten Handlauf in Form eines Rund-eisenrohrs. Hier sind auch zum Teil noch die Fenstergitter erhalten.

Das Gebäude dient seit 1986 als Bürgerhaus und sozialer Treffpunkt der Bewohner des Rheingau-Viertels. Benannt ist es nach Hilde Müller, einer engagierten Kommunalpolitikerin.

📍 Wallufer-Straße 15

🏛 Landeshauptstadt Wiesbaden

🎟 bei Veranstaltungen

ℹ Tel. 0611-31-0
http://www.wiesbaden.de/
leben-in-wiesbaden/
freizeit/buergerhaeuser/

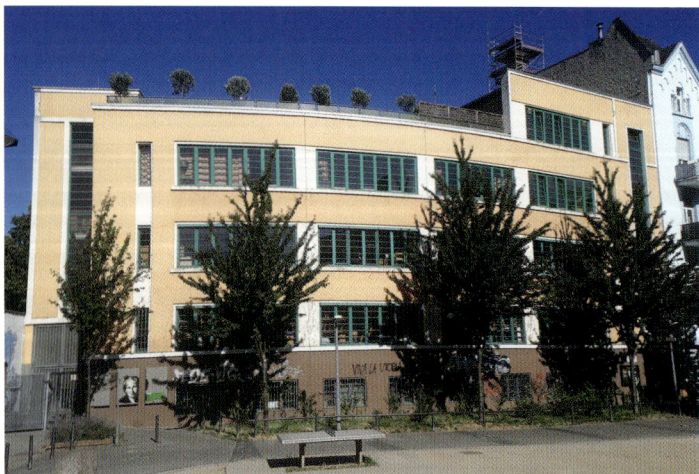

Neues Bauen zwischen Historismus und Jugendstil – Das Bürgerzentrum Hilde-Müller-Haus.

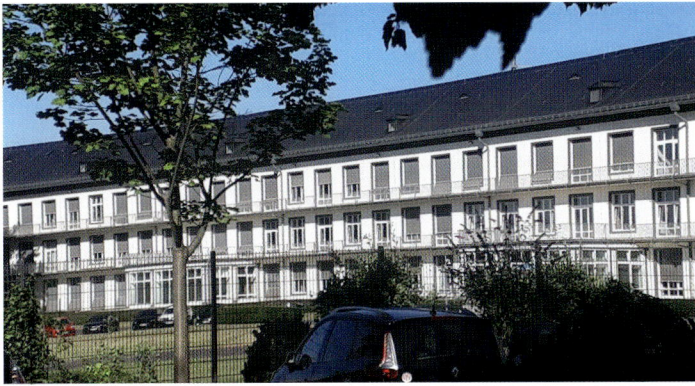

Wiesbaden

Polizeipräsidium Westhessen

„Die modernste Architektur im Deutschen Reich":
Das Reservelazarett ist heute Polizeipräsidium.

Am 10. Februar 1941 wurde in Wiesbaden das Reservelazarett Nr. 4 des Wehrkreises 12 eröffnet. Die Planungen dazu reichten bis in das Jahr 1937 zurück. Der Gesamtplan der Anlage wurde aus der Trapezform des Geländes entwickelt: In einem weiten Bogen spannt sich das dreigeschossige Hauptgebäude nahezu über die gesamte Terrainbreite und trennt diese damit in eine vordere und eine hintere Hälfte. Dort schließen sich zwei lange ebenfalls dreigeschossige Flügel an. Getrennt durch einen Weg folgt eine zweite Bebauungszone mit vier zweigeschossigen Pavillons und einem quergestellten Garagengebäude, die zusammen mit zwei der Pavillons eine Dreiflügelanlage simulieren. Oberbaurat Hans-Hermann Klaje als Berater der Obersten Heeresleitung in Berlin und Regierungsbaurat Richard Goerz aus Wiesbaden zeichnen für den Baukomplex verantwortlich.

In dem elegant geschwungenen Bogen der Front des Hauptgebäudes entfaltet sich vor allem die große gestalterische Qualität der Architektur, die zu ihrer Entstehung als die modernste im Deutschen Reich galt. Die Fassade gliedert sich in eine terrassierte Sockelzone und durchlaufende Balkone. Weite Fenster öffnen sich nach Südwesten. Ein Sprossenraster in den Fenstern betonte die Senkrechte, wurde aber später durch einfache Fensterkreuze ausgetauscht. Der Sockel ist aus grünlichem Bruchstein ausgeführt. Ebenfalls in grünlichem Naturstein sind die Gewände der Türen gestaltet wie auch der Portikus, der von vier Pfeilern gestützt wird. Die glatt geputzten Wandflächen sind hell gestrichen. Das Walmdach ist in Schiefer gedeckt. Auch bei den übrigen Gebäuden fanden diese Baumaterialien Verwendung, wodurch sich ein einheitliches Gesamtbild ergibt.

Nach Ende des Zweiten Weltkriegs wurde das Lazarett von den amerikanischen Streitkräften beschlagnahmt, aber weiterhin als Krankenhaus, zunächst für die Armee, dann für die Luftwaffe genutzt. In den 1960er Jahren wurde es als das bedeutendste US-Luftwaffen-Krankenhaus in Europa angesehen. Seitdem es von den Amerikanern zurückgegeben wurde, dient die Anlage heute als Polizeipräsidium Westhessen.

📍 Konrad-Adenauer-Ring 51

🏛 Land Hessen

🗝 zugänglich während der Dienstzeiten und zu besonderen Anlässen

ℹ Tel. 0611 345-0

Wiesbaden

Stadtentwicklungskonzept – Das neue Wiesbaden von Ernst May

1961 wurde Ernst May zum Planungsbeauftragten der Landeshauptstadt Wiesbaden ernannt und im Juli 1962 erstellte er bereits einen Generalbebauungsplan, der rasch öffentlich vorgestellt wurde. Mit der Trabantenstadt Klarenthal, dem Schelmengraben, dem Gebiet Am Parkfeld in Biebrich und dem Wolfsfeld in Bierstadt hatte May neue Wohnsiedlungen entworfen, die schließlich schrittweise realisiert wurden. Der Generalplan zeigte die Prägung des Bauens der 1920er Jahre, das sich bewusst von der Architektur der wilhelminischen Zeit abgesetzt hatte. Gerade aus dieser Zeit war aber in Wiesbaden viel Bausubstanz erhalten, mit der May nun radikal verfahren wollte: Das Bergkirchenviertel sollte abgerissen und durch moderne Wohnbauten ersetzt werden, das Villengebiet am Bierstädter Hang, das den Zweiten Weltkrieg relativ unbeschadet überstanden hatte, sollte durch eine Bürostadt City Ost ersetzt werden.

Ein Großteil der Pläne wurde jedoch nicht realisiert. Nachdem sich in Klarenthal rasch soziale Probleme zeigten und auch die Bürger massiv gegen die Veränderungen in der Stadtgestalt protestierten, blieb das Bergkirchenviertel mit seinem gewachsenen Wohnumfeld erhalten und Gebäude wurden saniert. Bei dem Villenviertel am Bierstädter Hang waren es paradoxerweise die Jungsozialisten, die zum Widerstand gegen die May'schen Pläne und zum

Erhalt der bürgerlichen Villen aufriefen, Hausbesetzungen organisierten und Abrissarbeiten boykottierten – und das mit Erfolg, denn die Zahl der Befürworter bröckelte, parallel dazu erstarkte die Idee des Denkmalschutzes.

1966 erhielt Ernst May zwar noch die Ehrenplakette der Stadt Wiesbaden verliehen, sein Generalbebauungsplan wurde aber nicht weiter verfolgt. Eines seiner markanten Bauwerke, die Hochbrücke an der Coulinstraße/Schwalbacher Straße, wurde zu Beginn des 21. Jahrhunderts gesprengt, seine Modelle wanderten ins Stadtmuseum. Die großen Ideen des modernen Stadtplaners May für Wiesbaden waren endgültig Geschichte geworden.

📍 Innenstadt; Modell der City Ost im sam – Stadtmuseum am Markt

🏛 Landeshauptstadt Wiesbaden

👤 Di–So 11–17 Uhr

ℹ Tel. 0611-31-0
www.wiesbaden.de/stadtmuseum
www.wiesbaden.de/microsite/
stadtlexikon/a-z/May__Ernst.php

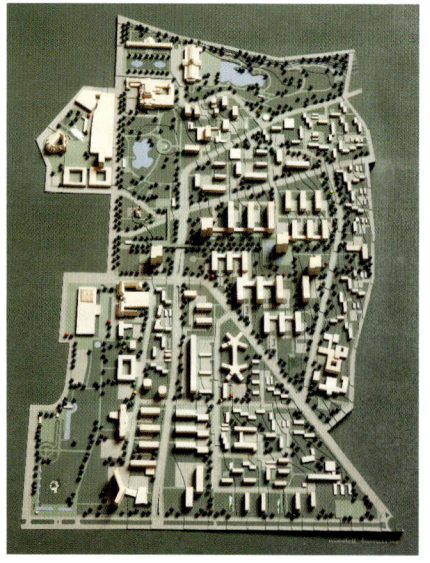

Demokratisches Bauen zwischen Villen – Das Modell der „City Ost" von Ernst May, die jedoch nicht realisiert wurde.

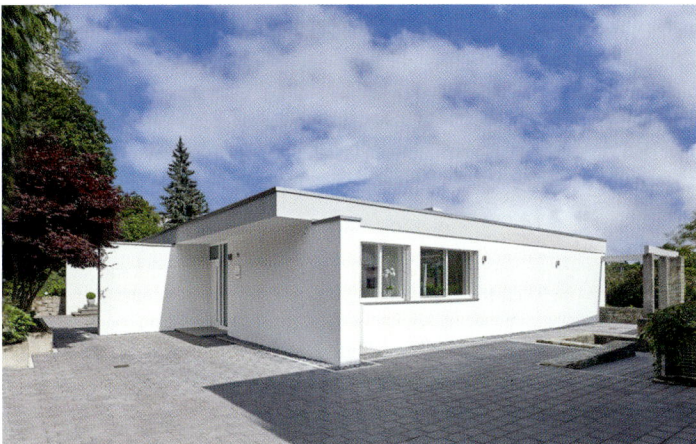

Wiesbaden

Villa Harnischmacher II

Ein wenig Kalifornien in der Hessischen Landeshauptstadt: Der von Marcel Breuer geplante Bungalow aus dem Jahr 1954.

1932 beauftragte der Generaldirektor der Mainzer Erdal-Werke, Paul Harnischmacher, den noch jungen Marcel Breuer mit dem Bau einer Villa in Wiesbaden. Breuer war zu diesem Zeitpunkt bereits als Leiter der Möbelwerkstatt am Bauhaus in Dessau geschätzt, und obwohl er auch seit 1921 in Walter Gropius' Architekturbüro mitarbeitete, war er als Architekt noch relativ unbekannt. Er entwarf eine konsequent luftig-moderne Villa, die leider im Zweiten Weltkrieg einen Volltreffer erhielt und zerstört wurde.

Doch Familie Harnischmacher beauftragte Marcel Breuer erneut, und zwar diesmal mit dem Bau eines Bungalows im Garten der nicht wieder aufgebauten Villa. Breuer war als Jude 1933 nach Ungarn und schließlich über London in die Vereinigten Staaten emigriert, wo er als Professor an der Harvard University lehrte und mit Walter Gropius, mit dem er bis 1941 ein gemeinsames Architekturbüro unterhielt, die Architekturfakultät in Harvard aufbaute. Ab 1946 widmete er sich ganz der Bautätigkeit und war weltweit berühmt und geachtet, als er 1954 noch einmal in Wiesbaden daran ging, ein Wohnhaus für Harnischmacher zu entwerfen. Es sollte der einzige Wohnbau bleiben, den er nach 1945 in der Bundesrepublik realisierte.

Breuer versuchte eine untrennbare Einheit von Architektur und Einrichtung, wobei sich eine funktionelle Planung und eine Funktionalität im Detail – typisch für den internationalen Stil – mit einem organischen Architekturverständnis, einer Vorliebe für Holz und Naturstein – typisch für Breuers Lehrer Walter Gropius – traf. Ein repräsentativer Kamin im Wohnraum, leichte Schiebewände zwischen den Funktionsräumen des Hauses und wandfestes Mobiliar in den Nebenräumen zählen zu den Besonderheiten der Villa, deren konsequentem Erscheinungsbild im Äußern auch die Innenausstattung entsprach. Die Villa wurde in den letzten Jahren aufwändig restauriert.

 Schöne Aussicht

🏛 privat

🚫 nicht zugänglich

ℹ www.faz.net/aktuell/stil/
drinnen-draussen/bauhaus-villa-in-
wiesbaden-haus-gesucht-ikone-
gefunden-15059380.html

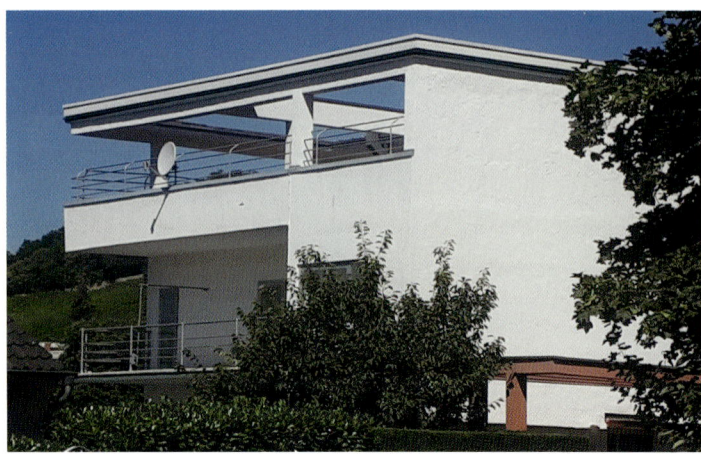

Wiesbaden

Villa Hoffmann

„Licht, Luft, Bewegung und Öffnung" in der Architektur: Die 1927 erbaute Villa Hoffmann entspricht ganz den Ideen ihres Architekten.

Wiesbaden, die Weltkurstadt der Kaiserzeit und Repräsentationskulisse für deren Eliten, war und ist vom Stil des Historismus geprägt. Gerade im privaten Wohnungsbau wurde in der Regel auch in den 1920er Jahren noch an den Baustilen der Zeit vor dem Ersten Weltkrieg festgehalten.

Eine Ausnahme bilden das 1923 erbaute Haus Ryder des Architekten Ludwig Mies van der Rohe, die Villa Harnischmacher, 1932 von Marcel Breuer erbaut, und die Villa Hoffmann des Wiesbadener Architekten Johann Wilhelm Lehr.

Lehr kam 1893 in Wiesbaden zur Welt und studierte von 1909 bis 1912 an der Königlichen Baugewerkeschule in Idstein. Seinen ersten großen Auftrag erhielt er jedoch erst 1927 durch den Essener Generaldirektor Franz Hoffmann, der sich für Wiesbaden eine Villa wünschte. Lehrs Entwurf im Bauhausstil ist ganz auf die Lage des Gebäudes am Hang des Nerobergs bezogen. Die hangaufwärts weisende Straßenseite zeigt sich funktionell, zum Nerotal öffnet sich das Gebäude dann aber über fünf Geschosse mit unterschiedlich dimensionierten und gestalteten Ansichten.Die über Eck geführten Fensterbänder und Balkone, besonders die von einer Pergola überzogene Dachterrasse mit einem Geländer, das an eine Schiffsreling erinnert, sind charakteristische Elemente des Neuen Bauens, nun auch in Wiesbaden, und entsprechen dem Verlangen des Architekten nach „Licht, Luft, Bewegung und Öffnung" in der Architektur. Ein Geländer in Form einer Schiffsreling sollte wenige Jahre später, beim Bau des Opel-Bades – nur wenige 100 Meter von der Villa Hoffmann entfernt – ebenfalls Verwendung finden.

Lehr blieb – mit wenigen Unterbrechungen – mit seinem Büro in Wiesbaden, wo er bis in die 1960er Jahre tätig blieb. Er starb 1971.

Die „Gruppe Wiesbaden" des Bundes Deutscher Architekten vergibt im Fünf-Jahres-Turnus einen nach Lehr benannten Architekturpreis, die „Johann-Wilhelm-Lehr-Plakette" für ausgezeichnete Architektur in Hessen.

 Herzogsweg 4

 privat

nicht zugänglich

https://de.wikipedia.org/wiki/
Johann_Wilhelm_Lehr

Wiesbaden-Biebrich

Heilig-Geist-Kirche

Als man die Planungen für die Heilig-Geist-Kirche in Wiesbaden-Biebrich der Öffentlichkeit vorstellte, titelte die Presse: die „kühnste Kirche Hessens". Der damalige Kirchenpräsident Martin Niemöller sprach von einem „Markstein in der Kirchenbaugeschichte", und das in Wiesbaden, wo man um 1900 tatsächlich mit dem „Wiesbadener Programm" im Kirchenbau Geschichte geschrieben hatte.

1960 entschied sich die drei Jahre zuvor selbstständig gewordene evangelische Gemeinde im Norden Biebrichs zu einem Kirchenneubau. Den Zuschlag erhielt der im Wettbewerb Zweitplatzierte, Prof. Herbert Rimpl, der die fehlende Bautradition im Kirchenbau der Nachkriegszeit nicht als Manko, sondern eher als Herausforderung begriff.

Das Kirchenschiff wurde vollständig und in einem Stück aus Beton gegossen: 4.000 Kubikmeter Holz hatte man allein für die Verschalungen benötigt, insgesamt 50 Tonnen Stahl und Eisen wurden verarbeitet .

Eine acht Meter lange Freitreppe führt den Besucher vor die Südfassade, eine parabelförmige Fensterfront aus Betonwaben. Dahinter öffnet sich ein 17 Meter hohes Gewölbe. Die Längsseiten der Kirche werden von ebenfalls parabelförmigen Fensternischen unterbrochen. Im Osten steht der 25 Meter hohe Glockenturm frei, der ebenfalls in der Form einer Parabel ausgebildet ist. Bereits 1930 hatte der Lehrer Rimpls, Dominikus Böhm, die Parabelform für den Kirchenbau entdeckt. Sie versinnbildliche die „Überwindung der Schwere" und „das Loslösen von der Erde".

Als besonders faszinierend in der Heilig-Geist-Kirche gilt die Lichtführung, die das Kirchenschiff in ein Halbdunkel taucht. Strahler richten ihren Schein an den Wänden nach oben, kleine Leselampen erhellen die Kirchenbänke. Der Altarraum erstrahlt dagegen in hellem Licht.

📍 Drususstraße 26/Am Kupferberg 2

🏛 Evangelische Kirche in Hessen und Nassau

🕯 zu den Gottesdiensten

ℹ Tel. 0611 843445
www.heilig-geist-kirche-
wiesbaden.ekhn.de

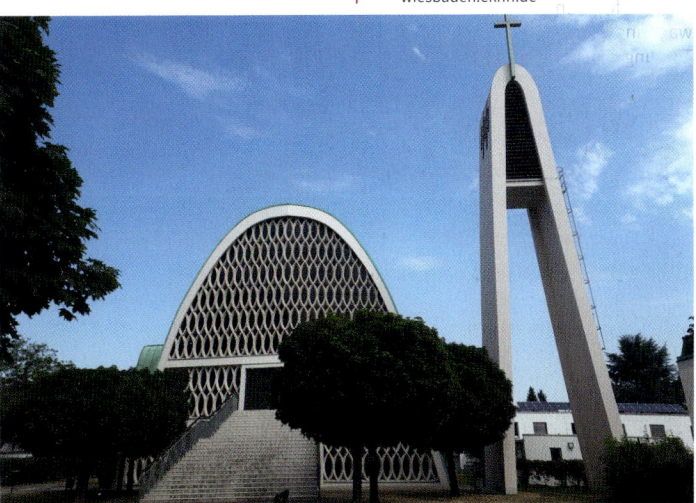

Im Neuen Testament wird in Parabeln gesprochen: Die Kirche kennt die Parabel auch im Bau.

Wolfhagen-Gasterfeld

Ehemalige Lufthauptmunitionsanstalt

Das weitläufige Areal der früheren Lufthauptmunitionsanstalt in Wolfhagen-Gasterfeld, rund zwei Kilometer westlich der Kernstadt, wurde nach Kriegsende soweit wie möglich geräumt, eine Zeit lang gewerblich genutzt und diente zwischen 1960 und 2008 als Bundeswehrkaserne. Diese Nutzungsgeschichte führte einerseits zum Erhalt vieler Bauwerke der Munitionshauptanstalt, andererseits aber auch zu einer Verzahnung der Altbauten mit Neubauten aus der Nachkriegszeit.

Die Hauptaufgabe dieser seit der Mitte der 1930er Jahre von den Nationalsozialisten vermehrt angelegten Rüstungsbetriebe war die Herstellung feldbrauchbarer Munition, die Fertigung der erforderlichen Teile und deren Zusammenbau, die Aufbereitung von gebrauchten Geschosshülsen sowie die Lagerung von Munition einschließlich des Verpackungsmaterials. Die am 1. April 1940 in Betrieb gegangene Anlage in Gasterfeld war für Flakmunition der Luftwaffe zuständig. Voraussetzungen für den Bau solcher Fabriken war eine abgeschiedene Waldlage zur Tarnung der Einrichtung und ein Eisenbahnanschluss. Zu den Grundbestandteilen einer Munitionshauptanstalt gehörten als Kernstück ein Komplex aus einzeln stehenden Maschinen- und Montagehäusern, in denen sich die eigentliche Arbeit der Aufbereitung der Geschosse vollzog, diverse Lager- und Werkstattbauten, Lagerbunker sowie Wohn- und Verwaltungsbauten. Für die eingesetzten Zwangsarbeiter waren Baracken vorhanden; das ganze Gelände war umzäunt und wurde scharf bewacht.

Die vorhandenen Bauten aus der Anfangszeit sind entweder im Heimatschutzstil errichtet oder, sofern es um die Fabrikation und Lagerung ging, nüchterne Betonskelettkonstruktionen mit heute fehlenden Leichtbauwänden. Der zentrale Fertigungsbereich mit einer Gruppe aus solchen Flachbauten ist ebenso erhalten wie diverse Bunker, Werkstätten, ein großes Speisehaus und eine Gruppe von Kasernenbauten für Verwaltung und Wachmannschaft. Die Neubauten der Bundeswehr heben sich deutlich davon ab. Das Areal wird heute ausschließlich zivil genutzt.

 Wolfhagen, Am Gasterfelderholz

🏛 Bundesanstalt für Immobilienaufgaben BIMA und privat

🔑 von außen frei zugänglich

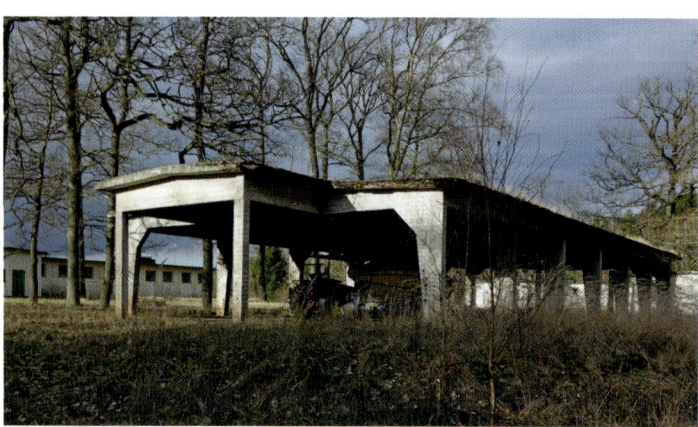

Fertigungsbereich der ehemaligen Lufthauptmunitionsanstalt Wolfhagen

Zwingenberg

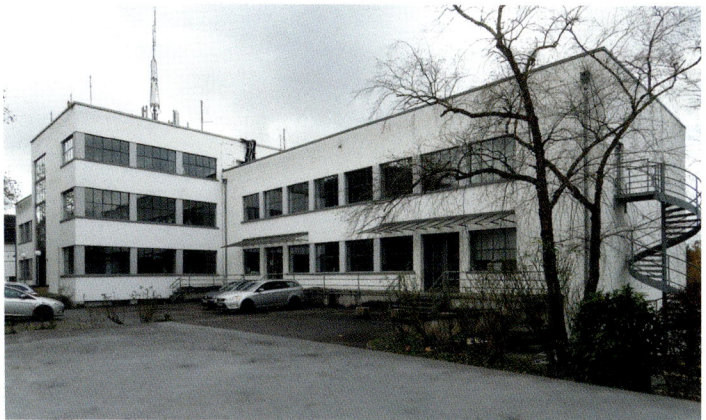

Zwingenberg

Ein Industriebau mit typischen Bauhaus-Elementen – die ehemaligen Fissanwerke.

Ehemalige Fissanwerke

In Zwingenberg an der Bergstraße überrascht ein gut erhaltener Industriebau im Bauhausstil. Der Chemiker Dr. Arthur Sauer hatte 1898 ein Unternehmen für Säuglingsnahrung übernommen und in den 1920er Jahren durch Forschungen am Milcheiweiß die Fissan-Produkte entwickelt. Heute von einem Biotechnologie-Unternehmen genutzt, wurde das Gebäude von 1934 bis 1940 für die „Deutsche Milchwerke AG" errichtet. 1937 wurden die Fissan-Werke zum „nationalsozialistischen Musterbetrieb" erklärt, woraufhin die amerikanischen Truppen das Werk 1945 beschlagnahmten. In den 1950er und 1960er Jahren konnte das Unternehmen erfolgreich weitergeführt werden.

Drei weiße kubische Baukörper bilden den von der Straße zurückgesetzten Baukomplex. Für Entwurf und Ausführung zeichnete der Architekt Dr. Georg Fehleisen verantwortlich. Er war Schüler des renommierten Architekten Paul Bonatz und Mitarbeiter des Architekturbüros Metzendorf, das zunächst in Essen, später in Bensheim wirkte. Neben dem Fissan-Werk entwarf er unter anderem die zugehörige Werkssiedlung. Seinem frühen Tod 1936 ist es geschuldet, dass er als Architekt heute wenig bekannt ist.

Der erhöhte Mitteltrakt und der Südteil wurden 1934/35 errichtet. Charakteristisch im Bauhausstil sind die Flachdächer und die weißen Wandflächen, die von Fensterbändern gegliedert werden. Am Mittelbau sind die Fensterbänder zudem um die Gebäudekanten herumgeführt. Hier liegen auch der Haupteingang und das Treppenhaus, dessen Wand zur Belichtung ganz in Glas gestaltet wurde. 1940 wurde der Nordflügel in angepassten Formen erbaut. Architekt war Richard Busching, der nach Georg Fehleisens Tod das Büro Heinrich Metzendorf übernahm. Erhalten ist auch die Einfriedung mit Gitterzaun und Zementpfosten.

Das damals junge Biotechnologieunternehmen BRAIN entdeckte 1995 den leerstehenden Fabrikbau, revitalisierte und sanierte ihn mit erheblichem Aufwand vorbildlich. So blieb ein seltenes Beispiel industrieller Bauhausarchitektur erhalten.

📍 Darmstädter Straße 34–36

🏛 B.R.A.I.N. Biotechnology Research and Information Network AG

🛈 von außen frei zugänglich

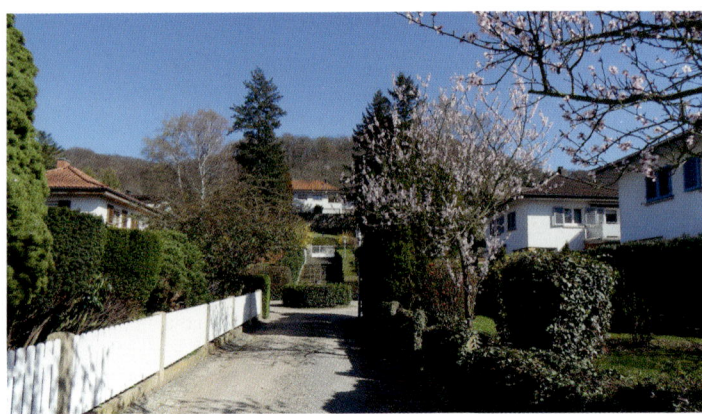

Zwingenberg

Die Anlage der Arbeiterwohnhäuser mit der erhöht gelegenen Villa des Betriebsleiters.

Ehemalige Werksiedlung der Deutschen Milchwerke AG

Die kleine Wohnsiedlung entstand 1933/34 in Hanglage nach Plänen des Architekten Georg Fehleisen, der auch den Werksneubau der Fissanwerke entworfen hatte. Während des Nationalsozialismus trug die Anlage den Namen „Adolf-Hitler-Siedlung" und wurde ebenso wie das Werk selbst propagandistisch als Vorzeigeobjekt ausgenutzt. Auf der Orbis-Höhe erhebt sich die großzügige Villa des Betriebsführers, nördlich davon die seines Stellvertreters. Unterhalb liegt die Arthur-Sauer-Anlage mit vier, symmetrisch angeordneten Arbeiterwohnhäusern. Nördlich davon steht ein weiteres Wohnhaus, das heute jedoch stark verändert ist.

Die Arthur-Sauer-Anlage wird durch einen Mittelweg erschlossen und öffnet sich zentral zu einem rechteckigen Platz mit Brunnen. Die Arbeiterwohnhäuser sind als zweigeschossige Putzbauten mit Natursteinsockel und flach geneigten Walmdächern ausgeführt. Die Eingänge sind rundbogig überwölbt und ebenfalls bogenförmig öffnen sich die Loggien, denen Terrassen vorgelagert sind. Im Erdgeschoss laufen die Fenster teilweise über die Gebäudekanten. Im Obergeschoss werden die Fenster von Klappläden begleitet.

Am unteren Eingangstor der Betriebsleitervilla Stuckertstraße 10 steht die Bronzeplastik „Astra", die vermutlich von der Berliner Künstlerin Astrid Begas gestaltet wurde. Hinter einer Stützmauer erhebt sich die zweigeschossige, breit gelagerte Villa. Auch hier dominieren die Gestaltungselemente Putzfläche, Natursteinsockel, Walmdach und bogenförmig geöffnete Loggien. Die großzügige Ausstattung im Innen- und Außenbereich mit Musikzimmer und Schwimmbad waren wahrscheinlich der Grund dafür, dass die 1945 beschlagnahmte Villa von Henry Kissinger, dem späteren US-Außenminister, für einige Monate bewohnt wurde.

Stilistisch ist die Architektur der Siedlung eine einzigartige Mischung: Georg Fehleisen gelang die Verbindung moderner Elemente mit Anleihen an traditionelle italienische und spanische Architektur, die der Betriebsleiter Arthur Sauer in Südamerika kennengelernt hatte.

 Arthur-Sauer-Anlage 3–6, Stuckertstraße 10 und 18

 privat

 von außen frei zugänglich

Architektenregister

Fachbegriffe

Ahornintarsien: bildliche oder ornamentale Einlegearbeit aus Ahornholz

Allegorie: sinnbildliche Darstellung

Ambo: für Lesungen im Rahmen des Gottesdienstes vorgesehenes leicht erhöhtes Pult

Apsis: halbrundes oder vieleckiges Bauteil an einem größeren Raum (z.B. als Kirchenchor)

Architrav: horizontal auf Säulen liegender Balken

Atrium: zentraler Raum, häufig ähnlich einem Innenhof

Attikageschoss: ein auf ein Flachdach aufgesetztes zusätzliches niedrigeres Geschoss

Basilika: Kirche, deren Mittelschiff mit Lichtgaden höher ist, als die beiden Seitenschiffe

Belvedere: Teil eines Gebäudes, mit dem Hauptziel angelegt, einen schönen Ausblick zu ermöglichen

Bierschwemme: Raum eines Gasthauses, in welchem am meisten Bier ausgeschenkt wird

Bimskies: Kies aus Bims, einem leichten vulkanischen Gestein

Bosse: roh zugerichtete, bucklige Ansichtsfläche eines Natursteins innerhalb einer Mauer oder Wand

Brutalismus: Architekturstil der 1950er bis 1980er Jahre, nach dem französischen „béton brut" (roher Beton) benannt

Campanile: einzeln stehender Kirchturm

Cour d'honneur (**Ehrenhof**): Hof, der von drei Seiten von einem Gebäude umgeben ist

Eitemperafarben: Farbe, bei welcher zum Lösen der Pigmente Eigelb und Eiweiß verwendet werden

Fensterband: Aneinanderreihung ähnlicher oder gleicher Fenster

Fries: schmale Streifen zur Abgrenzung oder Teilung von Flächen am oberen Rand einer Wandfläche

Gesims: aus einer Wand hervortretendes waagerechtes Bauteil zur Betonung horizontaler Bauabschnitte

Historismus: kulturgeschichtliche Phase, in der auf Stilelemente verschiedener früherer Epochen zurückgegriffen wurde, in Deutschland zwischen ca. 1860 und etwa 1914

Kolonnade: Säulengang mit geradem oberen Querbalken

Kolossalordnung: auch Große Ordnung, über zwei oder mehr Stockwerke angeordnete Säulengruppe

Krypta: gewölbter, unterirdischer Kultraum oder Grabbereich in Kirchen

Lisene: leicht vorspringender, senkrechter Mauerstreifen zur Gliederung einer Wand

Loft: ursprünglich ein zur Wohnung umfunktionierter Lager- und Industrieraum, heute großzügig geschnittene Luxuswohnung

Loggia: in die Struktur des Gebäudes integrierter nach außen offener Raum

Mansarddach: Dach mit einem steileren, oft ausgebauten unteren und einem flacheren oberen Teil. Dadurch lassen sich Nutzungen ohne merkliche Dachschrägen erzielen

Mensa: bezeichnet in der christlichen Tradition die Altarplatte, gelegentlich auch den ganzen Altar

Mezzaningeschoss: deutlich niedrigeres Zwischengeschoss in einem mehrstöckigen Gebäude

Nachkriegsmoderne: architekturgeschichtliche Kategorie, unterteilt in „die Erste Nachkriegsmoderne" 1945 bis zur Interbau in Berlin 1957, bestimmt durch die Rasterfassade, und die „Zweite Nachkriegsmoderne" 1963 bis zum Ende der 1970er Jahre.

Nurdachform: das Dach eines Gebäudes reicht bis zum Boden. Es existieren somit nur auf den Giebelseiten Seitenwände.

Ober-/Lichtgaden: der über die Seitenschiffe erhöhte obere Teil des Mittelschiffs einer Basilika

opake Verglasung: undurchsichtige Verglasung

Platoon-System: die Aufteilung in einer Schule nach Klassen- und Fachräumen

Risalit: in ganzer Höhe einer Gebäudefassade vorspringender Teil, stets an den von der Symmetrie vorgegebenen Stellen, wie Mitte oder Ecke

Schalenbautechnik: Bautechnik, bei der räumlich gekrümmte Flächen als Tragwerk fungieren

Schalung: Halterung, um flüssigen Beton in der gewünschten Form trocknen zu lassen (wird danach wieder entfernt)

scharriert: mit einem Steinmetzeisen endbearbeiteter Stein, häufig mit feinen Rillen

Schustertyp: Schulbau-Typus nach dem Architekten Franz Schuster (1892–1972), danach erhalten je zwei Klassenräume eine gemeinsame Erschließung und können so von zwei Seiten belichtet werden

Schwibbogen: Bogen mit gerader Oberseite, der als Strebewerk dient

Sgraffitto: Technik, bei der mehrere Putzschichten auf eine Wand aufgetragen und dann teilweise abgekratzt werden, um ein Bild zu erzeugen

Sohlbankgesims: auf der Höhe der Brüstung einer Fensterreihe verlaufendes Gesims

Spitzmandorla: eine, die Darstellung einer vollständigen Person umschließende, spitz zulaufende Umrahmung

Stucco lustro: Methode um eine Oberfläche wie Marmor wirken zu lassen

Sturzgesims: Gesims, welches die Stürze von Fenstern miteinander verbindet

Tabernakel: Aufbewahrungsort für Hostien

Traufe: unterste Kante des Daches, üblicher Weise wird hier die Regenrinne angebracht

Traufgesims: ein das Gebäude nach oben abschließendes Gesims

Tumulusgrab: Hügelgrab

Walmdach: an Längs- und Schmalseiten abgeschrägtes Dach

Welsche Haube: Zwiebeldach

Westwerk: eigenständiger, dem Kirchenschiff im Westen vorgelagerter Gebäudeteil mit ein oder zwei Türmen; meist bei früh- und hochmittelalterlichen Kirchen.

Zackenfries: nach außen hin gezacktes Fries

Zahnfries: auch Deutsches Band, aus hochkantig übereckgestellten Backsteinen bestehender Fries

Ziergiebel: Verzierung in Form eines Giebels (oft über Fenstern oder Türen)

Zwerchgaube/-haus: Dachaufbau, der über der Fassade aufsteigt, mit quer zur Hauptrichtung liegendem First

Literatur

Altaras, Thea: Synagogen in Hessen – Was geschah seit 1945? Königstein im Taunus 1988.

Anders, Johanna: Neue Kirchen in der Diaspora. Eine Studie zu den Kirchenneu-bauten nach 1945 im nordhessischen Teil des Bistums Fulda. Kassel 2014.

Barr, Helen, Ulrike May und Rahel Welsen: Das Neue Frankfurt. Spaziergänge durch die Siedlungen Ernst Mays und die Architektur seiner Zeit. Frankfurt am Main 2007.

Bartetzko, Dieter (Hg.): Sprung in die Moderne. Frankfurt am Main. Die Stadt der 50er Jahre. Frankfurt am Main/New York 1994.

Bartetzko, Dieter: Frankfurts hohe Häuser. Mit farbigen Fotografien von Horst und Danie Zielske. Frankfurt am Main 2001.

Bender, Michael und Roland Mey: Architektur der fünfziger Jahre – Die Darmstädter Meisterbauten. Stuttgart 1998.

Berkemann, Karin: Kein Behörden-Look. Die ehemalige Ingenieurakademie der Deutschen Bundespost in Dieburg. In: Denkmalpflege und Kulturgeschichte 2017, 2, S. 32–37.

Berkemann, Karin: A Touch of Wright. Die weltläufigen Bauten des Richard Bauer in Idstein. In: Denkmalpflege und Kulturgeschichte 2016, 2, S. 5-9.

Berkemann, Karin: Auftrag erfüllt! Idstein. St. Martin. In: http://www.strasse-der-moderne.de/portfolio/idstein-st-martin/ (15. April 2018).

Berkemann, Karin: Nachkriegskirchen in Frankfurt am Main (1945-76). Kulturdenk-mäler in Hessen. Stuttgart 2013.

Bonin, Sonja: Stadt Offenbach. Kulturdenkmäler in Hessen. Wiesbaden 2007.

Börchers, Sabine: Wie Frankfurts Bürger feiern. Das Gesellschaftshaus im Palmen-garten. Frankfurt am Main 2012.

Bredow, Jürgen und Johannes Cramer: Bauten in Darmstadt. Darmstadt 1979.

Breuer, Gerda, Pia Mingels und Christopher Oesterreich: Hans Schwippert 1899–1973. Moderation des Wiederaufbaus. Berlin 2010.

Brockhoff, Evelyn (Hg.): Akteure des Neuen Frankfurt. Biografien aus Architektur, Politik und Kultur. Frankfurt am Main 2016.

Buekschmitt, Justus: Ernst May. Bauten und Planungen. Band 1, Stuttgart 1963.

Buxbaum, Ramona: Erläuterung zur Revitalisierung des Neufert-Meisterbaus, Darm-stadt 2018

Dannien-Maassen, Hanna: Johannes Krahn (1908–1974). Kirchenbau zwischen Tradition und Moderne. In: Jahrbuch für Architektur. Braunschweig 1991, S. 265–269.

Das Neue Frankfurt 1926-1931. In: http://www.stadtgeschichte-ffm.de/de/archivbesuch/digitale-praesentationen/das-neue-frankfurt#3 (5. September 2018).

Delmes, Nicole, Johanna Kister und Lilian Pfaff (Hg.): Ernst Neufert. Peter Neufert. Ostfildern 2014.

Dreysse, Dietrich-Wilhelm (DW): May-Siedlungen. Architekturführer durch acht Siedlungen des Neuen Frankfurt 1926-1930. Köln 2001.

Drummer, Heike und Jutta Zwilling: Wir geben Ihnen Raum. 90 Jahre Nassauische Heimstätte. Frankfurt am Main 2012.

Durth, Werner: Deutsche Architekten – Biografische Verflechtungen 1900–1970. Braunschweig 1986.

Durth, Werner: Ernst Neufert. Leben und Werk des Architekten 1900–1986. Darmstadt 2011

Elsaesser, Martin: Bauten und Entwürfe aus den Jahren 1924-1932. Berlin [o.J.]

Elsaesser, Thomas u.a.: Martin Elsaesser und das Neue Frankfurt. Tübingen 2009.

Elsaesser, Thomas, Jörg Schilling und Wolfgang Sonne (Hg.): Martin Elsaesser. Schriften. Dortmund 2014.

Fink, Alexandra: Gestern modern, heute „Altes Eisen"? Platzkonzeptionen der frühen sechziger Jahre in Fulda. In: Die Denkmalpflege 63, 2005, 1, S. 15–26.

Friedrich, Waltraud: Main Kinzig Kreis II. Kulturdenkmale in Hessen. Wiesbaden 2008.

Griesbach-Maisant, Dieter: Stadt Fulda. Kulturdenkmäler in Hessen. Wiesbaden 1992.

Grohn, Christian (Hg.): Robert Michel 1897-1983. Hannover 1988.

Gropius, Walter: „Systematische Vorarbeit für den rationellen Wohnungsbau". In: Zeitschrift „Bauhaus" (Dessau), 1.Jhg., Nr.2, 1927.

Günther, Sonja: Wils Ebert. Ein Bauhausschüler 1909-1979. Die Arbeit eines Architekten und Städteplaners. Berlin 1993.

Häfner, Markus: Jede Stadt braucht ihr Gesicht. Der Wiederaufbau der Stadt Hanau nach 1945 – Zwei Dekaden zwischen Zerstörung und Urbanität. Hanau 2015.

Heitzenröder, Wolfram u.a: Hessen. Denkmäler der Industrie und Technik. Berlin 1986.

Henderson, Susan R.: Building culture. Ernst May and the New Frankfurt initiative, 1926-1931. New York 2013.

Herbig, Bärbel: Die Darmstädter Meisterbauten. Ein Beitrag zur Architektur der 50er Jahre. Darmstadt 2000.

Hilpert, Thilo: Die funktionelle Stadt. Le Corbusiers Stadtvision. Bedingungen, Motive, Hintergründe. Braunschweig 1978.

Hock, Sabine: Ernst May. In: http://frankfurter-personenlexikon.de/node/462 (5. September 2018)

Höpfner, Rosemarie und Volker Fischer: Ernst May und das Neue Frankfurt 1925-1930. Berlin 1986.

Janik, Detlev (Hg.): Hochhäuser in Frankfurt. Wettlauf zu den Wolken. Frankfurt am Main 1995.

Jeannine Fiedler und Peter Feierabend (Hg.): Bauhaus. Potsdam 2006 / 2007.

Jezycki, Sonja u. a. (Bearb.): 25 Jahre Ökumenisches Gemeindezentrum Darmstadt-Kranichstein. Darmstadt 2005.

Johannes, Ralph und Gerhard Wölki: Die Autobahn und ihre Rastanlagen. Geschichte und Architektur. Petersberg 2005.

Kaiser, Roswitha: Das „Haus der Begegnung" in Königstein. In: Denkmalpflege und Kulturgeschichte in Hessen, 4, 2012, S. 39-40.

Kampe, Walther (Bearb.): Unser gemeinsamer Weg. 150 Jahre Bistum Limburg. Frankfurt am Main 1977, S. 108-111.

Katz, Jörg: Der internationale Stil in Kassel. Eine Dokumentation Kasseler Bauten aus den Jahren 1926-31. Kassel 1976.

Kessler, Karlheinz E.: Wohnungsbau der 20er Jahre. Die Architekten Ernst May und Walter Schwagenscheidt. Ihre Theorien und Bauten. Frankfurt am Main 2006.

Kief, Heidemarie: Der Einfluss Frank Lloyd Wrights auf die mitteleuropäische Einzelhausarchitektur. Ein Beitrag zum Verhältnis von Architektur und Natur im 20. Jahrhundert. Stuttgart 1978.

Kita, Birgit und Andreas Poschmann (Hg.): Auf ewig. Moderne Kirchen im Bistum Mainz. Regensburg 2016.

Kleinmanns, Joachim: Parkhäuser. Architekturgeschichte einer ungeliebten Notwendigkeit. Marburg 2011.

Koenigs, Tom: Stadt-Parks. Frankfurt am Main, New York 1993.

Kriest, Michael: Die Reichsautobahn: Konzeption, räumliche Struktur und Denkmaleigenschaft eines historischen Verkehrsnetzes. Petersberg 2016.

Krumm, Carolin: Stadt Hanau. Kulturdenkmäler in Hessen. Wiesbaden 2006.

Lange, Barbara (Hg.): Vom Expressionismus bis heute. München 2006.

Magistrat der Stadt Schwalbach (Hg.): 50 Jahre Wohnstadt Limes in Schwalbach am Taunus eine organische Stadtlandschaft von Hans Bernhard Reichow. Frankfurt am Main 2009.

Menting, Annette: Max Taut: Das Gesamtwerk. München 2003.

Mohr, Christoph und Michael Müller: Funktionalität und Moderne. Das Neue Frankfurt und seine Bauten 1925-1933. Frankfurt am Main 1984.

Müller-Vogg, Hugo (Hg.): Hochhäuser in Frankfurt. Wettlauf zu den Wolken. Mit Fotografien von Dirk Zimmer. Frankfurt am Main 1999.

Nerdinger, Winfried u. a. (Bearb.): Sep Ruf. 1908–82. Moderne mit Tradition. München 2008.

Nettner, Renate: Der Beethovenplatz in Hanau. Frankfurt 1983/84.

Neuland, Franz: 100 Jahre Gewerkschaftshaus in Frankfurt am Main. 100 Jahre Engagement für Frieden, Demokratie und soziale Sicherheit. Frankfurt am Main 2001.

Nitz, Michael, Simone Balsam und Sonja Bonin: Main-Taunus-Kreis. Kulturdenkmäler in Hessen. Stuttgart 2003.

Noever, Peter (Hg.): Margarete Schütte-Lihotzky. Soziale Architektur. Zeitzeugin des Jahrhunderts. Wien 1993.

Orchard, Karin (Hg.): Ella Bergmann-Michel. Robert Michel. Ein Künstlerpaar der Moderne. Köln 2018.

Pappe, Sandra: Architekturführer Frankfurt am Main. Berlin 2013.

Picard, Bertold: Geschichte von Vockenhausen. Frankfurt 1993.

Plehn, Dietrich: Fünfzig Jahre Georg-Büchner-Schule Darmstadt - Der letzte Meisterbau. Das Buch zum Bau. Darmstadt 2010.

Pralle, Ludwig (Hg.): Neue Kirchen im Bistum Fulda. 25 Jahre kirchlichen Bauens und Kunstschaffens. Fulda 1970.

Preusler, Burghard: Wallfahrtskirche Maria Hilf ist Kulturdenkmal. In: https://www.maria-hilf-trutzhain.de/trutzhain/newsboxen/aktuelles/Kulturdenkmal.php (22. Mai 2018).

Preusler, Burghardt: Walter Schwagenscheidt 1886–1968. Architektenideale im Wandel sozialer Figurationen. Stuttgart 1985.

Prigge, Walter (Hg.): Ernst Neufert. Normierte Baukultur im 20. Jahrhundert. Frankfurt am Main/New York 1999.

Quiring, Claudia u.a. (Hg.): Ernst May 1886-1970. München/London/New York 2011.

Reiter, Ruppert: Gropius in Schlüchtern. In: Denkmalpflege und Kulturgeschichte in Hessen 1, 2010. S. 25-26.

Rimpl, Herbert: Verwaltungsbauten. Organisation, Entwurf, Konstruktion, Ausgeführte Bauten und Projekte. Berlin 1959.

Risse, Heike: Frühe Moderne in Frankfurt am Main 1920-1933. Frankfurt am Main 1984.

Rowedder, Eva: Hochtaunuskreis. Kulturdenkmale in Hessen. Darmstadt / Wiesbaden 2013.

Schaffer-Hartmann, Richard: Hanau 1933 – 1955. Baugeschichte. In: Hanau 19. März. 50. Jahrestag der Zerstörung der Stadt 1945. Hanau 1995, S. 107 ff.

Schenk, Andreas und Rudolf Behrmann: Der Architekt Fritz Nathan (1891–1960). Sein Leben und Werk in Deutschland und im amerikanischen Exil. Basel 2014.

Schilling, Jörg: Kramer, Willy, gen. H. F. W.
In: http://frankfurter-personenlexikon.de/node/10027 (22. Mai 2018).

Schomann, Heinz, Volker Rödel und Heike Kaiser: Denkmaltopografie Stadt Frankfurt am Main. Frankfurt 1994.

Schütte-Lihotzky, Margarete: Warum ich Architektin wurde. Salzburg 2004.

Schwarz, Hans-Peter (Hg.): Die Architektur der Synagoge. Frankfurt am Main 1989.

Söder, Dagmar: Altkreis Rheingau. Kulturdenkmäler in Hessen. Rheingau-Taunus Kreis 1.2. Wiesbaden 2014.

Söder, Dagmar: Altkreis Untertaunus. Rheingau-Taunus-Kreis 1.1. Kulturdenkmäler in Hessen. Stuttgart 2003.

Sollich, Jo: Herbert Rimpl (1902-1978). Architekturkonzern unter Hermann Göring und Albert Speer. Architekt des deutschen Wiederaufbaus. Bauten und Projekte. Berlin 2013.

Stoffels, Kerstin: Die Geschichte der Kirchen in Sankt Marien, Frankfurt. Frankfurt 2017, S. 85 -105.

Sturm, Erwin: Die Bau- und Kunstdenkmale der Stadt Fulda. Fulda 1984.

Taut, Wolfgang (mit einer Einleitung von Alfred Kuhn und einem Nachwort zur Neuauflag von Roland Jaeger): Max Taut. Bauten. Berlin 2002.

Thiem, Andrea: War das Bauhaus wirklich alles?
In: http://www.designmadeingermany.de/magazin/2/war-das-bauhaus-wirklich-alles (5. September 2018)

Verein für Geschichte, Heimatpflege und Kultur Neu-Isenburg (GHK) e.V. (Hg.): Historische Bauwerke in Neu-Isenburg. Neu-Isenburg 1986.

Vitos Kalmenhof (Hg.): 125 Jahre Kalmenhof Facetten seiner Geschichte. Idstein 2013.

Voigt, Wolfgang u.a. (Hg.): Ferdinand Kramer. Die Bauten. Frankfurt am Main 2015.

Warlich-Schenk, Brigitte: Stadt Kassel III. Kulturdenkmäler in Hessen. Stuttgart/Wiesbaden 2008.

Welzbacher, Christian: Die Staatsarchitektur der Weimarer Republik. Berlin 2008.

Wichmann, Hans und Aloys Goergen: Sep Ruf. Bauten und Projekte, Stuttgart 1986.

Wiegand, Thomas: Stadt Kassel II. Kulturdenkmäler in Hessen. Stuttgart/Wiesbaden 2005.

Wingler, Hans Maria: Das Bauhaus 1919-1933. Weimar Dessau Berlin und die Nachfolge in Chicago seit 1937. Köln / Bramsche 1962.

Wionski, Heinz: Wetteraukreis II. Kulturdenkmale in Hessen. Braunschweig / Wiesbaden 1999.

Textnachweis

Bettina von Andrian
129, 133–135

Britt Baumann
164, 166

Ingrid Berg
97

Karin Berkemann
51, 87, 88, 120, 169, 179

Bernd Blisch
189–197

Sonja Bonin
41, 44, 45, 47, 48, 50, 114, 158, 199, 199

Marie-Louise Crone
53–55, 98, 148–152, 181, 182

Jürgen Eichenauer
161, 162

Waltraud Friedrich
19, 27, 32, 34–38, 58–60, 66, 67, 69, 74–77, 79, 85, 90, 138, 180

Wolfgang Fritzsche
39, 159

Corinna Führ
177

Dieter Griesbach-Maisant
52, 142

Beate Großmann-Hofmann
139

Mareike Hammann
17

Verena Jakobi
25, 118

Susanna Kauffels
140, 141

Burkhard Kling
21, 23, 24, 84, 122–124, 144–147

Claudia Lack
160

Charlotte Lennig
62, 83

Christel Lentz
119

Oliver Mathias
89

Ulla Merle
91–96, 154–157

Bertold Picard
56

Antje Press
13, 29, 30

Ulrich Reuss
46, 49

Marianne Riethmüller
86

Josef Michael Ruhl
115

Richard Schaffer-Hartmann
100–111

Nicole Schlabach
144–147, 172–176

Kristin Schubert
117, 170

Annekathrin Sitte-Köster
14–16, 18, 28, 40, 42, 43, 70, 113, 183–188

Thorsten Stötzer
153

Christina Treutlein
26, 72, 80, 81

Anette Vinnen
64

Bernhard Weller
31

Thomas Wiegand
125–128, 130–132, 136, 137, 198

Tobias Wolf
61, 116

Ralph Philipp Ziegler
22, 163, 165, 167

Jutta Zwilling
20, 63, 65, 68, 71, 78, 82, 112, 168, 178

Bildnachweis

Johanna Anders
87

Bettina von Andrian
129, 133–135

Britt Baumann
164, 166

Willi Baumeister, Plakat
„Wie wohnen?", 1927,
CC BY-NC-SA 3.0 Deutsch-
land, Willi Baumeister
Stiftung
121

Karin Berkemann
51, 120

Bernd Blisch
189–193, 196, 197

Detlef Bömelburg
56

Sonja Bonin
41, 44, 45, 47, 48, 50, 114,
158, 199, 200

Brühl
169

Daderot (Wikimedia)
122 unten

Oliver Deisenroth
(Wikimedia)
179

Diba (Wikimedia)
171

Dontworry (Wikimedia)
146 oben

Jürgen Eichenauer
161, 162

Reinhard Eichmann
119

Thomas Eicken
49

Konrad Elsaesser
62

Guido Erbring
195

Tillmann Franzen
36

Waltraud Friedrich
19, 27, 32, 34, 35, 38
unten, 57–59, 60 oben,
66, 67, 68, 74, 77, 79, 85,
90, 138, 180

Wolfgang Fritzsche
39, 159

Bernd Georg
167

Dieter Griesbach-Maisant
52, 142

Mareike Hammann
17

Adrian Hehl, Stadt Fulda
88

Grit Hesse,
Christian Hesse
Auktionen Hamburg
124 unten

Werner Huthmacher
165

Katharina Jäger
Städtisches Museum
Bad Wildungen
31

Carsten Janssen
(Wikimedia)
33

Verena Jakobi
25, 118

Susanna Kauffels
140, 141

Burkhard Kling
21, 23, 24, 84

Kolossos (Wikimedia)
123

Eva Kröcher (Wikimedia)
146 unten

Claudia Lack
160

Landesamt für Denkmal-
pflege Hessen
61

Charlotte Lennig
83

Oliver Mathias
89

Ulla Merle
90–96, 154–157

Rainer Meschkat
97

Martin Niemöller Haus
177

Antje Press
13, 29

Walter Rammler
86

Ulrich Reuss
46, 145

Nikolaus Ruhl
115

Richard Schaffer-
Hartmann
99–102 (Reproduktionen)
103–111